总第73辑

中国审判指导丛书

审判监督指导

最高人民法院审判监督庭 编

人民法院出版社

图书在版编目（CIP）数据

审判监督指导. 总第73辑 / 最高人民法院审判监督庭编. -- 北京：人民法院出版社，2025.3. --（中国审判指导丛书）. -- ISBN 978-7-5109-4461-1

Ⅰ. D926.34

中国国家版本馆CIP数据核字第2025687GV4号

审判监督指导　总第 73 辑
最高人民法院审判监督庭　编

责任编辑	杨晓燕
出版发行	人民法院出版社
地　　址	北京市东城区东交民巷 27 号（100745）
电　　话	（010）67550508（责任编辑）　67550558（发行部查询） 65223677（读者服务部）
客 服 QQ	2092078039
网　　址	http：//www.courtbook.com.cn
E－mail	courtbook@sina.com
印　　刷	保定市中画美凯印刷有限公司
经　　销	新华书店

开　　本	787 毫米×1092 毫米　1/16
字　　数	210 千字
印　　张	15
版　　次	2025 年 3 月第 1 版　2025 年 3 月第 1 次印刷
书　　号	ISBN 978-7-5109-4461-1
定　　价	50.00 元

版权所有　侵权必究

《审判监督指导》
编辑委员会

主　　任　邓修明

副 主 任　杨永清　骆　电　董朝阳

委　　员　(以姓氏笔画为序)

　　　　　　马成波　王朝辉　王　鑫　文　波　邓　亮

　　　　　　邢海莹　李英凯　杨心忠　何　波　张代恩

　　　　　　陈　娅　罗　灿　周　庆　夏建勇　郭忠红

执 行 编 辑　王朝辉　文　波　刘　佳

《审判监督指导》特约编委

北京高院审监庭	刘 黎	山东高院审监一庭	马莉莉
天津高院审监庭	耿小宁	山东高院审监二庭	王启江
河北高院审监庭	董 武	山东高院审监三庭	阮久红
山西高院审监一庭	周 波	河南高院审监庭	李慧娟
山西高院审监二庭	刘晓东	湖北高院审监一庭	刘元梓
内蒙古高院审监庭	徐 雷	湖北高院审监二庭	王建明
辽宁高院审监一庭	王鸿晓	湖北高院审监三庭	袁正英
辽宁高院审监二庭	蔡峻峰	湖南高院审监一庭	伍 斐
吉林高院审监庭	田 锋	湖南高院审监二庭	曾得志
黑龙江高院审监二庭	张 炜	湖南高院审监三庭	唐江河
黑龙江高院审监一庭	李景辉	广东高院审监一庭	杜以星
上海高院审监庭	罗健豪	广东高院审监二庭	胡晓明
江苏高院审监庭	俞旭明	广西高院审监一庭	程丽文
浙江高院审监一庭	陈裕琨	广西高院审监二庭	覃晓宁
浙江高院审监二庭	高毅龙	海南高院审监一庭	赵英华
安徽高院审监一庭	胡宛平	海南高院审监二庭	黄翰绅
安徽高院审监二庭	黄从文	重庆高院审监庭	肖 淘
江西高院审监庭	徐 坚	四川高院审监一庭	赵爱民
青海高院审监庭	陈玉静	四川高院审监二庭	袁 均
宁夏高院审监一庭	孔庆顺	贵州高院审监一庭	秦 娟
宁夏高院审监二庭	王 静	贵州高院审监二庭	曹晓莉
甘肃高院审监一庭	袁亚伟	贵州高院审监三庭	李 静
甘肃高院审监二庭	刘 晶	云南高院审监一庭	孔 斌
福建高院审监庭	林爱钦	云南高院审监二庭	南 青
解放军军事法院审监庭	胥杰军	云南高院审监三庭	赵光喜
新疆高院审监一庭	单 昱	西藏高院审监庭	索朗次仁
新疆高院审监二庭	李 飚	陕西高院审监庭	韩彦云
新疆高院审监三庭	李渭红	新疆高院审监四庭	吐尔逊江·买买提
新疆高院兵团分院	丁卫军		

目　录

【政策与精神】

张军在国家法官学院秋季开学典礼暨"人民法院大讲堂"授课
　　强调深入践行习近平法治思想　加强释法说理　提升司法公信
　　………………………………………………………………（ 1 ）
深入学习贯彻习近平法治思想　加快推进审判监督工作
　　高质量发展 …………………………………… 邓修明（ 4 ）
《中国法院年鉴2023》（审判监督部分） ………………（ 22 ）

【法规速递】

最高人民法院
　　关于办理减刑、假释案件审查财产性判项执行问题的规定
　　　　（2024年4月29日） ……………………………（ 26 ）
最高人民法院
　　关于印发《人民法院案例库建设运行工作规程》的通知
　　　　（2024年4月29日） ……………………………（ 30 ）

【学理探讨】

《最高人民法院关于办理减刑、假释案件审查财产性判项执行问题的规定》的理解与适用……胡仕浩　骆　电　夏建勇（37）

再审终局与程序安定
　　——关于民事审判监督制度的调研报告…………夏玉婷（57）

【最高人民法院裁判文书选登】

沈阳某某房地产开发有限公司诉北京某某集团有限责任公司建设工程施工合同纠纷案
　　——最高人民法院民事判决书
　　（2023）最高法民再222号……………………………（78）

香港荣华公司与苏某荣等侵犯注册商标专用权和不正当竞争纠纷案
　　——最高人民法院民事判决书
　　（2017）最高法民再197号……………………………（96）

【案例精选】

刘某某诈骗案
　　——如何判断虚报专项补贴的行为人主观上是否具有
　　"非法占有目的"………………………陈　娅　隋福田（141）

某元件公司诉某房产公司委托代建合同纠纷案
　　——双方纠纷虽与不动产登记有关，但实质是对不动产物权归属或原因行为发生争议的，属于民事诉讼受理范围
　　………………………………………………………王朝辉（147）

西安某公司诉高某、程某公司关联交易损害公司利益纠纷案
——公司的控股股东、实际控制人、董事、监事、高级管理
人员未披露关联交易的属于违反忠诚义务 …… 何 波(153)

【案例注解】

原审被告人胡某强盗窃案
——需改判内容已被其他生效裁判纠正的处理 …… 黄 凯(160)
郭某某与某信用社、梁某某第三人撤销之诉案
——主债权诉讼时效届满对抵押权的影响
……………………………………………… 卞亚峰 高继伟(170)
殷某与李某申请执行人执行异议之诉案
——实际施工人能否排除承包人在发包人处到期债权的
强制执行 …………………… 张 炜 单一琦 刘春芳(179)

【优秀调研报告选登】

关于涉产权保护案件再审纠错工作及民营企业、企业家司法
保护问题的调研报告（简版）
………………………… 最高人民法院审判监督庭课题组(194)
青海省高级人民法院审判监督庭关于近五年青海法院刑事再审
改判案件的调研报告 ……………………………………… (199)
推动假释制度适用程序保障机制研究
………………………… 重庆市高级人民法院审判监督庭课题组(213)

【政策与精神】

张军在国家法官学院秋季开学典礼暨"人民法院大讲堂"授课　强调深入践行习近平法治思想　加强释法说理　提升司法公信[*]

党的二十届三中全会通过了《中共中央关于进一步全面深化改革 推进中国式现代化的决定》提出"深化和规范司法公开，落实和完善司法责任制"的改革任务，人民法院如何具体落实？裁判文书是人民法院最重要的"司法产品"，如何将习近平新时代中国特色社会主义思想、习近平法治思想融入每一起案件办理、每一份裁判文书说理中？如何以加强裁判文书释法说理的小切口撬动以审判工作现代化支撑和服务中国式现代化的大目标，更加精准、全面地抓好全会精神的"九分落实"？2024 年 9 月 9 日，最高人民法院党组书记、院长张军以"深入践行习近平法治思想，加强释法说理，提升司法公信"为题，在国家法官学院秋季开学典礼暨"人民法院大讲堂"授课。

"裁判文书承载着社会公平正义，影响着人民群众切身利益，是履行司法责任的重要载体，是深化司法公开的重要形式。加强释法说理，是人民法院落实全会精神的务实举措，也是每一名法官必须承担的政治责任和法定义务。"张军与大家一起重温习近平总书记关于裁判文书释法说理的重要指示和党中央的重要部署，紧密结合当前释法说理存在的突出

---

[*] 原文刊载于最高人民法院网站 2024 年 9 月 10 日。

问题，交流应当如何释法说理，如何提高释法说理能力。

党的十八届三中、四中全会都对裁判文书释法说理提出明确要求，有关法律也要求裁判文书必须释法说理。但司法实践中，仍有判决因为法官能力不足、认识不够、担当缺乏等原因，导致不说理、乱说理、说错理。"对照党中央的要求、法律的规定和人民群众的期待，我们的裁判文书释法说理还存在跟不上、不适应的问题。"张军指出，老百姓打官司不仅是要个裁判结果，更是要一个有理有据、可感可知、令人信服的"说法"。人民法院贯彻落实习近平总书记既解法结、又解心结的重要指示精神，就必须强化政治担当、提高说理能力、加大说理力度，真正做到辨法析理、胜败皆明，努力让人民群众在每一个司法案件中感受到公平正义。

"深刻理解和把握'法律并不是冷冰冰的条文，背后有情有义'的重要论述，就要求法官准确把握释法说理的目标要求，全面提升说理质量。"张军指出，裁判文书要"摆事实、讲道理"，将释法说理贯穿证据审查、事实认定、法律适用全过程。"释法说理不仅是为了说服当事人、赢得公众、社会的认同，更是主动接受监督，规范权力行使，把司法公开、司法责任制的要求落到实处。"要落实好"既要义正辞严讲清'法理'，又要循循善诱讲明'事理'，感同身受讲透'情理'"的重要指示精神，把社会主义核心价值观融入释法说理，力求法理、事理、情理三理并茂，让当事人和社会公众体悟到法律背后的法治精神、道德引领和人文关怀，切实增强对司法的认同。要把握合法性、妥当性、针对性原则，真正把"理"讲清、辨明。

"加强裁判文书释法说理是一项系统工程，必须优化释法说理配套机制建设，大力提升说理能力。"张军指出，要加强政治能力建设，通过释法说理把习近平法治思想熔铸到裁判文书中，促进发挥法治的规范、引领、保障作用，为当事人"解法结""解心结"，不断厚植党的执政根基。要提高庭审驾驭能力，提高当庭释法说理的能力和庭审控制能力，依法对事实认定、证据采信等问题进行释明，让事实之争、法理之辩

"庭上见"。要加强裁判文书阅核，把文书说理作为院庭长阅核的重点，既通过阅核文书说理确保质量、防范风险，也充分尊重法官意见，鼓励法官在合法合理合情的前提下，写出具有影响性、引领性的好判决。要抓实案例指导，把释法说理作为筛选案例的重要标准，把运用案例作为释法说理的重要方法，发挥"一个案例胜过一打文件"的作用。要抓住提升审判能力这个根本，加强对新法律、司法解释及指导性案例的学习培训，鼓励年轻法官到基层一线历练学习、了解社情民意、提升"共情"能力，搭建展示平台，逐渐形成释法说理好的裁判文书不断涌现的良好局面。

深入学习贯彻习近平法治思想
加快推进审判监督工作高质量发展[*]

邓修明[**]

今天,通过视频方式将培训开到高级法院、中级法院,既是一次交流授课,也是一次以训代会,就是希望与大家一起深入学习贯彻习近平法治思想,推动审判监督工作提质增效,助推审判工作现代化。

审判监督制度是中国特色社会主义司法制度的重要组成部分,是人民法院依法纠错、维护裁判权威的重要制度设计,对于保障社会公平正义、维护人民群众合法权益、服务经济社会高质量发展具有重要意义。党的十八大以来,在以习近平同志为核心的党中央坚强领导下,人民法院坚持实事求是、有错必纠,充分发挥审判监督职能作用,有力维护社会公平正义。一是依法纠正刑事冤错案件。依法纠正重大刑事冤错案件,其中张氏叔侄案、呼格吉勒图案、聂树斌案被写入《中国共产党百年法治大事记》。坚持罪刑法定原则,再审改判王力军收购玉米案等被告人无罪,改判孙小果、张成功、张志军等死刑立即执行,让正义得到伸张。二是切实加强产权司法保护。坚持"两个毫不动摇",围绕优化民营经济发展法治环境等出台系列司法政策文件,发布多批典型案例。2017年至2023年,依法纠正张文中案、顾雏军案等涉产权刑事冤错案件,彰显党

---

[*] 本文为邓修明同志2024年6月5日在全国法院审判监督业务培训班上的讲话。
[**] 最高人民法院党组副书记、分管日常工作的副院长。

中央依法保护产权和企业家人身财产安全的坚定决心。三是严格规范减刑、假释、暂予监外执行工作。认真落实"四个一律"工作要求，强化实体审查标准、建立职务犯罪"减假暂"备案审查制度，案件办理规范化水平和透明度不断提升。圆满完成特赦重大政治任务，在抗日战争胜利 70 周年和中华人民共和国成立 70 周年之际，依法裁定特赦罪犯。四是民商事、行政审判监督案件办理提质增效。2018 年至 2023 年，审结民商事、行政审判监督案件 192 万件。妥善化解一批涉及主体多、历时久、积怨深的矛盾纠纷，以高质量司法服务高质量发展。五是深入推进审判监督体制机制改革。健全刑事冤错案件主动发现、及时复查和依法纠正机制，规范再审申诉和申请再审立案标准、再审审查和再审审理程序，严格发回重审和指令再审标准，建立检察监督案件联合调解等工作机制，促推审判监督制度不断完善。新时代审判监督工作发展进步，根本在于习近平法治思想的指导，得益于全面依法治国的大背景大环境，也离不开审判监督岗位广大干警的无私奉献和艰辛努力。在此，我代表最高人民法院和张军院长，向长期奋战在审判监督工作一线的全体干警致以诚挚的慰问和衷心的感谢！

同时，我们也清醒看到，审判监督工作还存在不少问题和短板，特别是面对全面依法治国这场国家治理的深刻革命，面对人民群众在民主、法治、公平、正义、安全、环境等方面提出的更丰富内涵、更高水平需求，还有很多跟不上、不适应的地方。我们举办这次培训班，就是希望大家通过这次培训，努力在思想认识、理念方法、能力水平等方面取得新的提升，推动人民法院审判监督工作迈上新台阶，守好严格公正司法的"最后一道闸门"。

下面，我重点讲三个问题。

一、坚持以习近平法治思想为指导，确保新征程人民法院审判监督工作沿着正确方向前进

党的十八大以来，习近平总书记就防范纠正冤假错案、尊重和保障

人权、维护社会公平正义、加强对司法活动的监督等发表一系列重要论述，为做好人民法院审判监督工作提供了根本遵循。2024年1月，习近平总书记对政法工作作出重要指示强调，要"以政法工作现代化支撑和服务中国式现代化，为全面推进强国建设、民族复兴伟业提供坚强安全保障"①。新征程上，各级法院要学懂弄通做实习近平法治思想，推动审判监督工作高质量发展，自觉担负起以审判工作现代化支撑和服务中国式现代化的政治责任、法治责任、审判责任。

一是坚持党的绝对领导这个最根本保证。习近平总书记强调，"党的领导是中国特色社会主义法治之魂，是我们的法治同西方资本主义国家的法治最大的区别。"② 审判监督案件重大敏感复杂、社会关注度高，有的案件历经多次审判程序、诉讼时间漫长，有的案件当事人诉求过高、情绪走向极端，有的案件事实查明难、纠错阻力大，还有许多案件受多种复杂因素交织影响，处理难度极大。人民法院必须坚持党的绝对领导，自觉抵制西方"宪政""三权鼎立""司法独立"等错误思潮影响，把党的领导贯穿审判监督工作全过程、各方面，充分发挥党领导的制度优势，才能有效处理这些复杂矛盾纠纷，才能更好依法纠错、救济权利、实质解纷，确保案件办理"三个效果"的有机统一。要始终与党的路线方针政策保持同频共振。不了解党中央的政策，就不能做好审判监督工作。审判监督工作是政治性、政策性都很强的工作，我们要时刻对标对表习近平总书记重要指示精神，学习好、领悟好党中央各项政策的深刻内涵和实践要求，切实把思想和行动统一到党中央对形势任务的重大判断上来，推动司法政策制定、具体案件办理始终与党中央决策部署同频共振，聚焦维护安全稳定、发展新质生产力、营造法治化营商环境、扩大高水平对外开放、防范化解重大风险等决策部署，更好发挥法治固根本、稳预期、利长远的保障作用。要健全落实重大事项请示报告制度。对于

---

① 《习近平对政法工作作出重要指示强调 坚持党的绝对领导忠诚履职担当作为 为全面推进强国建设民族复兴伟业提供坚强安全保障》，载新华网，2024年1月14日。
② 王宗礼主编：《四个全面战略布局之全面推进依法治国》，人民出版社2017年版，第79页。

一些重大敏感、牵涉面广的审判监督案件，要及时向党委、党委政法委和上级法院请示汇报案件的重要进展、突发情况，主动争取有力领导、支持和指导，防止擅自处置造成被动。要发挥好党总揽全局、协调各方的制度优势。审判监督案件情况复杂，有时候仅靠法律手段难以妥善解决，必须在党委、党委政法委领导下，加强协同配合，做实齐抓共管，实质性化解矛盾纠纷。尤其对于时间跨度长、涉及人数多、法律政策变化大、历史现实因素交织的案件，更要依靠党的领导优势。比如，刑事冤错案件的纠正绝不止于一纸"无罪判决"，还涉及国家赔偿、回归正常生产生活、做好舆情引导和被害人亲属工作、加强司法救助等一系列工作。必须紧紧依靠党的领导，积极争取有关部门的支持配合，依法稳妥处置，才能真正实现案结事了。

二是坚持以人民为中心这个根本立场。习近平总书记指出"推进全面依法治国，根本目的是依法保障人民权益"。① 审判监督工作的任务是纠正错误裁判，纠错是裁判结果，更重要的是保障人民群众的合法权益，是一项为党"守心"的工作，必须始终"把屁股端端地坐在老百姓的这一面"。要坚持"如我在诉"的为民情怀。善于换位思考，站在群众立场感受案件结果，让合法权益受到侵害、有冤屈、受委屈的老百姓，享有充分司法救济权利，真正做到有错必纠、有冤必伸，牢牢守住维护公平正义的底线。最高人民法院党组部署的"有信必复"工作，不仅是立案信访工作，更是审监工作的重要内容。以前没有审监庭的时候，信访由告申庭负责，后来由于改革，告申庭分成了立案庭和审监庭。所以，信访工作与审判监督工作是难以分开的。我们要按照信访工作法治化要求，有效衔接群众来信。一是善于从中发现生效裁判的问题线索，做实强化监督、矛盾化解、改进工作。二是认真办好申诉、申请再审案件，实现"再审之诉"的有效救济目的，对于确有错误的，要及时导入审判监督程序，依法启动再审。三是处理好瑕疵案件。对于不符合法定再审条件，

---

① 《习近平法治思想学习纲要》，人民出版社、学习出版社2021年版，第50页。

但存在瑕疵的，认真研究瑕疵，协调相关部门妥善处理；要认识到小瑕疵也可能造成大影响，通过真诚道歉认错，使当事人解开"心结"。要坚持"感受公平正义的主体只能是人民群众"的评判标准。最高人民法院党组、张军院长反复强调，感受公平正义的主体只能是人民群众。比如，我们的人民陪审员制度解决的不仅是司法民主、公众参与的问题，更是由谁作为公平正义评判主体的问题。司法是否公正，一定不是法官复杂逻辑推演的结果，也不是法学理论自洽的结果，不能只追求逻辑、理论的周延，甚至演化为把有道理的说成没道理、把没道理的说成有道理，而应该是获得社会公众普遍认可的"大道理"，就是符合老百姓心里"那杆秤"的公平正义。我们办理审判监督案件尤其要重视人民群众的感受，审判监督工作质效如何，再审结果是否公正，都要由人民群众来评判，做实以法为据、以理服人、以情感人，让人民群众能够看得见、摸得着、感受得到公平正义。比如，在刑事审判监督和变更刑罚执行工作中，要准确把握"宽"与"严"的适用对象和尺度，否则，就会导致量刑畸轻畸重，影响人民群众公平正义的获得感。要坚持用心用情办好每一起民生"小案"。"小案"是那些常见多发、更贴近群众生活的案件，同人民群众权益联系最直接最密切。"小案"连民生更连民心，所以说小案不小，每一件都关系群众的切身利益，甚至影响其一生，信访事件就是源于小案的疏忽，小案处理不好就容易走极端。一些当事人为了要个说法（比如电影《秋菊打官司》和前段时间上映的《第二十条》），会耗尽其一生申诉信访。因此，我们要深刻认识到"法官办的不是案子，而是当事人的人生"，牢记人民法院为人民的初心使命，密切联系群众，秉持司法良知，发挥好审判监督职能，更好维护群众权益、满足人民期盼。

三是坚持中国特色社会主义法治道路这条根本道路。世界上没有完全相同的法治模式，走什么样的法治道路、建设什么样的法治体系，是由一个国家的基本国情决定的。新时代以来，我们党将马克思主义法治理论同中国具体实际、同中华优秀传统文化相结合，成功拓展了中国特色社会主义法治道路，破除了"法治化＝西方化"的固有思维。具体到审判监督领域，我国历史上就形成了一套对错判案件的监督纠正制度。比如，西汉创制了"疑狱谳报""录囚"等复核制度，唐朝发展了"取囚服辩""登闻鼓"等控申制度，宋朝出现了"邀车驾""翻异别勘"等申诉制度，明清还规定了"京控"等直诉制度。这些制度形成了较完备的上级司法机关对下级审判权的监督体系，对于发现和纠正冤案起到重要作用。革命根据地时期，"马锡五审判方式"坚持实事求是、有错必纠的原则，使审判监督初具制度形态。正是东西方不同的国情、不同的法律文化传统，造就了我国审判监督制度与西方再审制度的多方面区别。第一，制度理念不同。西方国家再审制度侧重私权救济，强调当事人对程序的处分权，注重维护裁判的稳定性和程序安定，把程序公正看得更重；我国审判监督制度侧重公权救济，强调公权力对于启动再审的作用，注重裁判结果的实质公正，坚持实事求是、有错必纠，更加符合"沉冤昭雪"的中华传统文化和老百姓的朴素公平正义观。第二，启动再审主体不同。西方国家奉行较为彻底的"再审之诉"，赋予再审申请人"再审原告"地位，没有法院的自我再审和检察机关的监督再审；在我国，当事人、人民法院和人民检察院为法定的三大启动再审主体。第三，再审事由不同。相较而言，我国再审事由比西方国家更广泛。比如，很多国家没有将原审"适用法律确有错误"作为再审事由，有的国家再审新证据只限于书证。第四，管辖法院不同。西方国家再审一般由原审法院管辖；我国民事申请再审案件原则上"上提一级"，更加突出审级监督作用。第五，再审审理范围不同。西方国家仅限于再审事由范围的内容，再审范围较为狭窄；我国实行全案审查、一次性解决纠纷原则，更加符合人民群众对实体公正和程序公正相统一的追求。实践证明，我国的审判监督制度符合我国国情和中华传统文化，是行之有效的，我们要坚定法治自信，坚定不移走中国特色社会主义法治道路，不断完善具有中国特色的审判监督制度。

四是坚持公平正义这个根本价值追求。公平正义是我们党追求的非常崇高的价值，是司法的灵魂和生命。我们要坚持依法履职，充分发挥审判监督职能，努力让人民群众在每一个司法案件中感受到公平正义。要确立公平正义价值追求的最优位阶。司法审判有很多价值追求，比如公平、正义、平等、秩序、安全、自由、效率等，其中要始终把公平正义作为最优先、最核心的价值追求。一段时间以来，一些法院过于强调维护生效裁判权威，错误地认为纠正错误裁判会损害司法公信力，对案件可改可不改的不改，甚至找理由不改，制约了审判监督纠错功能的发挥。实际上，维护生效裁判稳定性必须以公平正义为前提，离开了公平正义，人民群众不信服，就没有程序安定，就没有既判力。要贯彻实事求是、有错必纠原则。坚决贯彻党的实事求是思想路线，树立有错必纠理念，以更加坚定的决心和勇气，对错案发现一起、查实一起、纠正一起。2023年全国法院刑事、民事、行政再审案件改变率（含改判、发回、调解、撤诉、终结等）上升说明审判监督程序很好地发挥了纠错功能。审判监督任务重，审判监督干部肩负重大任务。要发扬斗争精神确保公平正义的最终实现。做审判监督工作不能怕得罪人，不能缩手缩脚、瞻前顾后，搞遮遮掩掩、抗拒再审、有错不改。要发扬斗争精神，提高斗争本领，以大无畏勇气，以"不怕得罪人但怕得罪法"的态度，依法处理审判监督案件。最高人民法院审监庭面对本院生效裁判，在审委会上汇报案件时要拉得下脸，发现确有错误的，要坚定提出依法再审纠错意见。

五是坚持"从政治上看、从法治上办"这个基本履职方式。人民法院作为党领导下的国家审判机关，首先是政治机关，做实"从政治上看、从法治上办"是履职尽责的基本方式。办理审判监督案件，首先要做实"从政治上看"。增强政治敏锐性和政治鉴别力，真正把习近平法治思想、党中央重大决策部署研深悟透，统筹好国内国际"两个大局"、发展安全"两件大事"，善于从政治上、全局上分析案件背后的政治因素、政治逻辑、政治影响，综合运用政治智慧、法治智慧、审判智慧办好案件，更好服务党和国家中心工作。同时，要坚持"从法治上办"。"从政治上看、从法治上办"是有机联系，整体统一的。弘扬社会主义法治精神，要深刻认识到没有政治引领，就不可能有好的法律效果和社会效果；同样，没有法治这个基本，就不可能有好的政治效果和社会效果。审判监督工作要坚守法治底线，不能单纯就政治说政治，要将政治上的敏感案件引入法律框架内依法审查判断，以法治思维和法治方式办好讲政治的案件。2017年至2023年，全国法院通过审判监督程序纠正涉产权刑事冤错案件，这些冤错案件产生的一个重要原因就是将政治和法治割裂开来，导致司法理念出现偏差、证据裁判原则贯彻不坚决、庭审功能发挥不充分等问题。如何在涉产权刑事冤错案件中做实"从政治上看、从法治上办"？要从政治上把握大势，党中央高度重视民营经济发展，2023年发布了《中共中央、国务院关于促进民营经济发展壮大的意见》，最高人民法院也出台相关指导意见和典型案例。我们要自觉从政治上、从大局上吃透优化法治营商环境、促进民营经济发展的政策精神，依法平等保护民营企业产权和企业家合法权益。对于历史形成的涉产权刑事冤错案件，要坚持从法治上办，遵循罪刑法定、主客观相统一等原则，坚持实事求是，以发展的眼光客观看待和依法妥善处理历史上民营企业发展经营中存在的不规范问题，坚决纠正将经济纠纷当作犯罪处理的错误裁判，切实让民营企业感受到司法温度，增强发展信心。

六是坚持定分止争、案结事了这个基本评判标准。习近平总书记指出"法律本来应该具有定分止争的功能"[①]，强调"我们做纠错的工作，就是亡羊补牢的工作"[②]。张军院长也讲到，人民群众到法院来不是走程序的，是希望通过公正裁判维护自己的合法权益，定分止争。现在新的审判质效考核指标体系，将发回和改判分开，也是为了体现这个评判标准。审判监督程序与一审、二审案件相比，案件纠纷往往发生时间更长、事实查明更难、当事人积怨更深、案件处理难度更大。我们要始终把实质解纷作为目标、导向，把案结事了、服判息诉的功课做到极致，防止

---

① 中共中央文献研究室编：《习近平关于全面依法治国论述摘编》，中央文献出版社2015年版，第77页。

② 《法治中国》，人民出版社、学习出版社2017年版，第81页。

因工作粗疏、不到位再次引发后续诉讼程序，实现定分止争的价值追求。要做实调判结合，充分认识调解在实质性化解纠纷、促进社会关系修复等方面优势，在再审审查和审理等各个环节，把握好调解时机，尽最大努力促成当事人达成和解、调解。再审调解很难，但必须做，特别是最高人民法院审监庭要让当事人抓住最后一次调解的机会。同时，对于调解不成的案件，要尊重当事人意愿，及时依法作出裁判。要充分运用法律赋予再审法官依职权发现事实、适用法律的裁量空间，有什么错就纠什么错，全部错全部纠，部分错部分纠，错到哪里纠到哪里，一次性解决所有纠纷，不能因迁就原判而造成反复再审，防止"一案结多案生"。要加强综合施策，根据审判监督案件的具体情况，通过多方力量、多种机制、多种手段共同促进矛盾化解。比如，对于检察监督案件要发挥法检联合调解机制作用，特别是请检察工作人员多做申诉人的工作，效果会更好。

二、坚持依法履职，找准做实审判监督工作职能定位

习近平总书记强调"要加快构建规范高效的制约监督体系"①，"再审重在解决依法纠错、维护裁判权威"②。审判监督作为对生效裁判进行事后监督、对错误裁判进行纠正的法定途径，是法院内部监督的重要制度，也是外部监督发挥作用的重要途径。全国法院受理各类审判监督案件由2013年的15.6万件，增长到2023年的49.4万件，充分反映了人民群众对公平正义的更高要求、更高期待。各级法院要坚持依法履职，找准审判监督工作职能定位，努力推动审判监督工作实现高质量发展。

一是坚持有错必纠和依法纠错相统一。审判监督程序价值主要在于发现和纠正原审错误，这是我们办案的落脚点和着力点，更是程序的特殊价值体现。在发现错误上，要充分保障当事人申诉、申请再审权利。

---

① 中共中央宣传部宣传教育局、全国人大常委会法制工作委员会民法室、司法部普法与依法治理局编：《〈中华人民共和国民法典〉侵权责任编学习读本》，中国民主法制出版社2021年版，第18页。

② 《中共中央关于全面推进依法治国若干重大问题的决定》，人民出版社2014年版，第28页。

当事人与案件有最直接的利害关系，最了解案件来龙去脉，最为关心裁判结果的对错，如果不是受到冤屈，一般不会耗费精力，不断信访申诉、申请再审。所以，我们要高度重视，充分保障当事人申诉、申请再审权利。在审查案件上，要依法依程序进行。对于刑事申诉，经过初步筛查，符合立案条件的，要及时立案审查。对于民事申请再审，只要是法定主体、在法定期限内、以法定再审事由、向有法定管辖权的法院申请再审的，就应当依法受理、依法保护。对于当事人在程序外信访申诉的，要结合"有信必复"等工作机制，依法纳入依职权审查案件进行妥善处理。在裁判结果上，要争取最优纠错方案。审判监督案件的处理，往往存在直接改判还是发回重审、实体裁判还是程序性处理、部分改判还是全案改判、是否赋予当事人另诉权利等多种裁判思路和解决方案。要充分考虑哪种方案最符合老百姓认可的公平正义，最符合立法的精神，最经济便捷，最有利于实现案结事了，绝不能墨守形式上的"于法有据"，陷入机械司法、就案办案的陷阱，徒增当事人诉累。

二是坚持程序权利救济和实体权利救济相统一。审判监督程序属于非常救济程序，法律规定应当再审的情形，既包括原审裁判认定事实及适用法律方面的错误，也包括审判程序方面的重大错误。程序权利救济方面，要充分认识正当程序对实体裁判公正性的保障价值及独立价值，扭转重实体、轻程序的错误倾向，只要符合法律规定的应当再审情形，均应依法启动再审。需要强调的是，程序权利救济范围要遵循法律规定的范围，注重程序权利并不是走向极端的程序主义，不解决实际问题的"程序空转"是我们工作中要坚决反对和避免的。实体权利救济方面，通过再审程序直接改判冤错案件，是维护当事人合法权益、提高司法公信力的有力举措。同时，经申请未进入再审程序的案件，或者经再审维持原判的案件，也要通过在裁判中再次回应当事人诉求、进行释法说理，起到对原审裁判的答疑作用。实践中，经过上级法院再审审查和再审审理的案件，绝大多数当事人是息诉服判的，当事人仍然不服的占比大幅下降，充分说明审判监督程序的启动本身，就可以在相当程度上缓和当事人的不满情绪，改变当事人对原裁判结果的态度，实现服判息诉的良好效果。

三是坚持错案纠正和促推裁判质量提升相统一。审判监督工作职能不仅限于纠正错误裁判，还要通过压实条线指导责任，发挥错案的源头治理作用，做到"改判一件、指导一片"，促进原审裁判质量的整体提高。当前，很多法院已经建立了错案分析通报制度，常态化开展再审改判案件总结分析，提升审判质效。要建好用好错案分析通报制度。通过再审视角常态化分析改判原因，点面结合，归纳总结多错易错问题，全面发现一段时期、一个地区的"常见病"与"多发病"，形成的分析报告要在辖区范围内进行通报，针对性做实"错源"治理。要切实统一裁判尺度。对"类案不同判"等分歧较大的法律适用问题，要及时提交法答网，请求上级法院给予指导。审判监督庭对于法律适用分歧大、裁判尺度不统一的案件，要提审改判。各地法院筛选的典型再审案例，特别是经过审委会讨论的再审改判案例，要及时报最高人民法院审核后纳入人民法院案例库。指导案例、入库案例要在办案中予以参考。对入库案例不认同的，可报上级法院讨论，上级法院可再报最高人民法院，确有必要的，可及时撤销或替换入库案例；案例库里没有的案例，审判监督庭要善于发现这些"空缺"案件，及时入库。要健全再审发回重审和指令再审跟踪监督机制。绝不能简单"一发了之"，对下级法院就发回和指令再审案件又作出请示的，要按规定立案，并对请示问题再次研究答复。审判监督庭要发挥好审委会的参谋助手作用。会同其他业务部门开展会商交流，为审委会决策和上级法院形成权威指导意见提供参考，明确再审改判标准，强化统一法律适用职能。

四是坚持促推做实科学审判管理和落实司法责任相统一。审判监督是检验人民法院整体审判质效的"晴雨表"，是做实科学审判管理的重要抓手。本届最高人民法院党组将审判管理现代化作为审判现代化的重要抓手，其中审判监督程序发挥着重要作用。通过审判监督不仅可以发现原审程序是否合法、法律适用是否准确、认定事实证据是否确实充分、裁判文书有无瑕疵等案件质量方面问题，还可以发现法律适用争议、法官工作态度、审判管理漏洞等方面问题，对于加强审判管理、总结审判经验、提高审判质效具有重要意义。实践中，有的中基层法院将审判监督庭和审管办职能整合，形成了更强的监督管理合力。审判监督部门要通过典型案例、分析报告等方式，为院党组和审委会指导抓实审判管理提供决策依据，助力审判工作提质增效。审判监督是厘定司法责任的"度量衡"，是全面准确落实司法责任制的重要抓手。司法责任制还远远没有落实到位。张军院长要求最高人民法院审判监督庭做好落实，分析改判发回案件，把司法责任制问题理出来，交院里研判。全国各级法院党组要赋予审判监督庭落实司法责任方面的职能，审判监督庭也要发挥好相关职能。造成原审错误裁判、瑕疵案件的原因可能有很多，但承办法官都是"第一责任人"，院庭长作为"关键少数"，履行阅核职责，承担着更重责任。要充分发挥审判监督查明错案、瑕疵案件成因的作用，做好再审改判整体态势分析和个案原因分析，为落实责任追究提供依据，倒逼、督促司法责任制和院庭长监督管理责任更加自觉主动落到实处。

三、坚持问题导向，着力破解审判监督工作突出问题

目前，审判监督工作中还存在该再审的没再审、该改判的没改判或改得不彻底、不该改判的却改判了等问题，根本原因在于学习贯彻习近平法治思想不到位、有差距。我们要突出问题导向，着力解决制约审判监督工作提质增效的短板问题，把案件办成经得起历史和实践检验的精品，努力实现"再审之后无再审"目标。

一是着力解决重大刑事冤错案件纠治不到位问题。刑事审判监督尤其是纠正重大刑事冤错案件能够断人生死，事关民心向背和厚植党的执政根基。要解决好纠正刑事冤错案件标准过严问题。有的法院贯彻落实罪刑法定、疑罪从无、证据裁判等原则不到位，再审改判标准把握过严，面对存疑甚至已经发现的冤错案件，机械要求有"铁证"才能翻案，在没有"真凶归案""亡者归来"的情况下，存在不敢改、不愿改的问题。

其实是"疑罪从有"。实际上,对于原生效裁判没有达到应有证明标准的,也应当实事求是、顶住压力、秉公执法、依法改判。近年来,我们依法再审改判了于英生案等疑错案件,改判后不久抓获了真凶,既是经验,也是教训。要解决好依法纠错主动性不足问题。有些被纠正的冤错案件早有端倪,但部分法院"视而不见",怠于依法纠错。比如,有的辩护律师坚持进行无罪辩护(如海南陈某案),有的律师提出不能定罪的诸多疑点(如云南钱某仁案),但相关法院忽视当事人程序权利保障,导致冤错案件的发生和长期未纠正。我们要端正依法纠错态度,高度重视听取无罪辩护理由和申诉理由,拓宽线索发现渠道,切实完善刑事冤错案件的发现、纠正、防范机制。要解决好久拖不改问题。这些案件看似没有产生"错误裁判"和"不良后果",但侵害的是当事人的合法权益,损害的是司法权威和公信力。对于疑似冤错案件,要加快工作进度,及时给出结果;对于因证据不足宣告无罪的,要支持公安机关加大侦查力度,缉拿真凶,同时,做好原审被告人国家赔偿、被害人及家属释明安抚和司法救助等工作,进一步提升依法纠错工作质效。

二是着力解决涉产权案件再审难、纠正难问题。最高人民法院党组高度重视涉产权冤错案件甄别纠正工作。2023年,最高人民法院对"涉产权保护案件再审纠错及民营企业、企业家司法保护问题"进行了专题调研,发现涉产权刑事、民事申诉、申请再审案件数量居高不下,但再审率、改判率偏低,再审难、纠正难问题比较突出。此后,最高人民法院又组织10个高院对2020年至2022年涉产权刑事、民事再审案件开展评查,发布了涉民营企业产权和企业家权益保护再审典型案例。各级法院要高度重视,切实做好涉产权冤错案件甄别纠正工作,把涉及重大财产处置纠纷导致民营企业投资人被追究刑事责任的申诉案件作为重点审查目标,抓好标志性、典型性涉产权案件甄别纠正工作,发现确有错误的,依法及时启动再审。要科学界定涉产权冤错案件范围,合理区分刑事处罚与行政处罚、民事制裁的界限边界。对于以刑事手段介入经济纠纷的,要坚决予以纠正;对案件审理中发现滥用公权力、通过刑事立案干预民事经济纠纷、为了地方或部门利益任意抓人捕人、对企业或企业家进行敲诈勒索等问题，要通过司法建议等方式促推源头整治。对于跨地区、跨部门的案件，上级法院要加强监督指导和统筹协调，有力破除地方、部门保护主义影响案件依法公正处理。

三是着力解决"减假暂"制度作用发挥不充分问题。一段时间以来，部分法院简单以考核"计分"为依据，忽视对"减假暂"案件进行充分实质性审查，以北京郭某思案、内蒙古"纸面服刑案"等为反面典型，造成极其恶劣影响，暴露"减假暂"制度执行中存在不少漏洞。自全国政法队伍教育整顿后，各地法院吸取经验教训，筑牢制度屏障，更加严格适用"减假暂"制度，同时，也导致相关案件呈明显下降趋势，甚至出现"该减不减、该假不假、该暂予监外执行的不暂予监外执行"等矫枉过正现象，影响了"减假暂"制度功能的发挥。两种情况都是不担当不作为的表现，甚至是失职渎职。减刑、假释、暂予监外执行是法律规定的刑罚执行制度，要严格依法，不能人为走向宽松尺度，不能徇私枉法降低条件、随意适用；但对于符合法定条件的，同样不能随意提高适用条件、机械执行"减假暂"比例，防止从一个极端走向另一个极端。比如，对于减刑案件，在判断"确有悔改表现"时，要坚持主客观改造表现并重，重点核查加分、减分事项的具体情况，正确看待罪犯申诉与减刑、假释的关系。有的法院错误认为申诉就是不老实，不予减刑。比如，在关联财产性判项履行情况与减刑、假释适用时，要以履行能力为基础，区分确有履行能力而不履行和确无履行能力的具体情形，防止机械关联、过度关联。又如，当前，由于多种原因导致假释适用率偏低。不能因噎废食，该用则用。要探索以协作为主的假释适用模式，由罪犯、刑罚执行机关、社区等各方进行协商，法院居中协调，搭建协作平台。要做好联动工作，说服"老病残"罪犯的家属接受罪犯，推动社会加大对假释人员的帮扶力度，强化社区矫正机构对假释考验期的监管。要探索建立公正、合理的再犯罪危险评估机制，强化对拟假释罪犯的实质化心理评估。要建立依法依规办理假释的免责机制，不能简单以事后罪犯实际再犯罪为标准进行责任倒查，保障假释制度发挥应有效能。

四是着力解决民事审判监督不规范问题。从数量看，民事申请再审案件和再审案件在审判监督案件中占比超过80%，民事审判监督案件质效关系审判监督工作全局。从管辖法院看，随着民商事案件级别管辖标准调整效果显现，一审、二审案件下沉明显，高级法院受理的民事审判监督案件数量明显上升，已占全国法院相关案件的60%以上，承担了重要审判监督职能。与此同时，再审提审力度不足、审判监督程序梗阻、自由裁量权运用失当、裁判文书说理不足等多见问题，亟待引起重视和解决。要健全"上级法院提审为主，指令下级法院再审为辅"的再审级别管辖制度。高级法院该提则提，解决问题，基层法院案件多，高级法院职级监督缺位，不符合我国的审判原则。严格限制再审发回重审和指令再审范围条件，上级法院认为原审确有错误并有必要提审的，裁定由本院再审，最高人民法院依高级法院报请提审。高级法院要根据相关法律规定，进一步加大再审提审适用力度，精准履行审级监督和再审纠错职能。最高人民法院要提审具有普遍法律适用指导意义、存在重大法律适用分歧的典型案件，充分发挥监督指导全国审判工作、确保法律正确统一适用的职能。要完善民事审判监督程序规范。理顺全案再审与再审补充性、"再审之诉"与依职权纠错等关系，明确再审审查和审理范围，不能过于机械。理顺再审中民刑交叉问题，细化依职权再审程序。在遵循平等保护、权利义务责任相统一、诚实守信原则等民事裁判原则的基础上，探索确立民事再审案件改判标准。完善申请再审案件繁简分流，优化司法资源配置，实行简案快审、繁案精审。要加强对法官自由裁量权的合理监督。特别是多次审理，证据都差不多，就是法官认识不同，对自由裁量权要予以限制和监督。同时，再审也要注意规范自由裁量权的行使，避免以新的"任性"自由裁量判决替代另一个滥用自由裁量的判决，造成"错上加错"。很多案件翻来翻去，审判监督程序要关注这类案件。要强化再审裁判文书说理，不仅要有针对性地回应双方诉辩理由，还要围绕焦点问题评价原审说理情况，这也对再审法官提出了更高要求。

五是着力解决与外部监督机制衔接不畅问题。审判监督是将外部监督转为内部监督的重要途径。要进一步完善检察监督案件办理机制。近年来，全国法院受理的民事抗诉案件数量总体平稳，但抗诉案件再审改变率有较大幅度上升，各地法院普遍超过70%，刑事、行政抗诉案件也呈相同态势，说明法院生效裁判质量和再审审查案件质量还有较大提升空间。各级法院要提高政治站位，主动接受检察机关法律监督，树立协同理念，更好发挥检察机关开展职权调查、侦查监督的职权优势，继续强化在防范打击虚假诉讼等领域合作沟通，更好保护当事人合法权益，共同维护司法公正。要完善受理检察监督案件审查一体化机制，由立案部门对抗诉和再审检察建议作立案登记后，移交审监庭依法作进一步审查处理。要进一步明确检察机关在庭审中的地位和作用，依法处理检察监督与当事人民事诉权的关系。在抗诉启动再审后，充分发挥检察机关在调处纠纷、化解矛盾中的优势，围绕当事人的诉求持续做实联合调解机制，推动实质性化解纠纷。2023年，最高人民法院、最高人民检察院联合出台了规范办理民事再审检察建议案件的指导意见，解决了一些有关再审检察建议方面的突出问题，明确提出探索建立和完善法检两家常态化工作联系机制。各级法院要用好这一机制，及时报告问题建议，形成审判监督工作更大合力。要完善依职权再审与代表委员、社会舆论等监督衔接机制。主动接受人大监督和政协民主监督，以"求极致"的精神办好人大代表、政协委员关注的审判监督案件。自觉接受舆论监督，积极及时回应社会关切，将外部监督反映的错案线索作为开展审判监督的有效途径。

六是着力解决高级法院审判监督责任落实不到位问题。当前，各高级法院受理全国半数以上的审判监督案件，并且占比呈逐年上升趋势，一定要发挥好关键作用。一是高级法院作为承上启下的关键环节，要增强担当作为意识，充分发挥监督职能，切实提升审判监督质量，避免案件过多涌入最高人民法院。二要防止任意改判，严把质量关，不能让案件总是"翻烧饼"。有些案件反复再审、多次再审，甚至改变原审判决后，第二次再审又恢复到原审的情况时有发生，直接影响再审案件质量和社会关系稳定，严重损害当事人权益和司法权威。三要担当作为，防止"转移矛盾"。高级法院不能只做审判监督案件的"二传手"，简单将矛盾往后推、往上交，要真正在实质解纷、案结事了上下功夫。四要加强指导，统一法律适用。高级法院要结合本地特点，加强审判监督案件数据分析研判，加大对"发改"案件的评析力度，切实发挥条线指导作用，通过培育典型案例、提炼法答网精品问题等方式，指导辖区法院明确类案裁判尺度。五要发挥院庭长作用。院庭长要带头承办重大疑难再审案件、压实阅核责任，利用专业法官会议讨论、审委会决定等机制，发挥好审监职能，审慎把握再审改判标准，努力做到"改判一案、规范一片"。

最后，再讲一讲审判监督队伍建设问题。打铁还须自身硬，审判监督法官是"监督法官的法官"，必须具备更高的政治素质、业务素质和职业道德素质。近年来，全国法院审判监督条线涌现出以李庆军、周春梅为代表的一大批先进典型，展现了审判监督队伍的担当作为、奉献牺牲，为我们树立了榜样，更激励我们奋勇前行。要融合抓实政治建设和业务建设。始终把政治建设摆在首位、融入业务建设，坚持不懈用习近平新时代中国特色社会主义思想凝心铸魂，深入学习贯彻习近平法治思想，不断提高政治判断力、政治领悟力和政治执行力，自觉把"从政治上看、从法治上办"落实到审判监督工作全过程，以履职促进实现案件办理"三个效果"有机统一。要完善审判监督法官培养机制。审判监督庭作为维护公平正义的最后一关，必须把业务好、素质过硬的法官配到审判监督庭。用好法答网、人民法院案例库及审判监督条线各类学习资源，贯通抓实日常学习、工作调研、教育培训，使审判监督法官练就善于发现错误的"火眼金睛"，真正成为善于处理"疑难杂症"和终局解决各类矛盾的行家里手。要进一步突出科技赋能，依托全国法院"一张网"建设，进一步提升审判监督案件办理规范化水平，与检察机关、刑罚执行机关等加强数据对接，实现跨部门业务网上协同办理。要融合抓实"管案"与"管人"。司法办案是审判权力运行的基本载体,要把管住"案"作为管住"人"、治好"院"的落点。压实全面从严管党治院政治责任,把队伍管理融入审判管理,把"评案"与"考人"贯通起来,进一步抓实全员、全面、全时考核,科学合理设置考核指标,激励引导审判监督法官做实案件的精细审查和纠纷的实质解决。要深入开展党纪学习教育。深入学习贯彻新修订的《中国共产党纪律处分条例》等党规党纪,把开展党纪学习教育同落实党中央决策部署、扎实履职尽责相结合,自觉把"六大纪律"作为办案纪律贯穿审判监督工作中,针对性解决审判监督领域存在的有案不立、有错不改、滥用自由裁量权、减刑假释不规范等问题,以铁的纪律确保司法审判公正高效权威。严格落实防止干预司法"三个规定",做到"有问必录、应报尽报",杜绝"凑数应付填报"和"避重就轻选择性填报"等问题,对司法腐败问题"零容忍",真正做实严管就是厚爱,锻造忠诚干净担当的审判监督队伍。

　　同志们,今天围绕"深入学习贯彻习近平法治思想,加快推进审判监督工作高质量发展"主题,结合审判监督工作中一些实际问题,与大家进行了交流。希望大家以这次培训为契机,持续深入学习贯彻党的创新理论和党中央重大决策部署,沉下心来学,静下心来悟,真正把学习成果落实到干好本职工作、以审判工作现代化支撑和服务中国式现代化的实际行动中。

《中国法院年鉴 2023》（审判监督部分）

2023 年，人民法院坚持以习近平新时代中国特色社会主义思想为指导，全面贯彻落实党的二十大精神，充分运用新时代枫桥经验，充分发挥审判监督职能，守正创新，担当作为，依法纠错，紧紧围绕"努力让人民群众在每一个司法案件中感受到公平正义"目标，不断推进审判监督工作高质量发展。

一、扎实推进刑事审判监督工作，切实维护社会公平正义

一是建立全国法院重大刑事冤错案件审判监督台账及其进度情况表，加强跟踪督导。二是依法审理或督导河北、吉林、江西、四川、福建、内蒙古等地方法院对周某某抢劫案、黄某某"私自建桥案"、胡某某等人强奸、贪污案、李某抢劫案、李某某杀人案、周某某强奸、故意杀人案等一系列社会高度关注的重大、疑难、敏感案件启动再审和改判。三是开展刑事重大冤错案件再审纠错经验教训总结，整理汇编相关资料，作为改进工作的重要学习参考。

二、及时甄别纠正涉产权案件，为促进民营经济发展壮大营造良好司法环境

一是依法妥善审理涉产权冤错案件，再审提审上海市民营企业家金某某骗取贷款申诉案，依法指令广东省高级人民法院、湖北省高级人民法院对段某某职务侵占案、汤某某等 3 人非法采矿案等进行再审并宣告

无罪，持续向全社会传递人民法院重视产权保护、实事求是、依法纠错的积极信号。二是发布涉民营企业产权和企业家权益保护再审典型案例，2023年10月10日最高人民法院召开"涉产权保护再审典型案例新闻发布会"，发布刑事、民事、行政三类涉民营企业产权和企业家权益保护再审12个典型案例，诠释人民法院践行习近平法治思想，依法监督纠错，切实守好"最后一道防线"，保护民营企业和企业家合法权益的实际行动。新华社、《人民日报》、中央广播电视总台等主流媒体对此广泛报道，高度评价。三是组织编写涉产权刑事再审纠错案例选，对2017年至2023年全国法院再审纠正的典型刑事冤错案件及重要政策文件进行汇编，加强了审判监督条线业务指导，努力营造让投资者放心投资的法治环境。

三、严格刑罚执行，进一步规范减刑、假释、暂予监外执行工作

一是认真贯彻党中央关于完善刑罚执行制度的部署要求，进一步严格规范假释、暂予监外执行制度实施。2023年3月3日，最高人民法院、最高人民检察院、公安部、司法部联合印发《关于依法推进假释制度适用的指导意见》。2023年5月28日，最高人民法院、最高人民检察院、公安部、国家安全部、司法部、国家卫生健康委联合印发《关于进一步规范暂予监外执行工作的意见》，确保依法准确适用暂予监外执行。二是依法妥善处理了货车司机韩某、贺某假释案，魏某、蒋某减刑等案件，全面准确贯彻宽严相济刑事政策和从旧兼从轻原则。做好因涉疫犯罪人员的减刑、假释工作，做到维护裁判既判力和人民群众的合法权益相统一。严格把控减刑、暂予监外执行备案条件，完善工作机制。三是根据中央政法机关统一部署，最高人民法院、最高人民检察院、司法部等组成联合检查组，对规范减刑、假释工作开展重点专项执法检查。

四、加强依法履职，做深做实再审案件的诉讼调解工作

一是调解化解多件涉民生重要案件，社会效果良好，实现了"三个

效果"的统一。圆满调解江苏某建工集团与北京某建筑公司的建设工程施工合同纠纷再审案。依法化解广西某信用社与某创公司、某谷公司、林某等保证合同纠纷案，该案迁延日久，矛盾积怨深，存在重大信访风险，践行新时代司法理念，坚持和发展新时代"枫桥经验"、充分发挥调解在矛盾纠纷多元化解机制中的基础性作用，下沉基层、上门释法说理，推动案件成功化解，实现了案件"三个效果"的有机统一，成为主动融入国家治理和社会治理的具体实践，2023年12月12日《人民法院》报头版头条《十二年纠纷尘埃落定的背后》予以宣传报道。二是牢牢把握法检协同、法检联动理念，依法审理最高人民检察院抗诉案件。以"如我在诉"意识办好案件，切实维护人民群众合法权益，成功调解刘某与王某某房屋买卖合同纠纷，坚持程序公正和实体公正并重，多次和案件当事人进行沟通，耐心听取当事人的倾诉，促使当事人权衡各自利益形成合理共赢的调解方案，实现案结事了。依法审理田某某与贵州省沿河土家族自治县某村民组荒山承包合同纠纷案，联合检察机关共同前往贵州省沿河土家族自治县开展就地调解，圆满促成和解撤诉。依法审理检察机关抗诉的李某某等5件劳动争议关联案件，依靠府院联动、法检协力促成当事人达成和解协议，既解决了当事人历时十多年的诉讼争议，也一揽子解决了企业拆迁后遗留的部分职工安置补偿问题。持续抓好法检联动涉诉纠纷化解机制成果转化运用，与最高人民检察院共同研究推进举措。

五、自觉接受法律监督，出台规范办理民事再审检察建议案件的意见

2023年11月24日，最高人民法院、最高人民检察院联合发布《关于规范办理民事再审检察建议案件若干问题的意见》。这是贯彻中央依法治国办工作部署，推进落实《中共中央关于加强新时代检察机关法律监督工作的意见》的重要举措，填补了人民法院办理民事再审检察建议案件的制度空白，及时回应了各级法院办理民事再审检察建议案件的实践需要，对于促进检察机关精准开展民事再审检察监督工作，规范人民检察院、人民法院办理民事再审检察建议案件，统一法律适用，提升司法工作质效，共同维护司法公正，具有重要意义，在社会各界引起热烈反响。

六、坚持问题导向，大兴调查研究

坚决贯彻落实党中央关于调查研究工作部署，着眼新时代审判监督事业发展，围绕"涉产权保护案件再审纠错及民营企业、企业家司法保护问题""审级职能定位改革背景下审判监督机制创新问题""纠正冤错案件与人民群众要求、社会需求存在差距问题"等课题，科学制订调研方案，成立专项课题组，深入江苏、沈阳、黑龙江、广东、广西、山东等地调查研究，倾听基层意见，形成《关于涉产权保护案件再审纠错工作及民营企业、企业家司法保护问题的调研报告》《关于审级职能定位改革背景下民事审判监督机制创新问题的调研报告》《关于进一步规范指令再审工作机制的报告》《关于纠正冤错案件的调研报告》等多项调研成果，解决真问题、真解决问题，促进调研成果转化为司法决策和治理成效。

【法规速递】

最高人民法院
关于办理减刑、假释案件审查财产性判项执行问题的规定

法释〔2024〕5号

（2024年1月3日最高人民法院审判委员会第1910次会议通过
2024年4月29日最高人民法院公告公布
自2024年5月1日起施行）

为确保依法公正办理减刑、假释案件，正确处理减刑、假释与财产性判项执行的关系，根据《中华人民共和国刑法》、《中华人民共和国刑事诉讼法》等法律规定，结合司法实践，制定本规定。

第一条　人民法院办理减刑、假释案件必须审查原生效刑事或者刑事附带民事裁判中财产性判项的执行情况，以此作为判断罪犯是否确有悔改表现的因素之一。

财产性判项是指生效刑事或者刑事附带民事裁判中确定罪犯承担的被依法追缴、责令退赔、罚金、没收财产判项，以及民事赔偿义务等判项。

第二条　人民法院审查财产性判项的执行情况，应将执行法院出具的结案通知书、缴付款票据、执行情况说明等作为审查判断的依据。

人民法院判决多名罪犯对附带民事赔偿承担连带责任的，只要其中

部分人履行全部赔偿义务，即可认定附带民事赔偿判项已经执行完毕。

罪犯亲属代为履行财产性判项的，视为罪犯本人履行。

第三条 财产性判项未执行完毕的，人民法院应当着重审查罪犯的履行能力。

罪犯的履行能力应根据财产性判项的实际执行情况，并结合罪犯的财产申报、实际拥有财产情况，以及监狱或者看守所内消费、账户余额等予以判断。

第四条 罪犯有财产性判项履行能力的，应在履行后方可减刑、假释。

罪犯确有履行能力而不履行的，不予认定其确有悔改表现，除法律规定情形外，一般不予减刑、假释。

罪犯确无履行能力的，不影响对其确有悔改表现的认定。

罪犯因重大立功减刑的，依照相关法律规定处理，一般不受财产性判项履行情况的影响。

第五条 财产性判项未执行完毕的减刑、假释案件，人民法院在受理时应当重点审查下列材料：

（一）执行裁定、缴付款票据、有无拒不履行或者妨害执行行为等有关财产性判项执行情况的材料；

（二）罪犯对其个人财产的申报材料；

（三）有关组织、单位对罪犯实际拥有财产情况的说明；

（四）不履行财产性判项可能承担不利后果的告知材料；

（五）反映罪犯在监狱、看守所内消费及账户余额情况的材料；

（六）其他反映罪犯财产性判项执行情况的材料。

上述材料不齐备的，应当通知报请减刑、假释的刑罚执行机关在七日内补送，逾期未补送的，不予立案。

第六条 财产性判项未履行完毕，具有下列情形之一的，应当认定罪犯确有履行能力而不履行：

（一）拒不交代赃款、赃物去向的；

（二）隐瞒、藏匿、转移财产的；

（三）妨害财产性判项执行的；

（四）拒不申报或者虚假申报财产情况的。

罪犯采取借名、虚报用途等手段在监狱、看守所内消费的，或者无特殊原因明显超出刑罚执行机关规定额度标准消费的，视为其确有履行能力而不履行。

上述情形消失或者罪犯财产性判项执行完毕六个月后方可依法减刑、假释。

第七条　罪犯经执行法院查控未发现有可供执行财产，且不具有本规定第六条所列情形的，应认定其确无履行能力。

第八条　罪犯被判处的罚金被执行法院裁定免除的，其他财产性判项未履行完毕不影响对其确有悔改表现的认定，但罪犯确有履行能力的除外。

判决确定分期缴纳罚金，罪犯没有出现期满未缴纳情形的，不影响对其确有悔改表现的认定。

第九条　判处没收财产的，判决生效后，应当立即执行，所执行财产为判决生效时罪犯个人合法所有的财产。除具有本规定第六条第一款所列情形外，没收财产判项执行情况一般不影响对罪犯确有悔改表现的认定。

第十条　承担民事赔偿义务的罪犯，具有下列情形之一的，不影响对其确有悔改表现的认定：

（一）全额履行民事赔偿义务，附带民事诉讼原告人下落不明或者拒绝接受，对履行款项予以提存的；

（二）分期履行民事赔偿义务，没有出现期满未履行情形的；

（三）附带民事诉讼原告人对罪犯表示谅解，并书面放弃民事赔偿的。

第十一条　因犯罪行为造成损害，受害人单独提起民事赔偿诉讼的，人民法院办理减刑、假释案件时应对相关生效民事判决确定的赔偿义务判项执行情况进行审查，并结合本规定综合判断罪犯是否确有悔改表现。

承担民事赔偿义务的罪犯，同时被判处罚金或者没收财产的，应当先承担民事赔偿义务。对财产不足以承担全部民事赔偿义务及罚金、没收财产的罪犯，如能积极履行民事赔偿义务的，在认定其是否确有悔改表现时应予以考虑。

第十二条　对职务犯罪、破坏金融管理秩序和金融诈骗犯罪、组织（领导、参加、包庇、纵容）黑社会性质组织犯罪等罪犯，不积极退赃、协助追缴赃款赃物、赔偿损失的，不认定其确有悔改表现。

第十三条　人民法院将罪犯交付执行刑罚时，对生效裁判中有财产性判项的，应当将财产性判项实际执行情况的材料一并移送刑罚执行机关。

执行财产性判项的人民法院收到刑罚执行机关核实罪犯财产性判项执行情况的公函后，应当在七日内出具相关证明，已经执行结案的，应当附有关法律文书。

执行财产性判项的人民法院在执行过程中，发现财产性判项未执行完毕的罪犯具有本规定第六条第一款第（一）（二）（三）项所列情形的，应当及时将相关情况通报刑罚执行机关。

第十四条　人民法院办理减刑、假释案件中发现罪犯确有履行能力而不履行的，裁定不予减刑、假释，或者依法由刑罚执行机关撤回减刑、假释建议。

罪犯被裁定减刑、假释后，发现其确有履行能力的，人民法院应当继续执行财产性判项；发现其虚假申报、故意隐瞒财产，情节严重的，人民法院应当撤销该减刑、假释裁定。

第十五条　本规定自 2024 年 5 月 1 日起施行，此前发布的司法解释与本规定不一致的，以本规定为准。

最高人民法院
关于印发《人民法院案例库建设运行工作规程》的通知

2024 年 4 月 29 日　　　　　　　　法〔2024〕92 号

各省、自治区、直辖市高级人民法院，解放军军事法院，新疆维吾尔自治区高级人民法院生产建设兵团分院；本院各单位：

　　2024 年 2 月 27 日，人民法院案例库平台正式上线并面向社会公众开放，人民法院案例库建设工作迈出关键性一步。上线以来，社会各界广泛关注，舆论反响积极热烈，这对人民法院案例库建设工作提出更高要求、更严标准。为进一步做好人民法院案例库建设和使用工作，最高人民法院制定《人民法院案例库建设运行工作规程》（以下简称《规程》）。现将《规程》印发你们，并就贯彻执行《规程》有关事项通知如下：

　　一、充分认识案例库建设的重要意义。建设人民法院案例库，是各级人民法院深入学习贯彻习近平法治思想的必然要求，有利于促进法律正确统一适用、深化诉源治理、深化司法公开、提升司法能力，是世界各国观察、评价中国司法、中国法治的重要窗口。各级人民法院要充分认识人民法院案例库建设的重要意义，认真学习《规程》及相关文件精神，切实抓好贯彻落实。

　　二、参考入库类似案例作出裁判。人民法院案例库收录的案例，均系经最高人民法院审核认为对类案审判具有参考示范价值的案例。各级人民法院审理案件时,应当检索查阅人民法院案例库,严格依照法律和司法解释、规范性文件,并参考入库类似案例作出裁判,避免"同案不同判"。各级人民法院经检索查阅,没有类似案例,或者认为类似案例不宜参考的,按照《规程》规定的程序办理。

三、按照规定程序动态调整入库案例。为确保入库案例不断完善,最高人民法院各审判业务部门、研究室要定期检查相关入库案例,跟进法律、司法解释、规范性文件立改废进程,及时组织补充、更新、清理案例,确保入库案例始终具有指导性、权威性和典型性、时效性。各级人民法院认为入库参考案例不再符合入库标准、需要清理出库或者替换的,按照《规程》规定的程序办理。

四、高质量报送备选参考案例。入库案例选择不当,导致错误裁判,将严重损害最高人民法院权威、影响司法公正。各级人民法院要以"求极致"的精神推送高质量备选参考案例,共同建设好人民法院案例库。各级人民法院要注意针对人民法院案例库的空白罪名、案由,特别是尚未涉及的法律适用问题,优先编写报送案例,力争尽早实现"覆盖各类罪名、案由,在同一罪名、同一案由下的不同法律适用问题也将有相应案例"的建设目标。最高人民法院和各高级人民法院应当注重从上诉、申诉案件及请示案件中,发掘备选参考案例。为提高案例编写质量,各级人民法院编写报送前,应当先行检索查阅人民法院案例库,避免重复、冲突,同时可以借助"法信智校"等智能工具,提高案例编写质效。

五、常态化报送备选参考案例。为推动人民法院案例库持续健康发展,在确保质量的前提下保持适度数量规模,地方各级人民法院的案例报送和最高人民法院的案例审查、审核工作要坚持做到常态化。

请各级人民法院高度重视人民法院案例库建设工作,强化统筹安排和督促落实。案例入库工作情况将定期通报。贯彻执行《规程》中遇到的问题,请及时报告。

人民法院案例库建设运行工作规程

第一章 一般规定

第一条 为做好人民法院案例库的建设和使用工作,促进法律正确统一适用,深化诉源治理,提升公正与效率,结合审判工作实际,制定本规程。

第二条 人民法院案例库是由最高人民法院统一建设的案例资源库。最高人民法院各审判业务部门负责案例收集、编选及审查等工作。最高人民法院研究室负责统筹人民法院案例库建设、案例审核等工作。

第三条 人民法院案例库收录最高人民法院发布的指导性案例和经最高人民法院审核入库的参考案例,供各级人民法院和社会公众查询、使用、学习、研究。

以审判业务领域为标准,入库案例分为刑事、民事、行政、国家赔偿、执行五种类型。根据工作需要,人民法院案例库设置相关特色专栏。

第四条 人民法院案例库收录的参考案例,应当是裁判已经发生法律效力,且对类案审判具有参考示范价值的案例。

针对同一具体法律适用问题收录的参考案例一般不超过两件。

第五条 参考案例统一编号,体例格式一般包括标题、副标题、关键词、基本案情、裁判理由、裁判要旨、关联索引。

指导性案例按照发布时的文本直接入库,保留原编号并增加入库编号。

第六条 参考案例的报送、审查、审核等工作应当在人民法院案例库平台上开展。

第七条 对于案例是否符合入库标准、是否应当出库存在重大争议的,可以提交审判委员会讨论决定。

第二章　参考案例的入库流程

第八条　中级、基层人民法院对本院已经发生法律效力的裁判,认为符合入库标准的,应当及时按照格式要求编写案例,经分管院领导审批,层报高级人民法院。

第九条　高级人民法院审判业务部门负责收集、编选、审查本院和辖区法院案例,经专业法官会议讨论,认为符合参考案例入库标准的,经分管院领导审批后送本院研究室。高级人民法院研究室审核后,根据最高人民法院审判业务条线分工,报送至最高人民法院相关审判业务部门。

第十条　最高人民法院各巡回法庭、国家法官学院(司法案例研究院)、中国应用法学研究所、人民法院新闻传媒总社等可以结合工作实际编写案例,推荐至最高人民法院相关审判业务部门。

最高人民法院各审判业务部门、研究室可以自行收集、编写案例,按照本章规定的流程审查入库。

第十一条　最高人民法院各审判业务部门负责审查本部门编写,最高人民法院各巡回法庭、国家法官学院(司法案例研究院)、中国应用法学研究所、人民法院新闻传媒总社等推荐,以及高级人民法院报送的案例。

第十二条　最高人民法院各审判业务部门对案例的事实认定、法律适用、裁判说理、价值导向等进行全面审查,经专业法官会议讨论,分别作出以下处理:

(一)认为符合入库标准的,报分管院领导审批后送研究室审核;

(二)认为基本符合入库标准,但需要修改完善的,可以直接作出修改,或者提出明确意见后退回修改;

(三)认为不符合入库标准的,终止审查并说明理由。

第十三条　最高人民法院研究室在对案例材料是否齐全、体例格式是否符合要求等进行审核的基础上，重点对案例是否符合入库标准进行审核。审核过程中，可以视情将案例送交院内外相关专家研提意见，相关工作可与案例推送部门沟通。

第十四条　最高人民法院研究室经审核，对案例分别作出以下处理：

（一）认为符合入库标准的，经文字核校后入库；

（二）认为基本符合入库标准，但需要修改完善的，可以直接作出修改，或者提出明确意见后退回修改；

（三）认为不符合入库标准的，终止审核并说明理由。

第十五条　最高人民法院研究室自行收集、编写的案例，应当征求相关审判业务部门的意见。

第三章　社会推荐参考案例的入库流程

第十六条　国家机关、法学院校、律师协会等单位，专家学者、律师及其他公民个人，可以向人民法院案例库推荐参考案例。

前款规定的单位和个人推荐参考案例的，可以通过人民法院案例库平台推荐，也可以通过信函等方式推荐。

第十七条　对于社会推荐的参考案例，一般由作出生效裁判的人民法院进行审查。

对于中央国家机关、全国性社会组织等推荐的参考案例，由最高人民法院直接审查。

对于地方国家机关、地方社会组织等推荐的参考案例，参照本条第二款的规定，由有关地方人民法院进行审查。

第十八条　社会推荐案例经审查审核入库的，最高人民法院应当向推荐人颁发证书。

第四章　入库案例的检索使用

第十九条　各级人民法院审理案件时，应当检索人民法院案例库，严格依照法律和司法解释、规范性文件，并参考入库类似案例作出裁判。

第二十条　各级人民法院审理案件时，经检索发现人民法院案例库未收录类似案例，而正在审理的案件所涉法律适用问题疑难、复杂的，可以就相关法律适用问题提出请示，或者报请提级管辖；由本院继续审理的，应当提交审判委员会讨论决定。

各级人民法院审理案件时，经检索发现人民法院案例库收录有类似案例，但认为正在审理的案件具有特殊情况，不宜参考入库案例的，应当提交审判委员会讨论决定。

前两款规定的案件对类案审判具有参考示范价值的，作出生效裁判的人民法院应当在裁判作出后三十日内编写案例，按照本规程第二章规定的流程入库。

第二十一条　各级人民法院审理案件时参考入库类似案例的，可以将类似案例的裁判理由、裁判要旨作为本案裁判考量、理由参引，但不作为裁判依据。

公诉机关、当事人及其辩护人、诉讼代理人等提交入库案例作为控（诉）辩理由的，人民法院应当在裁判文书说理中予以回应。

第二十二条　各级人民法院应当将参考入库案例作出裁判的情况作为案件质量评查内容。

第五章　参考案例的动态调整

第二十三条　人民法院案例库实行动态调整机制。

地方各级人民法院认为参考案例在法律适用方面存在不当，或者裁判理念等应当有发展、完善，不宜作为参考案例的，应当提出意见并说明理由，参照本规程第二章规定的流程层报最高人民法院相关审判业务部门审查；有适宜案例可资替换的，应当同时报送。

最高人民法院相关审判业务部门认为参考案例需要出库的，应当提出意见并说明理由，报分管院领导审批后，送研究室办理；有适宜案例可资替换的，应当同时送研究室审核。

最高人民法院研究室认为参考案例需要出库的，商相关审判业务部门处理。

第二十四条 各级人民法院认为参考案例需要作重要修改完善的，参照上述程序办理。

第六章 其他规定

第二十五条 最高人民法院研究室定期分析、通报人民法院案例库建设、使用工作情况。

各高级人民法院研究室应当定期就参与人民法院案例库建设、检索使用人民法院案例库等情况，向本院党组作出专题汇报。

第二十六条 人民法院出版社具体负责人民法院案例库建设、运行维护等工作。人民法院信息技术服务中心负责为人民法院案例库建设、运行维护提供软硬件环境基础支持。

第二十七条 根据工作需要，国家法官学院（司法案例研究院）开展入库案例检索使用等培训、教材编写和研究等工作；中国应用法学研究所加强入库案例研究工作，为入库案例的检索使用提供理论支持。

第二十八条 各级人民法院应当结合工作实际，将本院各部门及审判人员参与人民法院案例库建设工作情况纳入绩效考核。

第二十九条 指导性案例的遴选、审查、审议、使用等，适用《最高人民法院关于案例指导工作的规定》（法发〔2010〕51号）的有关规定。

第三十条 本规程自2024年5月8日起施行。以前发布的文件与本规程不一致的，以本规程为准。

【学理探讨】

《最高人民法院关于办理减刑、假释案件审查财产性判项执行问题的规定》的理解与适用[*]

胡仕浩[**]　骆　电[***]　夏建勇[****]

2024年4月29日，最高人民法院发布《最高人民法院关于办理减刑、假释案件审查财产性判项执行问题的规定》（以下简称《规定》），自2024年5月1日起施行。《规定》共15条，确立了财产性判项执行与减刑、假释关联的根据；规定了履行能力的判断模式和标准；设置了罪犯财产申报和不利后果告知制度，以及配套的减刑、假释撤销制度；明确了六种不影响或一般不影响悔改表现认定的情形。《规定》是首个对财产性判项执行与减刑、假释关联作出系统性规定的司法解释，对依法规范办理减刑、假释案件，正确处理减刑、假释与财产性判项执行的关系意义重大。为正确理解与适用《规定》，现对《规定》的制定背景、起草中的主要考虑和主要内容介绍如下。

一、《规定》的制定背景

在过去相当长一段时期内，我国的减刑、假释制度在实际适用时，

---

[*] 原文刊载于《人民司法》2024年第16期。
[**] 原最高人民法院审判监督庭庭长，一级高级法官。
[***] 最高人民法院审判监督庭副庭长，二级高级法官。
[****] 最高人民法院审判监督庭二级高级法官。

与原判财产刑执行情况基本属于两套体系，处于相互不关联的状况。在当时看来，减刑、假释是对限制人身自由刑罚的变更执行，与财产刑执行并无太多关系。最高人民法院先后制定的几个司法文件，如1989年《全国法院减刑、假释工作座谈会纪要》（已失效），1997年《最高人民法院关于办理减刑、假释案件具体应用法律若干问题的规定》（已失效），均没有涉及财产刑执行问题，对"确有悔改表现"界定仅限于认罪服法、遵守监规纪律等四个方面。进入21世纪后，随着执行工作的不断规范，财产刑执行工作受到重视，一些地方为了解决财产刑执行难问题，开始探索将财产刑执行与减刑、假释挂钩。例如，2004年，浙江省湖州市中级人民法院开始试行财产刑执行与减刑、假释关联机制，将罪犯是否积极履行财产刑作为其是否认罪服法的审查标准之一，并对部分未履行财产刑罪犯的减刑幅度予以扣减。福建、云南等地差不多同一时期也进行了这方面的试点。探索表明，将财产刑执行与减刑、假释挂钩能明显提升罪犯履行财产刑的积极性，提高财产刑的执行率。

　　地方法院的实践和探索得到了最高人民法院的支持和认可。在2005年11月召开的全国减刑、假释工作座谈会上，最高人民法院有关领导在讲话中明确指出，适用减刑、假释时充分考虑财产刑的执行情况符合法律规定。在此后出台的有关司法解释和规范性文件中，财产性判项执行情况与减刑、假释关联制度被正式明确下来。2010年出台的《最高人民法院关于贯彻宽严相济刑事政策的若干意见》中强调，确有执行能力而拒不依法积极主动缴付财产执行财产刑或确有履行能力而不积极主动履行附带民事赔偿责任的，在依法减刑、假释时，应当从严掌握；积极主动缴付财产执行财产刑或履行民事赔偿责任的罪犯，在依法减刑、假释时，应当根据悔改表现予以从宽掌握。2012年出台的《最高人民法院关于办理减刑、假释案件具体应用法律若干问题的规定》（已失效）第二条第三款规定："罪犯积极执行财产刑和履行附带民事赔偿义务的，可视为有认罪悔罪表现，在减刑、假释时可以从宽掌握；确有执行、履行能力而不执行、不履行的，在减刑、假释时应当从严掌握。"2016年出台的

《最高人民法院关于办理减刑、假释案件具体应用法律的规定》（以下简称《减刑假释规定》）第二条规定："对于罪犯符合刑法第七十八条第一款规定'可以减刑'条件的案件，在办理时应当综合考察罪犯犯罪的性质和具体情节、社会危害程度、原判刑罚及生效裁判中财产性判项的履行情况、交付执行后的一贯表现等因素。"2021年《最高人民法院、最高人民检察院、公安部、司法部关于加强减刑、假释案件实质化审理的意见》（以下简称《实质化审理意见》）又进一步将财产性判项履行作为实质化审理的重要内容。

财产性判项履行情况与减刑、假释关联制度的实施，对激发罪犯履行积极性，提高财产性判项执行率，避免"空判"，树立法律权威，起到了显著作用；同时，也充实了作为减刑、假释条件的"确有悔改表现"判断标准，让加强减刑、假释案件实质化审理有了新的抓手。

但是，关联制度在施行过程中也出现了一些亟待解决的问题，主要表现在以下方面：一是关联标准不统一。现行司法解释、规范性文件对关联制度的规定较为原则，关联的规则和标准由各地自行掌握，导致实践中标准不一，不同省份执行的标准不同，甚至在同一省份的不同地市把握的标准也存在差异，影响了司法的统一性。二是履行能力判断困难。很多案件特别是异地审判的特殊刑事案件，因罪犯原居住地、涉案财产所在地、案件审判地、罪犯服刑地均不在同一地方，判决生效后，往往只注重于自由刑的交付执行，忽视了对财产性判项的执行；即使进入执行程序的案件，也可能由于跨地区、跨部门的沟通协作机制不顺畅，刑罚执行机关对罪犯财产性判项的执行情况难以全面掌握。在很多地方，仍然主要根据监狱提供的罪犯狱内消费、账户余额等情况去倒推罪犯的履行能力，由于缺乏有效的财产查控协作机制，难以作出履行能力有无的判断。三是机械关联、过度关联问题突出。在一些地方，偏重于财产性判项的履行结果，搞"一刀切"，要求财产性判项全部履行才能减刑、假释，没有履行完的就一律不报请、不裁定。过度关联问题也成为影响减刑、假释正常适用的重要原因，阻碍了减刑、假释制度功能的正常发挥。

为落实党中央关于完善刑罚执行制度的决策部署，最高人民法院将规范财产性判项履行与减刑、假释关联制度作为完善刑罚执行制度的重要举措列入改革任务台账，明确由审判监督庭承担有关工作。审判监督庭成立工作专班先后前往广东、湖南、浙江、吉林等地广泛开展座谈、调研，在此基础上起草出《规定》初稿。成稿后经审监庭刑事专业法官会议多次讨论，反复修改，形成征求意见稿征求院内立案庭、各刑事审判庭、执行局和研究室等部门和地方各高院意见。根据反馈的意见和建议进行修改后，又书面征求中央纪委国家监委、全国人大常委会法工委、最高人民检察院、公安部、司法部等有关中央单位意见。审判监督庭还邀请部分全国人大代表、全国政协委员和专家学者对《规定》进行专门座谈，充分听取社会各界的意见建议。2024年1月3日，最高人民法院审判委员会第1910次会议审议通过了《规定》。

二、《规定》起草中的主要考虑

《规定》坚持以习近平法治思想为指导，着力解决审判实践中办理减刑、假释案件与财产刑关联制度认识不清晰、标准不统一问题，在制定过程中始终坚持以下原则。

一是坚持问题导向。《规定》起草工作始终以"发现真问题、开展真调研、解决真问题"作为出发点和落脚点。在广泛调研的基础上，梳理出实践中普遍存在的关联根据认识模糊、关联规则不清、履行能力判断方法不统一、判断标准不具体等问题，并对这些问题进行了分门别类的梳理和研究，有针对性地提出解决方案。在征求意见过程中，不少地方反映《规定》切中了当前关联制度运行中的突出问题，是一个"解渴"的规定，希望能早日出台。

二是坚持效果导向。关联制度将财产性判项履行与自由刑的执行"捆绑"，制度设置得当则财产性判项履行与自由刑执行皆受其益；如制度设置不当，则可能产生诸多负面效应。不当关联不仅会影响罪犯的改造积极性，增加刑罚执行机关的监管压力，也会造成减刑、假释上的不公平，给公众产生"以钱买刑"的印象。正如征求意见过程中多个部门反馈的意见，关联的政策尺度要慎重把握，防止出现"跷跷板效应"。在《规定》制定过程中，我们始终坚持以效果为导向，坚决杜绝可能带来不良导向的制度设置。在较早的过程稿中，曾规定财产刑履行程度与减刑幅度直接挂钩，后来考虑到如此规定可能造成履行能力不同的罪犯在减刑待遇上的不平等，因此，放弃了该规定，转而将关注点聚焦在履行能力上。

三是务求最大共识。在起草《规定》过程中，广泛进行调研，充分听取有关方面和社会各界的意见，为最大限度凝聚共识打下了基础。关联机制运行中有很多方面需要规范，对有些问题已经达成共识，有些问题则争议较大。比如，"三类罪犯"从严的规定要不要扩大到恶势力犯罪罪犯，实践中就存在比较大的争议。一种观点认为，恶势力是黑社会性质组织犯罪的雏形，在扫黑除恶常态化背景下，对黑社会性质组织犯罪罪犯从严的规定也应适用于恶势力犯罪罪犯。另一种观点则认为，"三类罪犯"具有特定含义，即职务犯罪、破坏金融管理秩序和金融诈骗犯罪、组织（领导、参加、包庇、纵容）黑社会性质组织犯罪罪犯，对"三类罪犯"从严减刑、假释是中央的明确要求，不能随意扩大范围。由于该问题意见分歧较大，《规定》中没有明确，留待以后进一步统一认识。

三、《规定》的主要内容

《规定》共15条，主要内容包括："一个根据"——财产性判项执行与减刑、假释关联的根据；"一种模式"——履行能力的判断模式；"一个机制"——执行法院与监狱的协助配合工作机制；"两项制度"——罪犯财产报告和不利后果告知制度，以及配套的减刑、假释撤销制度；"两个标准"——确有履行能力而不履行和确无履行能力两种情形的判断标准；"六种情形"——六种不影响或一般不影响悔改表现认定的情形。

（一）财产性判项执行与减刑、假释关联的根据

1. 财产性判项执行情况是判断罪犯是否"确有悔改表现"的因素

《规定》第一条第一款规定："人民法院办理减刑、假释案件必须审查原生效刑事或者刑事附带民事裁判中财产性判项的执行情况，以此作为判断罪犯是否确有悔改表现的因素之一。"《减刑假释规定》只是将财产性判项履行情况作为减刑案件应当综合考察的因素，此次《规定》进一步明确了财产性判项执行情况是判断罪犯确有悔改表现的因素。

减刑、假释适用的基本条件是"确有悔改表现"，过去对悔改表现的判断主要依据罪犯在监狱里的服刑改造表现。在探索将财产性判项履行与减刑、假释挂钩的过程中，大家发现这种挂钩并不唐突，财产性判项执行情况可以合理地嵌入悔改表现的认定中。因为悔改表现作为对罪犯在刑罚执行期间改造主客观表现的综合评价，将财产性判项执行情况纳入悔改表现中考量，不仅没有逻辑障碍，还可以充实完善悔改表现的判断标准。但是，过去由于对财产性判项执行与减刑、假释关联根据的定位不够清晰，一些地方出现了机械关联、过度关联等问题。《规定》将财产性判项执行情况明确为判断罪犯确有悔改表现的因素，有利于廓清实践中的模糊认识，推进关联制度的规范运行。

2. 减刑、假释与财产性判项执行关联的基础是履行能力

财产性判项执行情况之所以影响减刑、假释适用，关键在于其直接反映罪犯对待犯罪结果和法院裁判的态度，因而可作为判断罪犯是否"确有悔改表现"的重要因素。现实生活中，罪犯的财产状况不尽相同，履行财产性判项的能力存在差别。罪犯态度只有在考虑其履行能力的基础上才能作出合理判断。有履行能力而不履行，体现出罪犯不服从法院裁判、不尊重司法权威、逃避法律责任的态度，在减刑、假释时应给予否定评价；确无履行能力的罪犯，则不宜因其未履行财产性判项而影响对其减刑、假释。《规定》第三条第一款明确，财产性判项未执行完毕的，人民法院应当着重审查罪犯的履行能力，就是将财产性判项执行与

减刑、假释关联的基础建立在合理判断履行能力的前提上。

由于履行能力判断难，过去一些地方将履行结果或者履行程度作为关联的最重要因素，甚至只考虑履行与否，只要没有履行的，就不予减刑、假释，搞"一刀切"，完全不考虑罪犯的履行能力。一些确无履行能力的罪犯，即便改造表现良好，但未能履行财产性判项，也无法获得减刑、假释机会。这无疑会挫伤罪犯改造积极性，增加监狱监管压力，不利于教育和改造罪犯目的的实现。

（二）财产性判项执行与减刑、假释的关联规则

《规定》第四条是对财产性判项执行与减刑、假释关联规则的规定，分以下几种情况。

1. 罪犯有财产性判项履行能力的，应在履行后方可减刑、假释

实践中，适用本规则要注意两点：一是罪犯对财产性判项的履行能力有全部履行能力和部分履行能力之分，履行后才能减刑、假释的要求是基于其履行能力而言，有全部履行能力的应全部履行，有部分履行能力的只要求部分履行。二是要求罪犯在能力范围内履行财产性判项才能减刑、假释，关键在于考察罪犯真诚认罪悔罪、积极改造并履行判决义务的态度，非其个人原因导致不能履行的，一般不应影响对其减刑、假释。

2. 罪犯确有履行能力而不履行的，不予认定其确有悔改表现，除法律规定情形外，一般不予减刑、假释

《减刑假释规定》中，确有履行能力而不履行是作为从严减刑和不得假释的情形。近年来，随着各地在办理减刑、假释案件时对财产性判项执行情况审查的空前重视，实践中对于二者如何合理关联的认识不断深化。确有履行能力而不履行不认定确有悔改表现，不得减刑、假释，已成为各政法单位的普遍共识，《实质化审理意见》第七条正是这种共识的体现。需要特别指出的是，有履行能力而不履行不等同于未履行，《规定》第六条列举的情形都属于对抗执行的行为，将不认定"确有悔改表

现"严格限定于这些情形,既符合司法实践,也不存在法理障碍。

3. 罪犯确无履行能力的,不影响对其确有悔改表现的认定

履行能力是财产性判项执行与减刑、假释关联的基础,让没有履行能力的罪犯因未履行而承担不得减刑、假释的后果,与减刑、假释的制度初衷是相背离的。减刑、假释作为刑罚执行变更制度,主要目的是激励罪犯改造,在适用中考虑财产性判项执行情况,也不应脱离确有悔改表现这一条件框架。而且,没有履行能力的罪犯在获得减刑、假释后,其财产性判项该执行的仍然要继续执行,不会因在减刑、假释中关联与否而有任何改变。罪犯确无履行能力的,对其确有悔改表现的认定,无须纠结于其没有履行财产性判项,而是应该根据其在监狱内的改造表现,根据其是否符合认罪悔罪、遵守法律法规及监规、积极参加教育、完成劳动任务等条件来判定。

4. 罪犯因重大立功减刑的,依照相关法律规定处理,一般不受财产性判项履行情况的影响

这是一个提示性的规定,刑法规定罪犯有重大立功表现的应当减刑,重大立功是因为对国家和社会有重大贡献,与确有悔改表现是并列的减刑条件,而财产性判项履行情况关系的是确有悔改表现的认定,所以不受影响。之所以加了"一般"的限定,主要是考虑有重大立功表现的罪犯,如果有抗拒财产性判项执行情形,虽然不影响其减刑资格,但在减刑幅度上仍然可以考虑适当从严。《规定》第四条第三款没有规定一般立功,因为一般立功在法律规定上是可以减刑,而非应当减刑。《减刑假释规定》对一般立功减刑还规定了与确有悔改表现减刑一样的起始时间和间隔时间要求,实践中,因一般立功表现减刑的情况很少,且基本是与确有悔改表现一起适用。

(三) 履行能力的判断模式和判断标准问题

履行能力判断难的原因,一是有相当数量被判处财产性判项的罪犯在交付监狱执行自由刑后,原生效刑事判决的财产性判项没有进入法院

执行程序。未经过执行法院对财产状况的专门查证，对履行能力的判断不仅困难，结论也缺乏足够说服力。二是监狱对罪犯狱外财产状况的查证能力有限，对财产性判项执行信息主要靠函询，但一些地方监狱和执行法院的衔接配合机制不畅，导致监狱难以掌握相关材料。实践中，主要依据罪犯在监狱内的月均消费数额和账户余额等指标倒推履行能力的做法，可靠性无法让人放心。有的罪犯明明有履行能力，但认为履行财产性判项不划算，故意通过压低月均消费、借用其他罪犯账户消费等方式逃避执行；有的重刑罪犯服刑初期有人探监导致账户余额较多，但实际履行能力差。解决履行能力判断难问题，关键在于确立科学合理的判断模式和判断标准。

1. 履行能力的判断模式

为解决履行能力判断难问题，《规定》第三条第二款规定："罪犯的履行能力应根据财产性判项的实际执行情况，并结合罪犯的财产申报、实际拥有财产情况，以及监狱或者看守所内消费、账户余额等予以判断。"该款是在总结各地审查判断履行能力经验做法的基础上，提出的"三看"（看财产性判项的执行情况，看罪犯的财产申报、实际拥有财产情况，看罪犯的狱内经济状况）递进式判断罪犯履行能力的模式。这种判断模式的优点如下。

一是评价的全面性。执行法院可以依法查控被执行人的财产，包括向有关单位查询被执行人的存款、债权、股票、基金份额等财产情况；根据不同情形扣押、冻结、划拨、变价被执行人的财产；对于妨害执行的予以罚款、拘留，构成犯罪的追究刑事责任。执行结案的方式可以分为执行完毕、终结本次执行程序、终结执行等。财产性判项的执行是对罪犯财产的专门查证，执行情况毫无疑问应该作为判断罪犯履行能力的基础。但是，执行法院的财产查控手段也是有限的，被执行人藏匿、转移财产往往较为隐秘，一时难以发现，执行情况也不一定能与被执行人的实际执行能力相符，所以判断时有必要引入其他因素。罪犯对本人的财产状况是最清楚的，让其申报财产，陈述自己的履行能力，并告知不履行财产性判项的不利后果,不仅是对有履行意愿者的提醒,也是对没有履行意愿者的警告,更是为减刑、假释裁定可能被撤销提供正当化依据。

对罪犯的财产申报,监狱可以进行初步查证,收集其实际拥有财产情况的有关材料。罪犯的监狱内经济状况是可以辅助判断的一个方面,包括月均消费和账户余额情况。罪犯虽然经过执行查证没发现财产,但其狱内消费超标,且没有正当理由的,就不能认为其没有履行能力,而应该认定其有履行能力。通过对罪犯财产的专门查证,再结合罪犯本人的财产申报和其在狱内的经济情况,这种递进式的判断方式,能够全面地评价罪犯的履行能力,由此得出的结论也具有较高的可靠性。

二是操作的可行性。"三看"的判断模式,比一些地方规定的综合判断模式更具可行性。综合判断模式要求结合财产性判项金额、原判已追缴情况、罪犯经济条件和财产状况、是否如实报告个人财产、服刑期间消费支出、法院执行情况、有无实施故意隐瞒或者逃避执行等因素综合审查认定履行能力。这种综合判断法看似全面,但判断的因素列举过多,且各种因素之间的关系不清楚,操作起来较为困难。"三看"的判断模式简单明了,有主有次。罪犯应当履行的财产性判项履行了多少,有没有履行能力,有没有妨害执行的行为,执行法院都会给出结论,不需要负责减刑、假释的法院绞尽脑汁去分析。没有履行完毕的,再看罪犯的财产申报、实际拥有财产情况,看罪犯的狱内经济状况,要看的材料也明确。而且罪犯的财产申报和狱内消费、账户余额等材料,是在监狱内形成,监狱对此也不存在收集和提供上的难度。

这一判断方法须以执行为前提,即执行要前置。对刑事案件中的财产性判项要及时移送执行,做好执行法院与监狱之间的工作衔接和配合,这在最高人民法院的多个司法解释中均有规定,也是《实质化审理意见》中的要求。目前,在一些省市已经做到对刑事案件的财产性判项全部立案执行,并且实现了执行信息对监狱、检察机关的共享,还没有做到的省市,应当按照有关规定尽快落实财产性判项的立案执行。

2. 履行能力的判断标准

《规定》明确了确有履行能力而不履行和确无履行能力两种情形的判断标准。

（1）确有履行能力而不履行的判断标准。

《规定》第六条第一款采用列举的方式明确了确有履行能力而不履行的情形，分别是：①拒不交代赃款、赃物去向的；②隐瞒、藏匿、转移财产的；③妨害财产性判项执行的；④拒不申报或者虚假申报财产情况的。此外，还明确了两种视为确有履行能力而不履行的情形：①罪犯采取借名、虚报用途等手段在监狱、看守所内消费的；②无特殊原因明显超出刑罚执行机关规定额度标准消费的。这些情形是在深入调研各地实施财产性判项执行与减刑、假释关联制度经验的基础上总结而来的，并充分听取了社会各界和各政法机关的意见，是政法机关的共识。

为了便于大家理解和掌握该条的内容，需要说明三点。

一是《规定》关于确有履行能力而不履行的情形与民事诉讼法中的有关表述并不完全一致，而是采用了减刑、假释规范性文件中的已有表述。例如，第六条第一款第二项隐瞒、藏匿、转移财产，根据民事诉讼法和有关司法解释的规定，与这一行为并列的还有毁损、无偿转让、以不合理的低价转让财产。不是说对毁损、无偿转让、以不合理的低价转让财产的行为不纳入评价，而是考虑《实质化审理意见》中已将其类型化，并在实践中为广大办理减刑、假释案件的司法人员所熟知，应尽量避免表述不同所引起的混乱。而且，无偿转让、以不合理的低价转让也属于广义上的转移财产，毁损可以归入妨害执行的情形。所以，该条与民事诉讼法中有关表述差异仅是形式上的，实质上并无二致。在司法实践中，需要特别注意的是，某些犯罪分子在刑事判决后利用协议离婚手段放弃共有财产，逃避财产性判项的执行，表面上看似真实自然，实际上是恶意转移财产，这是法律不能允许的。应当说，只要是犯罪行为发生时依法应当确认的犯罪分子共同财产，都不能允许在刑事判决后利用离婚手段逃避执行，都要纳入减刑、假释时对财产性判项执行情况的审查范围。

二是妨害财产性判项执行的情形在确有履行能力而不履行的认定中具有兜底作用。严格地讲，第一种情形既是不认罪不悔罪的表现，也是对抗执行的行为，第二种情形是典型的妨害执行行为。这两种情形是主要的妨害执行行为，但也不排除罪犯可能实施其他的妨害执行行为，如毁损财产的行为等。

三是拒不交代赃款、赃物去向的判定。不少地方反映，拒不交代赃款、赃物去向的认定在实践中不好把握，比如，罪犯对赃款、赃物去向有交代，但称用于娱乐消费或用于赌博、放高利贷等，是否属于拒不交代？我们认为，要求罪犯交代赃款、赃物去向，不仅是为了考察罪犯的认罪悔罪态度，更是为了追赃挽损。罪犯对赃款、赃物去向的交代需要经过查证，查证不属实的应该认定为拒不交代。难以查证的，应当分析罪犯交代内容的合理性，结合其行为习惯等综合判断交代的真实性，不宜简单以难以查证或用途非法为由认定罪犯拒不交代。

（2）确无履行能力的判断标准。

《规定》第七条确立的确无履行能力的判断标准由正向证明和反向排除两个要件组成。所谓正向证明，就是要求经过执行法院的查控没有发现可供执行的财产。执行法院作为财产性判项的专门执行机关，有查询和控制被执行人财产状况的职责和手段，经过执行法院的查控，如果没有发现罪犯有可供执行的财产，就符合了正向证明的要件。从理论上讲，经过执行法院对罪犯财产的查控，有无履行能力应该有一个客观结论，但是在实践中，没有履行意愿的罪犯总是千方百计隐瞒自己的财产，执行法院的查控在大多数情况下也仅限于查询、扣押、冻结等常规手段，往往很难查明罪犯真实的财产状况。

实践中曾有这样的案例，罪犯在报请减刑时有部分罚金未履行完毕，执行法院因未发现财产已作出终结本次执行裁定。法院在审理减刑时，发现该罪犯的狱内月均消费在终本裁定作出前正常，但在终本裁定作出后出现了明显异常，由原来的几百元突然蹿升到上千元，且不能说明正当理由。监狱内的月均消费通常有一定标准，该标准与罪犯的待遇等级相关，但即便是最低的消费标准，也应该能够保障罪犯基本生活需要。无正当理由的超标消费，一方面反映出罪犯并非完全没有履行能力，另一方面也能反映出罪犯不愿履行的心态，这就属于在认定罪犯确无履行能力时要排除的"负面清单"行为。

所以，除了正向证明没有可供执行的财产外，还需要进一步考察罪犯是否存在"负面清单"上的行为，也就是从反向排除罪犯是否具有确有履行能力而不履行的情形。

（四）《规定》对减刑、假释案件受理材料的要求

《最高人民法院关于适用〈中华人民共和国刑事诉讼法〉的解释》（以下简称《刑事诉讼法解释》）对刑罚执行机关报请减刑、假释时移送的材料作了要求，对于存在财产性判项履行的，要求移送刑事裁判涉财产部分、附带民事裁判的执行、履行情况。《规定》第五条对财产性判项未履行完毕的罪犯在报请减刑、假释时需要移送的材料进一步作了明确规定。根据《规定》的要求，财产性判项未执行完毕的减刑、假释案件，人民法院在受理时应当重点审查下列材料：（1）执行裁定、缴付款票据、有无拒不履行或者妨害执行行为等有关财产性判项执行情况的材料；（2）罪犯对其个人财产的申报材料；（3）有关组织、单位对罪犯实际拥有财产情况的说明；（4）不履行财产性判项可能承担不利后果的告知材料；（5）反映罪犯在监狱、看守所内消费及账户余额情况的材料；（6）其他反映罪犯财产性判项执行情况的材料。

《规定》要求刑罚执行机关报送的主要是三方面材料。

一是反映案件执行情况的材料，执行情况包括执行机关对罪犯财产的查控情况，以及罪犯是否具有隐瞒、藏匿、转移财产，或者妨害执行受到处罚等情况。

二是罪犯向服刑监狱申报个人财产，监狱告知罪犯不履行财产性判项可能承担不利后果，保障罪犯知情权的材料。对于罪犯的财产申报，

监狱可以视情况进行核实，调取有关组织、单位对罪犯实际拥有财产情况的说明。需要注意的是，不能把有关组织、单位对罪犯实际拥有财产情况的说明简单理解为村委会、居委会的说明，也不是所有报请减刑、假释的案件都要求具备该类材料，而是根据罪犯财产申报的具体情况，有必要核实而形成的材料。比如，罪犯申报的不动产、有价证券、存款等情况，与执行查控的情况可能不符的，则要进一步核实，从有关组织、单位调取说明。

三是反映罪犯狱内经济状况的材料，主要是账户余额、月均消费情况等。这部分情况归监狱掌握，监狱能够提供完整全面的数据。这些材料是判断履行能力的基本依据。实践中，可能还存在一些其他材料对判断罪犯执行情况具有价值，为防止遗漏，《规定》设置了兜底条款。

在《规定》征求意见过程中，有观点认为，财产性判项是由法院执行的，监狱发函了解财产性判项执行情况在实践中存在一定的困难，由法院内部查询更为便利，建议监狱仅提供狱内产生的有关材料。司法实践中确实存在监狱调查财产性判项执行情况能力不足，面临执行法院回函率低、回函内容不规范等问题，《规定》综合各方意见最终没有采纳该建议，主要考虑如下三点。

一是财产性判项履行情况是判断罪犯是否确有悔改表现的考量因素，关系减刑、假释条件是否符合，监狱作为减刑、假释的报请机关，对罪犯确有悔改表现负有查明和举证责任，由其调取和收集执行情况的材料符合法理。

二是《刑事诉讼法解释》和《最高人民法院关于减刑、假释案件审理程序的规定》对受理减刑、假释案件应审查的移送材料均明确包括财产性判项的执行、履行情况，《规定》第五条仅是对此前司法解释要求的进一步重申，没有创设新的制度、提出新的要求。

三是由监狱负责调取和收集财产性判项执行情况材料的模式在全国施行多年，虽然还存在一些不完善的情况，但总体运行情况证明该模式是可行的，一些地方通过加强政法单位之间的协同配合，函查难问题得到了较好的解决。当然，要真正解决监狱调查执行情况面临的能力不足和执行法院配合衔接不顺畅的问题，需要法院切实加大力度和进一步规范对财产性判项的执行；建立刑罚执行机关可以查询的财产性判项执行信息共享机制；强化执行法院和监狱之间的配合衔接机制。最高人民法院执行局正在起草相关的司法文件对上述方面进行规范，人民法院的信息化建设也要充分考虑财产性判项执行信息共享的需求，随着这些制度机制的落地，上述问题将会得到有效解决。

针对当前实践中存在的监狱、法院执行信息沟通协作尚不够理想的问题，《规定》在第十三条中明确了法院和监狱的配合协作机制，对法院的具体要求包括以下三点。

一是法院将罪犯交付执行刑罚时，如果生效裁判中有财产性判项，应当将财产性判项实际执行情况的材料一并移送刑罚执行机关。这不是一项新要求，《减刑假释规定》第三十八条明确交付执行时要一并移送财产性判项执行、履行情况的有关材料。实践中，该要求在有些地方落实情况不理想，所以《规定》对此作了重申。

二是执行财产性判项的法院收到刑罚执行机关核实罪犯财产性判项执行情况的公函后，应当在七日内出具相关证明，已经执行结案的，应当附有关法律文书。在此前的法律、司法解释和规范性文件中没有这样具体的要求，但是法院和监狱同为政法机关，有相互配合的义务。实践中，有些地方的法院对监狱的函查不重视、不规范回复或不予回复的现象不同程度存在，影响对罪犯报请减刑、假释工作的顺利推进。明确执行法院在七日内的回复职责，是关系《规定》能否见效的关键机制，各级法院必须认真执行、严格落实。

三是执行财产性判项的法院在执行过程中，发现财产性判项未执行完毕的罪犯具有《规定》第六条第一款第一项、第二项、第三项所列情形的，应当及时将相关情况通报刑罚执行机关。这是一项新要求。主要考虑是该三类情形，特别是第二项、第三项情形属于执行过程中发生的情形，作为刑罚执行机关的监狱难以掌握，但这些情形又直接关系罪犯能否报请和裁定减刑、假释,所以执行法院应当主动通报刑罚执行机关。

如果罪犯刑期较长,可能会有几次减刑,监狱是否每次报请减刑都需要重新收集《规定》第五条第一款所要求的材料?有关罪犯财产申报、不利后果告知的材料,以及反映罪犯狱内经济状况情况的材料,是要重新收集的,因为罪犯的财产情况是可能变化的,狱内消费、账户余额也不是确定的,需要及时更新以作为判断依据。至于财产性判项执行情况的材料,则要考虑执行的具体情况:自动履行完毕,或者强制执行后终结执行的,一般不需要重新调取;只是暂未发现有可供执行的财产,没有终局性的结论,仅是终结本次执行的,则在下次报请减刑前仍然需要了解执行的进展情况。

(五) 保障履行能力判断的两项制度

《规定》第五条第一款第二项、第三项中规定的材料,实质上确立了一项制度,即罪犯财产申报和不利后果告知制度。

《规定》确立的财产申报是罪犯向刑罚执行机关所作的申报,与民事诉讼法规定的财产报告制度不同。首先,接受主体不同。《规定》规定的财产申报接受主体是刑罚执行机关,民事诉讼法中的财产报告接受主体是执行法院。其次,制度目的不同。《规定》规定的财产申报是为了查明罪犯的履行能力,准确适用减刑、假释,民事诉讼法中的财产报告制度则属于一种执行措施,目的是执行。最后,法律后果不同。

违反《规定》的财产申报制度,拒不申报或者虚假申报的,属于确有履行能力而不履行的情形,不认定为确有悔改表现,不得减刑、假释,已被减刑、假释的,可撤销减刑、假释。违反民事诉讼法规定的财产报告制度的后果是予以罚款、拘留等司法处罚。

不利后果告知和财产申报是一体的,在罪犯申报财产时,应当告知其不履行财产性判项可能承担的不利后果,这既是让罪犯知晓财产性判项的履行态度关系能否减刑、假释,保障其知情权,也督促其积极履行财产性判项。同时,不利后果告知也为《规定》中的撤销减刑、假释制度提供正当性依据。

《规定》第十四条规定了裁定作出前发现罪犯确有履行能力而不履行的如何处理，以及裁定作出后发现罪犯确有履行能力的如何处理，确立了虚假申报、故意隐瞒财产，情节严重应当撤销减刑、假释裁定的制度。《规定》已经明确确有履行能力而不履行，不认定确有悔改表现，在审理过程中发现罪犯具有该情形的，应当裁定不予减刑、假释。报请机关在裁定作出前发现有该情形的，也可以主动撤回减刑、假释建议。

《规定》第十四条关于虚假申报、故意隐瞒财产，情节严重，应当撤销减刑、假释裁定的规定，与《刑事诉讼法解释》的规定是一致的。《刑事诉讼法解释》第五百四十一条规定，人民法院发现本院已经生效的减刑、假释裁定确有错误的，应当另行组成合议庭审理；发现下级人民法院已经生效的减刑、假释裁定确有错误的，可以指令下级人民法院另行组成合议庭审理，也可以自行组成合议庭审理。罪犯虚假申报、故意隐瞒财产，属于确有履行能力而不履行，不符合减刑、假释条件，如果被裁定减刑、假释，自然可以认为是减刑、假释裁定确有错误，应当重新审理。重新审理的结果不外乎维持原裁定和撤销原裁定两种结果。

撤销减刑、假释裁定的情形确定为虚假申报、故意隐瞒财产，并且以情节严重作为限制。主要考虑以下几点：一是由于规定了财产申报制度，罪犯的履行态度可以在申报环节得以固定，虚假申报是行为的表面，故意隐瞒财产则是行为的目的，虚假申报、故意隐瞒财产可以准确概括影响确有悔改表现认定的履行态度。二是维护生效裁定的既判力和个别的具体情况也是需要考虑的因素。有的案件可能发现存在上述情况时，罪犯已经刑满释放回归社会较长时间，涉及的财产性判项数额也不大，如果撤销减刑、假释裁定，再收监执行不仅司法成本高，社会效果也不好。因此，有必要加上情节严重的限定，办案人员在实践中要全面理解该规定的含义，既不能让那些确有履行能力而不履行的罪犯从减刑、假释中讨到便宜，也要考虑撤销的实际效果，正确行使自由裁量权。

(六) 几种不影响悔改表现认定的情形

《规定》明确了六种不影响或一般不影响悔改表现认定的情形。《规定》第八条规定了罚金执行中两种不影响悔改表现认定的情形。第一种情形是罪犯被判处的罚金被执行法院裁定免除的,其他财产性判项未履行完毕不影响对其确有悔改表现的认定,但罪犯确有履行能力的除外。实践中,各地法院在作出免除罚金裁定时非常慎重,对免除罚金的条件把握十分严格,免除罚金的案件数量也很少。罪犯被裁定免除罚金,实质上是法院对其没有履行能力作了认定,所以其他财产性判项没有履行也不应影响确有悔改表现的认定。《刑事诉讼法解释》第五百二十九条也规定,执行刑事裁判涉财产部分、附带民事裁判过程中,具有依照刑法第五十三条规定免除罚金情形的,人民法院应当裁定终结执行。《规定》内容与《刑事诉讼法解释》的精神一致。加上罪犯确有履行能力除外的限制,是考虑到罪犯在被免除罚金后,其履行能力还可能出现变化,比如,因某种原因而具有了履行能力,还有可能罪犯隐瞒了履行能力,这种情况下,仍然需要考虑其他财产性判项的执行情况。第二种情形是判决确定分期缴纳罚金,罪犯没有出现期满未缴纳情形的,不影响对其确有悔改表现的认定。分期缴纳是刑法规定的罚金缴纳方式之一,只要没有逾期缴纳,就没有必要因为还有未缴纳的罚金而去审查其履行能力,进而影响确有悔改表现的认定。至于罪犯还有其他财产性判项未履行的,则仍应该审查其履行能力。

《规定》第九条明确了没收财产执行中不影响确有悔改表现认定的情形,即除具有《规定》第六条第一款所列情形外,没收财产判项执行情况一般不影响对罪犯确有悔改表现的认定。因为没收财产判项与其他财产性判项在严厉程度和执行方式上存在区别。其他财产性判项可以由法院强制执行,也可以由罪犯主动履行,但没收财产作为最严厉的财产刑,应该由国家依职权强制执行,罪犯只是被执行的对象。一般来说,只要罪犯不存在妨害执行的行为,没收财产的执行情况就不宜影响对其悔改表现的认定。

《规定》第十条规定了承担民事赔偿义务中,不影响确有悔改表现认定的三种情形。第一种情形是罪犯有履行意愿,且已经将款项提存,只是没有找到被害方或被害方不接受,自然是不应该影响对罪犯悔改表现的认定。需要注意的是,此处的提存可以理解为泛指将钱款交予第三方保管,不仅限于公证部门,也包括法院以及具有公信力的第三方。第二种情形是分期履行,只要没有出现期满未履行的,和分期缴纳罚金一样,也不影响悔改表现的认定。当然,分期履行的前提是对方当事人同意。第三种情形实质上是被害方放弃了民事权利,因为罪犯的履行义务已不存在,自然不应当再影响减刑、假释。

(七) 其他内容

1. 关于财产性判项的范围问题

《规定》第一条将财产性判项限定为生效的刑事或刑事附带民事裁判所确定罪犯承担的被依法追缴、责令退赔、罚金和没收财产判项,以及民事赔偿义务等判项。实践中,有个别案件存在漏判财产性判项的情况,一些地方规定审理减刑、假释的法院可以根据裁判查明的事实予以确定。我们认为,由审理减刑、假释案件的法院确定漏判项,不仅有侵犯原审法院裁判权之嫌,也会增加减刑、假释审理法院的负担和风险,因此,有必要限定为生效刑事或刑事附带民事裁判所确定的判项。财产性判项的类型延续了《减刑假释规定》第四十一条的规定,但在表述上作了一些调整。

关于另行提起民事诉讼确定的民事赔偿义务是否纳入财产性判项范围的问题,在《规定》制定过程中进行了反复讨论,最终采用了一种折中方案,即第十一条规定法院办理减刑、假释案件时应对另行提起民事判决确定的赔偿义务判项执行情况进行审查,并结合《规定》综合判断罪犯是否确有悔改表现。《规定》没有直接将另行起诉确定的民事赔偿义务判项视为财产性判项,而是提示法院要对之进行审查;也不是直接适用《规定》，而是结合《规定》综合判断罪犯是否确有悔改表现。

2. 关于连带责任中的履行问题

实践中，承担连带责任的部分罪犯履行了全部赔偿义务，没有履行的罪犯如何适用减刑、假释，各地的做法不统一。有的规定不影响减刑、假释，有的规定要从严掌握。《规定》第二条第二款对此作了规定，明确只要其中部分人履行全部赔偿义务，即可认定附带民事赔偿判项已经执行完毕。也就是说，没有履行的罪犯也视作履行完毕，不再考虑对悔改表现认定的影响。主要考虑的是，被害方已经全额获得赔偿，已不存在执行问题，没有必要再影响对罪犯的减刑、假释。与之相关的另一个问题是，连带责任中罪犯应当履行到何种程度才算履行完毕，我们认为，罪犯单独或与共同犯罪人履行全部赔偿义务，才能算履行完毕。如果只是履行了部分赔偿责任，仍属于未履行完毕，需要回到履行能力的判断上来确认对减刑、假释的影响。

3. 《规定》第六条第三款中"上述情形消失或者罪犯财产性判项执行完毕六个月后方可依法减刑、假释"如何理解

实践中，有的地方没有经过一个考验周期的规定，只要履行完毕，或者不履行情形消除，就可以报请裁定；有的地方则规定原来的考核分清零，要重新考核，符合要求才能再报。我们认为，给予此类罪犯一定的惩戒确有必要，推迟六个月再减刑、假释较为合理。征求意见时，有单位建议修改为"上述情形消失且罪犯财产性判项履（执）行完毕的，六个月后方可减刑、假释"。经过讨论，我们认为，如果罪犯不再有该行为，也即情形消失，仍应回到履行能力的有无上来确定是否符合减刑、假释条件，而不宜简单要求应履行完毕。

4. 关于《规定》中的履行与执行的界定问题

《规定》中的执行属于广义上的执行，既包括法院的强制执行，也包括罪犯的主动履行。《规定》中也有使用履行表述的，主要是从罪犯义务角度，以及基于语言准确性和具体语境所作的选择，《规定》有关履行能力和履行义务的表述就是此例。

再审终局与程序安定

——关于民事审判监督制度的调研报告

夏玉婷[*]

民事审判监督制度作为我国民事诉讼审级制度中的特殊纠错与救济机制,监督性和救济性并存,是我国民事诉讼制度的核心内容之一。它承载着监督司法审判、依法纠正错案的重要职能,在保护当事人合法权益、维护司法公正等方面发挥了重要作用。随着实践应用的愈发广泛和成熟,民事审判监督制度立法设计与司法实践冲突渐显,在一定程度上阻碍了其制度功能的发挥。

一、辨析:民事审判监督概念厘清

关于审判监督程序与再审程序的关系,理论界和实务界一直存在争议。理论界的通说认为,审判监督程序与再审程序是一个概念,长期以来,我国大多数民事诉讼法的教材也持这种观念。但从审判实务的角度来说,审判监督程序与再审程序内涵与外延并不完全一致。

从内涵上来看,根据民事诉讼法的规定,民事审判监督程序是指具有审判监督权的法定机关、组织和人员行使监督权,对人民法院生效裁判进行监督的程序,包括再审程序和再审启动前的审查程序。而民事再

---

[*] 北京金融法院审判三庭法官助理。

审程序则是指人民法院对于已经发生法律效力的民事判决、裁定和调解书，经依职权、依申请审查或人民检察院抗诉，依法进行重新审理的过程。

从外延上来看，无论是法院依职权再审、检察院抗诉还是当事人申请再审，案件都并非直接进入再审程序，而是分别需要经过民事依职权再审审查、抗诉再审审查和再审申请审查程序，经审查后才能启动再审程序。再审程序的启动是这三种审查过程的延续，但并不一定是其必然结果。从这个意义上来说，审判监督程序的外延大于再审程序，再审程序属于审判监督程序的一部分。

为便于后续分析，本文中所称民事审判监督程序包括再审审查程序和再审程序。

二、管窥：对民事审判监督案件的实证分析

为分析现行民事审判监督制度的运行情况，笔者选取了2023年B省法院12413件新收审判监督案件和12973件审结审判监督案件为样本进行统计分析[①]。

（一）收案情况

2023年B省法院共新收民事审判监督案件12413件，其中，民事申请再审审查案件10820件，民事依职权再审审查案件564件，民事抗诉再审审查案件67件，民事再审案件962件。

从受案法院级别来看，2023年B省法院新收民事审判监督案件中，高级法院受理7791件（占比62.76%），中级法院受理2546件（占比20.51%），基层法院受理2076件（占比16.72%）。2022年B省新收民事再审案件中，高级法院受理135件（占比14.03%），中级法院受理525件（占比54.57%），基层法院受理302件（占比31.39%）。

---

① 数据来源及路径：智汇云—数据分析—数据服务—统计分析—统计报表—案件类型分析—全省法院—民事案件—民事审判监督案件，统计期间为2023年1—12月。

表一　新收民事审判监督案件受案法院级别分布情况

(单位：件)

受案类型 法院层级	民事抗诉再审审查	民事依职权再审审查	民事申请再审审查	申请再审审查案件合计	民事再审	合计	再审与再审审查案件比
高级法院	34	44	7578	7656	135	7791	1.76%
中级法院	33	67	1921	2021	525	2546	25.98%
基层法院	0	453	1321	1774	302	2076	17.02%
合计（件）	67	564	10820	11451	962	12413	8.40%

从表一数据可以看出：（1）三类再审审查案件中，民事申请再审审查案件数量最多，是主要再审审查案件类型；（2）受理再审审查案件最多的法院为高级法院，数量远超中级法院和基层法院；（3）受理再审案件数量最多的法院是中级法院，占比超过一半。

(二) 结案情况

2023年，B省法院共审结民事审判监督案件12973件，其中，民事申请再审审查案件11314件，民事依职权再审审查案件488件，民事抗诉再审审查案件67件，民事再审案件1104件。

1. 民事审判监督案件结案情况的法院层级分布

从法院级别来看，2023年B省法院审结的民事审判监督案件中，高级法院审结8350件（占比64.36%），中级法院审结2517件（占比19.40%），基层法院审结2106件（占比16.23%）。2023年B省法院审结的1104件民事再审案件中，高级法院审结148件（占比13.41%），中级法院审结508件（占比46.01%），基层法院审结448件（占比40.58%）。

表二　审结民事审判监督案件法院级别分布情况

（单位：件）

结案类型 法院层级	民事抗诉再审审查	民事依职权再审审查	民事申请再审审查	再审审查案件合计	民事再审	合计
高级法院	34	46	8122	8202	148	8350
中级法院	33	55	1921	2009	508	2517
基层法院	0	387	1271	1658	448	2106
合计（件）	67	488	11314	11869	1104	12973

从表二数据可以看出：（1）审结再审审查案件最多的法院为高级法院，数量远超中级法院和基层法院；（2）审结再审案件数量最多的法院是中级法院，占比近一半。

2. 三级法院审结再审审查案件的裁判类型分析

2023年B省高级法院审结的8202件再审审查案件中，裁定驳回再审申请的7855件，准予撤回、按撤回再审申请处理的106件，本院提审的101件，指令原审法院再审的72件，本院再审的4件，其他64件。

2023年B省中级法院审结的2009件再审审查案件中，裁定驳回再审申请的957件，以终结方式结案的597件，准予撤回、按撤回再审申请处理的220件，本院提审的179件，指令原审法院再审的17件，本院再审的13件，其他26件。

2023年B省基层法院审结的1658件再审审查案件中，裁定驳回再审申请的770件，以终结方式结案的328件，本院再审的159件，准予撤回、按撤回再审申请处理的114件，决定不予再审10件，其他277件。

为更清晰地展示各层级法院再审审查案件的结案方式，笔者将其分为再审审查驳回类、本院再审类、指令原审法院再审和撤回申请类及其他五类，并根据相关分类分别计算出再审审查驳回率①、指令再审率、本院再审率和撤回申请率。

（1）再审审查驳回类，主要包括以裁定驳回再审申请或决定不予再审方式结案的，以这类方式结案意味着民事审判监督程序的终结，当事人不得再次提出再审申请，但其可以向人民检察院申请再审检察建议或抗诉。

（2）本院再审类，主要包括以本院提审或本院再审方式结案的，以这类结案方式结案意味着经审查案件符合民事诉讼法第二百零七条规定的再审条件，案件从再审审查程序进入再审程序。

（3）指令原审法院再审，主要指的是再审审查法院经审查认为案件符合进入再审程序的条件，但审查法院基于案件审理需要或其他考量指令原审法院对案件进行再审审理。

（4）撤回申请类，主要包括准予撤回再审申请或按撤回再审申请处理，根据《最高人民法院关于适用〈中华人民共和国民事诉讼法〉的解释》（以下简称《民事诉讼法司法解释》）的规定，人民法院准许撤回再审申请或者按撤回再审申请处理后，除了因"有新的证据，足以推翻原判决、裁定的""原判决、裁定认定事实的主要证据是伪造的""据以作出原判决、裁定的法律文书被撤销或者变更的""审判人员审理该案件时有贪污受贿，徇私舞弊，枉法裁判行为的"外，再审申请人再次申请再审的，不予受理。以这类结案方式结案意味着除存在例外情形外，案件不得再次进入民事审判监督程序。

（5）其他类，主要包括数量极少的特殊结案方式，如不予受理，以及在智汇云系统和中国裁判文书网上均无法查询到的显示为"其他""终结"的结案方式，本文不再对该类结案方式进行分析。

---

① 再审审查驳回率是指裁定驳回再审申请或决定不予再审的案件数÷审结的全部再审审查案件数×100%。其他统计维度计算方式一致。

表三　不同层级法院审结民事再审审查案件各项裁判类型指标分布

统计维度 法院层级	再审审查驳回率	指令再审率	本院再审率	撤回申请率
高级法院	95.77%	0.88%	1.28%	1.29%
中级法院	47.74%	0.85%	9.56%	10.95%
基层法院	47.17%	/	9.71%	6.88%
平均值	80.85%	0.75%	3.86%	3.71%

从表三数据可以看出：（1）高级法院的再审审查驳回率最高，远高于中级法院和基层法院；（2）基层法院的本院再审率最高，高级法院的本院再审率最低；（3）中级法院的撤回申请率最高，远高于高级法院和基层法院。

3. 不同法院层级审结再审案件的裁判类型分析

2023 年 B 省高级法院审结的 148 件民事再审案件中，改判的 45 件，发回重审 31 件，维持 29 件，撤销原裁定并指令审理 29 件，调解 10 件，撤销原判并驳回起诉 2 件，终结 2 件。

2023 年 B 省中级法院审结的 508 件民事再审案件中，发回重审 192 件，维持 175 件，改判的 72 件，调解 22 件，撤销原判并驳回起诉 12 件，准予撤诉并撤销原裁判 11 件，撤销原调解书内容 7 件，撤销原裁定并指令审理 5 件，准予撤回上诉/按撤回上诉处理 2 件，其他 10 件。

2023 年 B 省基层法院审结的 448 件民事再审案件中，改判的 206 件，撤销原判并驳回起诉 54 件，维持 54 件，准予撤诉并撤销原裁判 29 件，撤销原调解书内容 28 件，调解 14 件，其他 63 件。

为更清晰地展示各层级法院再审案件的结案方式，笔者将其分为再审改判类、再审维持、再审发回重审、纠纷实质化解类和其他五类，并根据相关分类分别计算出再审改判率①、再审维持率、再审发回重审率和纠纷实质化解率。

（1）再审改判类，主要包括以改判或撤销原判并驳回起诉②等对原判决进行变更的结案方式结案的，该类结案方式通过再审审理直接对原审裁判予以纠错。

（2）再审维持，指的是以维持原审裁判方式结案的，以这种方式结案表明经过再审审理，法院认为原审裁判认定事实清楚、适用法律正确或认定事实、适用法律虽有瑕疵但裁判结果正确，实质上是对原审裁判结果的确认。

（3）再审发回重审，指的是以发回重审方式结案的，即再审法院经过审理，认为原审裁判存在认定基本事实不清或严重违反法定程序等情形，但不宜直接改判，从而发回原审法院重新进行审理。

（4）纠纷实质化解类，指的是以调解或准予撤诉并撤销原裁判③方式结案的，在该类结案方式下，涉诉纠纷通过双方达成调解或者原告以主动撤诉方式实现了矛盾纠纷的实质性化解。

（5）其他类，主要包括数量极少的其他结案方式，如撤销原裁定并指令审理，以及在智汇云系统和中国裁判文书网上均无法查询到的显示为"其他""终结"的结案方式，本文不再对该类结案方式进行分析。

---

① 再审改判率是指再审改判或撤销原判并驳回起诉的案件数÷审结的全部再审案件数×100%。其他统计维度计算方式一致。

② 撤销原判并驳回起诉指的是按照第二程序再审的案件，人民法院经审理认为不符合民事诉讼法规定的起诉条件或者符合民事诉讼法第一百二十七条规定不予受理情形的。

③ 准予撤诉并撤销原裁判指的是一审原告在再审审理程序中申请撤回起诉，经其他当事人同意，且不损害国家利益、社会公共利益、他人合法权益的，一审原告在再审审理程序中撤回起诉后重复起诉的，人民法院不予受理。

表四 不同层级法院审结民事再审案件各项裁判类型指标分布

统计维度 法院层级	再审改判率	再审维持率	再审发回重审率	纠纷实质化解率	再审纠错率[①]
高级法院	31.76%	19.59%	20.95%	6.76%	59.46%
中级法院	16.54%	34.45%	37.80%	6.89%	61.22%
基层法院	58.04%	12.05%	0.00%	9.60%	67.63%
平均值	35.42%	23.37%	20.20%	7.97%	63.59%

从表四数据可以看出：（1）基层法院的再审改判率最高，中级法院的再审改判率最低；（2）中级法院的再审维持率最高，基层法院的再审维持率最低；（3）中级法院的再审发回重审率最高；（4）基层法院的纠纷实质性化解率最高；（5）基层法院的再审纠错率最高，高级法院的再审纠错率最低。

三、检视：民事审判监督制度的应用矛盾与困境

（一）职权主义与当事人主义的路径冲突

民事诉讼解决的是私权纠纷，私法自治是传统民法所确立的基本原则，处分原则则是私法自治在民事诉讼法中的延伸和体现。虽然随着现代民法的发展，当事人对诉讼权利的自由处分受到了诸多限制，但处分原则仍然贯穿民事诉讼的始终，是民事诉讼的基本原则。

审判监督制度作为民事诉讼的一项特殊制度，长期以来，理论界对人民法院依职权提起再审和人民检察院抗诉再审存在较大争议，多数学者认为，这种"职权主义"立法模式与民事诉讼当事人"诉权主体"地位有所冲突，人民法院和人民检察院作为国家公权力机关，不加限制地提起民事审判监督程序违反了当事人的私权处分原则，弱化了当事人的

---

① 再审纠错率指的是再审改判率、再审发回重审率、纠纷实质化解率之和。

民事诉讼主体地位，打破了当事人之间的权利平衡状态，容易引发公众对司法程序合理性和正当性的质疑。从 2023 年 B 省新收的再审审查案件数可以看出，虽然当事人申请再审仍然是审判监督案件的主要来源，但国家公权力机关介入私法领域纠纷的比例显然较高，[①] 且有增加趋势。

此外，由于现行法律并未对法院依职权再审和检察院抗诉再审的事由、时间和次数进行限制，司法实践中，依职权再审和抗诉再审成为当事人规避再审事由和时限的途径，在当事人申请事由被驳回或再审时限经过后，仍然可以通过申诉的方式申请法院或检察院启动再审程序，使得申诉成为改变生效裁判最有效、最便捷的手段。再者，若不同法院、检察院对法律事实和法律适用的判断不一致，在法院已经裁定驳回再审申请后，法院、检察院根据当事人的申诉启动再审程序，导致同一个案件被同一个法院或多个不同法院反复审查及审理，使得法院本已生效的判决有失权威性和确定性，导致"终审不终"的情况一再发生，[②] 极大地浪费了司法资源，使得当事人在不稳定的诉讼过程中浪费精力和财力，也会引发当事人对司法权威的怀疑。案结事不了也导致当事人在诉讼程序终结后继续申诉缠访，不仅严重干扰了法院日常审判工作，削弱司法审判的权威性和终局性，处理不当还容易引发社会问题，威胁社会和谐稳定。[③]

（二）查审功能区分不明与程序效益的功能冲突

审判监督制度设置的目的，是通过纠正错误裁判而增加司法程序客观上的正确性，是在一定程度上牺牲裁判的既判力而追求案件实体公正进行的司法制度设计。作为两审终审制的例外，审判监督制度创设了一

---

① 2023 年 B 省新收的再审审查案件中，依职权再审审查案件和抗诉再审审查案件数量占全部新收再审审查案件的 5.5%，较 2022 年增长 1.2 个百分点，即每 18 件再审审查案件中就有 1 件是法院依职权启动或检察院抗诉启动。

② 参见崔涛：《论我国民事审判监督程序》，吉林大学 2014 年硕士学位论文。

③ 参见陈杭平：《"再审之诉"的再认识——以解决"申诉难"问题为切入点》，载《北京科技大学学报》2008 年第 2 期。

套独立的诉讼程序，在当事人对于生效裁判的稳定预期之外增加了程序上的不确定性。为了最大限度减少当事人的"诉累"，理顺审判监督作用实现的法律路径，促进有限司法资源的合理高效配置，审判监督制度的程序安排和不同程序的功能定位应当更加注重程序公正和程序效益的价值发挥，通过明确的法律依据、科学的制度安排、合理的资源配置找准程序公正与程序效益之间的平衡点。

在当前的司法实践中，虽然对于进入审判监督程序的案件，法院分别设置了再审审查程序和再审程序，但立法中对再审审查的程度和再审审理的内容规定并不明确。根据现行规定，在再审审查程序中，法院主要依据《民事诉讼法司法解释》第三百九十三条，审查当事人申请再审的事由是否成立及是否超过再审期限，这种审查，与普通司法程序的立案审查较为相似。在再审程序中，由于缺乏独立的制度设计，法院准用一审、二审程序，主要围绕案件事实认定、法律适用和程序是否合法进行审理，通常也是围绕再审审查过程中的再审事由展开。也即，再审审查更侧重于形式审查，再审更侧重于实质审理，但该形式与实质之间的界限不甚明显。同时，由于再审审查与再审审理过程对当事人程序参与的要求区别不大，再审过程更像是对再审审查过程的程序重复。

此外，司法实践中，部分法院负责再审审查和再审的庭室集中为一个庭，由于人员配置不足，再审审查案件与再审案件合议庭部分人员可能重合，影响审查和审理程序的公正性。为避免这种情况，案件进入审理阶段后，需要跨部门组成合议庭，但这不利于案件的正常审理，也影响案件的审理质效。

（三）管辖上提一级与裁判终局性的目的冲突

民事诉讼法没有对依职权再审审查和抗诉再审审查案件的管辖法院进行规定，仅对当事人申请再审的管辖法院进行了规定。根据民事诉讼法的规定，当事人对已经发生法律效力的判决、裁定，认为有错误的，可以向上一级人民法院申请再审；当事人一方人数众多或者当事人双方为公民的案件，也可以向原审人民法院申请再审。民事申请再审管辖原则上上提一级的规定，本意是期冀消除当事人和社会大众对原审法院再审审查和再审公正性的顾虑，从客观上增强审判监督程序的权威性和公正性。但是从司法实践中的运行情况来看，却产生了新的矛盾和问题。

1. 矛盾纠纷向上集中，高级法院案件压力增加

2023年B省高级法院新收民事审判监督案件7791件，占全省三级法院新收民事审判监督案件的62.76%，占高级法院全部新收民事案件的83.95%[①]。高级法院成为民事审判监督案件的主要管辖法院，民事审判监督案件成为高级法院主要民事案件。

高级法院作为地方最高一级的人民法院，对上承接最高人民法院，对下指导地方各级人民法院，除审判职能之外还承担大量其他的功能。从2024年B省高级法院向本级人大所作的工作报告中，可以看出，过去一年，B省高级法院主要围绕服务保障地区发展、维护司法公正和保障民生福祉、推动全市法院审判工作现代化、加强队伍建设四大方面开展工作。审判监督仅是高级法院审判职能中的一部分，大批量的再审审查案件集中到高级法院，一方面，导致高级法院案件压力增加，加剧了人案矛盾；另一方面，大量审判资源被占用，还可能影响高级法院其他功能和作用的发挥。

此外，虽然绝大部分再审审查案件由高级法院受理，但高级法院新收再审案件数量最少，只占全省三级法院新收再审案件的14.03%。从结案方式来看，高级法院的再审审查驳回率高达95.77%，本院再审率也远低于基层法院和中级法院，只有1.28%。[②] 考虑民事审判监督制度中再审审查和再审程序的制度设计及程序要求，民事审判监督功能的发挥应当更侧重于再审程序，从当事人和社会公众的角度来说，相对于再审审查程序其再审程序公正性的需求应当更大。高级法院再审审查驳回率偏高，对再审审查案件的再审率远低于中级法院和基层法院，与管辖制度设计

---

① 2023年B省高级法院共新收民事案件9281件，其中民事审判监督案件7791件。
② 详见表三。

的初衷有所冲突，也并不能从根本上解决当事人和社会公众对民事审判监督程序权威性和公正性的顾虑，还可能引发再审审查案件的质量危机。

再者，申请再审的案件通常矛盾纠纷比较激烈，当事人往往同时选择投诉举报、申诉信访等多种途径维权，高级法院成为再审审查的主要管辖法院，造成矛盾纠纷的集中和上移，导致省会等中心城市维稳压力增大，与把矛盾解决在萌芽状态、化解在基层的精神相悖，不利于社会的安全稳定。有上级法院为矛盾纠纷化解"兜底"，也在一定程度上导致基层法院矛盾纠纷解决的动力和积极性下降。

2. 制度功能发挥受限，中级法院再审程序空转现象突出

基层法院作为"初审法院"，是我国四级法院体系中最基础的单元，承担大部分案件的审判工作。中级法院作为基层法院一审案件的"终审法院"，在承担一审案件审理的同时，更多承担监督、指导辖区基层法院事实查明和法律适用的功能。其作为连接高级法院和基层法院的重要枢纽，是我国当前地方法院体系中承上启下的重要一环，在监督、指导作用的发挥方面也较高级法院更为迅速、直接、有效。根据民事诉讼法的规定，原则上当事人申请再审案件的管辖法院为中级以上人民法院，可以看出，民事诉讼法在立法之初对中级法院的审判监督功能发挥寄予厚望。

实践中，一方面，中级法院再审审查案件驳回率低，再审率高，再审审查案件进入本院再审程序的比例最高，① 审判监督的积极性和主动性较强；另一方面，从再审审查阶段的撤回申请率来看，中级法院在再审审查阶段的撤回申请率远高于基层法院和高级法院，一定程度上也体现出中级法院在再审审查阶段矛盾纠纷化解率最高。

但是从再审审查案件的收案来看，中级法院收案数量少，与基层法院基本持平，中级法院审判监督的空间受到限制。主要原因在于当事人申请再审的案件通常是矛盾争议比较集中的上诉案件和原审缺席判决的

---

① 2023年B省中级法院新收再审案件数量在三级法院中最多，占全省三级法院新收再审案件的一半以上，新收再审案件与再审审查案件的比例为25.98%，远高于高级法院。

案件，由于我国民事诉讼实行两审终审制度，基层法院受理案件基数大，① 对一审民事判决不服提出上诉的比例逐年增加，② 越来越多针对基层法院一审裁判不服的案件经过中级法院二审裁判生效后，通过当事人申请再审进入高级法院，导致审判监督案件过度向上集中，中级法院审判监督功能的发挥受到一定限制。

此外，从再审案件的结案方式来看，中级法院的再审改判率远低于基层法院和高级法院，同时，再审维持率和发回重审率都相对偏高，再审阶段的纠纷实质化解率较再审审查阶段有所降低，再审纠错率相对偏低，中级法院再审程序空转现象突出。再审发回重审率偏高是程序空转的一个重要因素，导致中级法院再审发回重审率偏高的原因是中级法院管辖的民事审判监督案件通常是未经过上诉程序由基层法院一审生效的案件中，其中，事实认定存在错误的案件大多是缺席审理的案件，这类案件由中级法院提审后，往往会因为送达程序违法或案件基本事实并未查清而发回重审。③ 从案由分析来看，2023 年中级法院新收的再审案件中，借款合同类案件相对集中，④ 占比接近三分之一。这类案件的特点是当事人一方或多方为自然人，案件送达相对困难，借款人或保证人不到庭参加诉讼的概率较高，原审缺席裁判生效数年或十数年后，未到庭当事人以合同签名非其本人所签或原审送达程序违法为由向法院申请再审。

---

① 2023 年 B 省法院共新收民事案件 583028 件，其中，基层法院新收 502258 件，占比 86.15%。数据来源及路径：智汇云—数据分析—数据服务—统计分析—统计报表—案件类型分析—全省法院—民事案件，统计期间为 2023 年 1—12 月。

② 从 B 省法院近三年的一审民事案件上诉情况来看，上诉案件数量和上诉率呈现逐年上升的趋势，具体为：2020 年一审民事案件上诉数为 46532 件，上诉率为 11.20%；2021 年一审民事案件上诉数为 59354 件，上诉率为 12.14%；2022 年一审民事案件上诉数为 58622 件，上诉率为 12.81%。由于 2023 年的民事案件上诉数量暂无法统计，因此，暂以近三年数据为支撑。

③ 2023 年 B 省中级法院发回重审案件 192 件，其中以"原判决认定基本事实不清"为由发回重审的有 78 件，占比 40.63%；以"违法缺席判决""违法剥夺当事人辩论权利""遗漏必须参加诉讼的当事人"等程序性事由为由发回重审的有 21 件，占比 10.94%。

④ 2023 年 B 省中级法院新收再审案件 525 件，其中，民间借贷纠纷案件 102 件，金融借款合同纠纷案件 40 件，借款合同纠纷案件 18 件，三类借款合同纠纷案件合计 160 件，占比接近三分之一。

(四) 程序无限启动与裁判稳定性的价值冲突

民事诉讼作为民事纠纷解决的最后途径，其裁判的公正性、终局性和裁判结果的稳定性是司法权威的体现，也是司法公信力存在的基石。以公正的司法裁判结果将当事人之间悬而不决的民事法律关系确定下来，并保持裁判结果和当事人权利义务关系的稳定，是民事诉讼的最终目的。民事审判监督制度以追求裁判的公正性为目标，在一定程度上损害裁判的终局性和裁判结果的稳定性，是立法者在进行衡平之后作出的价值选择和制度安排。该种价值衡平应当以"最小损害"为限度，不能为无限追求实体公正而过度破坏甚至牺牲裁判的终局性和整体稳定性。让当事人的权利义务关系处于严重不确定状态，不仅无益于司法公正，更有损于司法权威。

从民事诉讼法第二百一十二条和《民事诉讼法司法解释》第四百二十条、第四百二十一条的规定来看，民事诉讼法和司法解释只对当事人和案外人申请再审的期限进行了规定，并未对法院依职权再审和检察院抗诉再审的发起时间进行限制，且均未规定三种再审启动方式的最长启动时限。如前所述，依职权再审和检察院抗诉再审成为当事人和案外人规避再审期限的途径。同时，由于缺乏最长启动时间限制，有的案件经过十数年后依然启动再审程序，导致民事法律关系和当事人合法权益长期处于悬置状态和不确定地位，不利于民事法律关系的稳定和程序的安定。

另外，由于当事人申请再审的前提是存在生效的原审裁判，对于原审裁判的生效时间，尤其是对于原审采用公告送达方式进行送达，而当事人以原审送达程序违法为由提出再审的情况，司法实践中存在不同的认识。由此导致在再审审查过程中，在认定原审裁判生效时间时，对部分缺席裁判的案件"生效后六个月内"规定形同虚设以及"知道或应当知道"标准的过度适用，无限拉长了再审申请的时限，在一定程度上阻碍了申请再审期限限制作用的发挥，使得大量超过再审期限的案件进入再审程序,对裁判的终局性和稳定性造成了严重的冲击。

(五) 准用二审程序与再审独立性的程序冲突

程序公正是民事诉讼程序的内在价值,根据不同的审判制度设置符合该审判制度特点的诉讼程序并保证当事人的充分参与是程序公正的基本要求。我国民事诉讼法将审判监督作为独立的审判制度进行规定,但未对其适用程序进行独立的立法设计,而是依据其启动程序的不同规定分别参照适用一审程序或二审程序进行审理。司法实践中,由于二审程序与再审程序的功能和作用不同,导致程序适用过程中存在一些问题。

从程序衔接来看,当事人对于一审判决或裁定的上诉期通常为十五日和十日,二审程序与一审程序衔接紧密。而当事人申请再审的期限是六个月甚至十数年,再审程序与原审程序之间间隔时间较长,程序之间几乎不存在衔接。另外,一审法院在向二审法院移送上诉卷宗时,要求将一审的卷宗全部移送二审法院,而在再审程序中,由于再审审查不要求对原审案件进行全面审查,部分法院在再审审查过程中并不会对原审卷宗进行主动调取,导致进入再审程序后,可能需要耗费时间对原审卷宗进行调取,一定程度上消耗了再审的审理期限。

从程序参与来看,司法实践中,上诉案件多数是双方当事人均到庭参加诉讼的案件,少数缺席裁判的案件在移转上诉时上诉状等诉讼材料也均经过公告方式送达未到庭当事人,案件进入二审程序后,送达程序更为完备,当事人在一审程序中基本都已经充分表达诉辩意见,二审原则上不开庭审理更符合二审程序设置的程序价值。而根据民事诉讼法的规定,法院在再审审查程序中,相关材料只需"发送"给对方当事人,当事人不到庭的并不影响再审案件审查,裁定再审的案件,法院也往往只对没有到庭的当事人进行裁定书的送达;在再审程序中,也未有将申请书副本、相关证据材料"送达"当事人的规定,导致在再审阶段,在部分当事人未到庭的情况下,提审法院往往会因为案件事实难以查清而不得不发回重审。此外,在再审审查过程中,经法院审查和释明,如原审原告申请撤回起诉，由于有部分当事人未到庭发表意见，法院仍需要继续对案件进行审查，当事人的相关诉讼权利只能在案件被提起再审并发回重审后，在重审的案件中才能实现。

以中级法院为例，由于向中级法院申请再审的案件多数是基层法院一审生效的案件，这类案件往往有部分当事人未到庭而缺席裁判，即便当事人对裁判不服也未通过上诉方式进行解决。在案件进入再审程序后，在案件"确有错误"的基础上准用二审程序而大部分案件均不进行开庭审理，不能保证未到庭当事人享有充分的程序参与权及作出终审裁判。再审审理后，法院往往以有部分案件当事人未到庭参加诉讼，事实难以查清为由发回原审法院重新审理。

此外，根据《民事诉讼法司法解释》第一百二十九条的规定，对申请再审案件，人民法院应当自受理之日起三个月内审查完毕，但公告期间、当事人和解期间等不计入审查期限。由此可见，立法规定了再审审查期间的公告送达程序，但在司法实践中，由于当事人不到庭并不影响法院进行再审审查，因此，在再审审查阶段公告送达适用较少，公告更多在于作出再审裁定后对裁定的送达。

四、重构：民事审判监督再审终局性的路径探析

基于前述分析，笔者提出以下三方面的完善建议，以期更好地解决审判监督制度程序设计上存在的一些不足，充分发挥民事审判监督制度应有功能。

（一）查审分立："宽进严出"和"再审终局"

再审审查阶段形式审查的内容与再审阶段实质审理的内容存在较大的重合性，为避免不同程序中的重复审查造成司法资源的浪费，也为解决当事人对审判监督程序权威性和公正性的疑虑，有必要对审判监督程序和再审程序的功能定位作进一步区分。民事审判监督程序的重要功能是监督与救济，再审审查程序作为法院发现错误的源头性程序，制度设

计中应当侧重于监督，再审程序作为审判监督制度救济功能的承载者，依法纠错、为当事人受到损害的权益提供救济是其应发挥的功能与作用。

再审审查所指向的对象是原审裁判是否存在错误，它所审查的是原审裁判中，法院对司法实体规则和程序规则运用是否正确。再审审查阶段，法院应当侧重于对案件是否存在错误进行全面审查，一方面，根据当事人的再审申请对再审是否符合法定条件进行形式审查，另一方面，应当对案件是否存在错误进行基本判断，并以案件"确有错误"作为进入再审程序的标准。通过再审审查阶段的"宽进严出"，提高进入再审程序的案件的审查质量，避免大量无错误的案件进入再审程序，造成审判资源的浪费。

再审程序作为我国两审终审制度的补充，为对生效裁判不服的当事人提供了一种救济保障，这就需要再审裁决比一般裁决具有更强的稳定性、权威性，使当事人的权利义务关系尽快确定下来，恢复正常运行。[①] 再审阶段，法院应当围绕当事人的申请，通过更为完备的制度设计，如保障当事人的程序参与、开庭审理等，对原审事实认定和法律适用进行实质审理，发挥好再审程序的特殊救济、最后救济功能和作用，尽可能"再审终局"。

（二）管辖调整："原则上提"和"适当下放"

在我国当前的审判监督制度下，当事人申请再审案件的管辖问题是核心问题。为最大限度实现程序效能，在坚持上提一级原则的基础上，适当扩大由原审法院审查的范围，尽可能将事实问题交给原审法院审理，既与中央将矛盾化解在基层的精神相一致，又能使各级法院的职能定位恢复至合理状态。[②] 具体建议如下。

第一，经原审法院一审生效的案件当事人申请再审的，由原审法院管辖。该类案件未经过二审程序，涉及原审裁判的争议多集中于案件的

---

① 参见范跃如：《民事审判监督程序若干问题研究》，载《法律适用》2004年第7期。
② 参见江必新：《论民事审判监督制度之完善》，载《中国法学》2011年第5期。

事实查明部分,由原审法院管辖更符合一审法院准确查明事实的职能定位,更能保障当事人的程序权益和审级利益,还可以避免当事人把再审程序作为二审程序的替代和补充,以规避上诉期的限制。

第二,当事人以提出新证据为由申请再审的,由原审法院管辖。该类案件,法院审查的重点在于是否构成新证据和是否足以推翻原审裁判。由原审法院对证据性质和证据作用进行判断,完全符合当事人对司法公正性和权威性的要求,也避免了以"基本事实未查清"为由导致案件在上下级法院之间来回移转,更能实现程序效益,减少当事人的诉累。

第三,当事人以原审程序违法为由申请再审的,由原审法院管辖。法院对原审程序违法,如审判组织组成不合法、违反回避规定、剥夺当事人辩论权利、未经传唤缺席判决等的认定更多是事实判断,不涉及法律适用问题,交由上一级法院审查纠正并无实际意义,且对于程序违法的案件,上一级法院提审后通常做法是发回原审法院重新审理,不仅无助于纠纷的实质化解,更增加了程序空转,造成了当事人诉累。

(三) 程序完善:"私权自治"和"程序正当"

1. 程序启动的主体和限制

理论界对审判监督程序启动主体的设计有不同观点,有的学者认为,应当取消人民法院和人民检察院的启动权。笔者认为,在市场经济中,民事诉讼强调诉讼主体对民事权益的自由处分,确立当事人在民事审判监督制度中的主体地位无可争议,但处分自由并不是无条件、无边界的,当平等民事主体之间的民事纠纷涉及国家利益或公共利益时,有必要赋予在民事司法活动中维护国家利益和社会公共利益具有独特优势的人民法院和人民检察院一定的诉讼权利,以更好维护国家利益和社会公共利益。因此,对于公权力介入民事审判监督不能完全否定,但应当严格限制。

为了保证公权力介入的正当性,应将人民法院、人民检察院启动再审的范围限定于仅针对涉及损害公共利益、国家利益或者无其他途径救济的案外人利益的案件，在公共利益理论视角下定位依职权再审和抗诉再审制度，对当事人处分权的限制才具有合理性，① 才能既发挥人民法院和人民检察院的司法监督职能，又将审判监督程序启动的主动权回归于当事人。②

2. 程序启动的时限

诉讼程序具有时效性，司法本身是一种有时间和资源限制的权利救济途径。在民事诉讼中，人们追求客观公正的同时，不得不考虑诉讼成本和诉讼效率，如果因为过分追求客观真实而过多地牺牲诉讼的经济性，显然是不符合民事诉讼法的经济原则的。③ 因此，民事审判监督程序的启动必须遵循法律的正当程序，不应允许当事人无期限地申请和法院、检察院无限期、无次数限制地启动，否则，司法终审权就会受到威胁，国家通过诉讼制度强制解决纠纷的目的就会落空，最终会影响社会秩序的稳定。

为了在保障个案公平正义的基础上更好地维护法的安定性和社会法律关系的稳定，有必要对审判监督程序的启动期限进行规范和限制。

（1）限制审判监督程序启动的最长期限。参照民法典关于诉讼时效期间的规定及域外经验④，综合考虑并平衡权利保障的时效性与可行性、司法裁判的权威性及当事人对合法权益与稳定预期的确定性要求，建议将当事人申请再审的最长期限限定为"在判决、裁定、调解书发生法律效力后十年内"，但涉及国家利益、社会公共利益的可以不受上述期限限制。

（2）肯定依法送达的法律效力。法院在审查当事人的再审申请是否超过时限时，应当对法定送达程序，尤其是公告送达程序，给予充分的

---

① 参见宋琛、刘杰：《民事诉讼中依职权再审的现状与重塑——以 B 省法院近三年依职权再审案件为样本》，载《研究生法学》2021 年第 1 期。
② 参见崔涛：《论我国民事审判监督程序》，吉林大学 2014 年硕士学位论文。
③ 参见贺桂华：《民事审判监督程序指导思想探微》，载《政法学刊》2007 年第 2 期。
④ 法国民事诉讼法规定，提出再审的申请限期为两个月，期间自当事人知道再审理由之日起开始计算；日本民事诉讼法规定，当事人在得知再审事由之日起三十日内提起，裁判确定后经过五年时，不得提起再审之诉；德国民事诉讼法规定，申请再审的期限为一个月。

尊重与认可，在认定公告送达案件的生效时间时，不能仅以当事人自称"确实不知存在涉诉案件"为由否定公告送达的法律效力。同时，应严格"知道或应当知道"的适用标准，防止标准替换，变相放宽申请再审的期限。

3. 再审案件应另行组成合议庭进行审理

由于不同法院机构设置存在差异，不同机构的职能分工也有所不同，对于审判监督案件再审审查与再审审理的部门不宜做"一刀切"的划分。但从程序严谨性以及避免合议庭先入为主的角度出发，法院审理再审案件应当另行组成合议庭进行审理，避免查审阶段合议庭组成人员的交叉与重叠。

4. 完善再审送达规定

案件当事人参加诉讼是正当程序原则最基本的内容和要求，在审判监督程序中，要实现再审审查宽进严出，再审案件再审终局的制度要求，就要保证再审过程中送达程序的有效性和完备性。一方面，在再审审查阶段仍以"发送"当事人为原则，当事人不到庭的不影响再审审查，但对于裁定再审的案件，应当至少保证再审的申请书、证据材料和裁定"送达"各方当事人后案件再进入再审程序；另一方面，在再审程序中，应当充分尊重当事人的诉讼主体地位和对程序的参与性，以"送达"当事人为原则，保证当事人充分地参与诉讼并合法处分自己的诉讼权利，便于再审程序中对案件事实进行充分查明，以期对诉争矛盾纠纷作最终、实质性的解决，实现再审终审，避免无限再审。

五、总结

公正是法律最高的价值追求。在法律制度中，司法公正包括实体公正和程序公正。当一个裁判没有体现实体上和程序上的公正时，就有必要启动再审程序对其予以否定。但是，在当前的制度下，突破两审终审的限制，以重复审判的方式，追求个案裁判的公正必须以维护司法终局性和权威性为前提。如果这种追求以破坏终局性为代价，那么案件的审判次数越多，则司法的正当性和权威性越小。①

　　司法的正当性和权威性既需要靠法的公正性来维护，也需要靠法的安定性来维护。民事审判监督制度作为我国民事诉讼两审终审的补充，负担着更为重要的诉讼职能，当事人对其裁判终局性的期待和要求更高。因此，应该通过对民事审判监督程序进行更为确定性和终局性的制度设计，尽可能消除法院裁判的确定性与个案公正性之间的冲突，调和裁判既判力和案件实体真实之间的矛盾，最大限度实现法的公正性与安定性之间的平衡。

---

　　① 参见贺桂华：《民事审判监督程序指导思想探微》，载《政法学刊》2007年第2期。

【最高人民法院裁判文书选登】

沈阳某某房地产开发有限公司诉北京某某集团有限责任公司建设工程施工合同纠纷案[*]

【裁判要旨】

在合同不能继续履行的情况下，原则上违约方不享有单方解除的权利，解除权是赋予守约方在对方违约的时候行使的权利。但是对于一些不适宜强制履行的合同，如建设工程施工合同，若一概不允许违约方起诉解除，容易陷入合同僵局，可能对双方都不利。人民法院判决解除合同可以打破僵局、减少资源消耗、降低交易成本，更有利于提高交易效率、促进经济发展，实现实质正义。至于合同解除后的损失赔偿、违约责任承担问题，法院应向当事人释明，切实保障守约方的合法权益。

中华人民共和国最高人民法院
民事判决书

（2023）最高法民再222号

再审申请人（一审原告、二审被上诉人）：沈阳某某房地产开发有限公司，住所地辽宁省沈阳市和平区。

法定代表人：单某民。

---

[*] 主审法官张代恩，最高人民法院审判监督庭二级高级法官，抗诉监督组组长。

委托诉讼代理人：朱某芳，北京某某律师事务所律师。

委托诉讼代理人：郭某，北京某某律师事务所律师。

被申请人（一审被告、二审上诉人）：北京某某集团有限责任公司，住所地北京市海淀区。

法定代表人：常某春。

委托诉讼代理人：王某芳，北京某某律师事务所律师。

委托诉讼代理人：孔某，北京市某某律师事务所律师。

再审申请人沈阳某某房地产开发有限公司（以下简称沈阳某某公司）因与被申请人北京某某集团有限责任公司（以下简称北京某某公司）建设工程施工合同纠纷一案，不服本院（2021）最高法民终695号民事判决，向本院申请再审。本院于2023年8月16日作出（2022）最高法民申523号民事裁定，再审本案。本院依法另行组成合议庭公开开庭审理了本案。再审申请人沈阳某某公司的委托诉讼代理人朱某芳、郭某，北京某某公司的委托诉讼代理人王某芳、孔某，到庭参加诉讼。本案现已审理终结。

2018年5月10日，沈阳某某公司向辽宁省高级人民法院提起本案诉讼，请求：（1）确认案涉建设工程承包合同及补充协议无效；（2）判令北京某某公司从施工场地撤出，将施工场地返还沈阳某某公司占有使用；（3）判令北京某某公司移交全部施工资料；（4）判令北京某某公司承担全部诉讼费用。

一审法院经审理查明：2013年1月25日，沈阳某某公司作为发包方、北京某某公司作为承包方签订了沈阳某某商业广场T3—T5及S3楼工程的建设工程承包合同，合同约定北京某某公司确认总承包工程最终总报价为941526677元，施工日期为2012年10月1日至2017年11月30日。合同（补充协议一）"合同条件说明"约定本工程采用国际咨询工程师联合会（FIDIC）所编写于1999年出版并由中国工程咨询协会翻译、机械工业出版社出版的《施工合同条件》（1999年第一版），但为适应本工程的特别要求，部分《FIDIC施工合同条件》的条件已被修改，修改部分详列于《专用条件》内。1999年第一版《FIDIC施工合同条件》连同《专用条件》及其《附录》将作为本合同文件的一部分。

案涉工程于施工之前已取得土地使用证和建设用地规划许可证，但仍未取得建设工程规划许可证。2012年2月21日，《沈阳市发展和改革委员会关于某某商业广场T3、T4、T5楼及S3商业项目核准的批复》中要求："请项目单位进一步落实土地、规划等相关手续，按照'四制'和'三同时'要求，履行基本建设程序，抓好组织实施"；"如建设规模、内容、地点等发生变化，应重新办理核准手续"。

2012年9月25日，沈阳某某公司向北京某某公司发出《进场通知书》，北京某某公司随即开始施工。工程已完成T3、T4正负零、T5主体框架到地上十层。2014年9月停工。对于停工的原因，北京某某公司认为是沈阳某某公司没有足额支付工程进度款，而沈阳某某公司认为，其是根据工程实际需要下达的停工指令。

2017年4月26日，沈阳某某公司向北京某某公司发出《终止（解除）合同通知函》（以下简称解除合同函），提出鉴于北京某某公司在履行合同过程中已多次逾期完工，严重影响了该工程的整体完工进度，并且该工程已处于停工状态，已构成违约，沈阳某某公司决定依合同约定及该合同所采用的《FIDIC施工合同条件》第15.2项、第15.5项约定，终止（解除）与北京某某公司签订的合同及该合同全部补充协议、附件。2017年5月3日，北京某某公司向沈阳某某公司发出回复函，主要内容是，其一，北京某某公司施工能力强。其二，造成工期延期的主要原因是：（1）工程为无图招标，施工图纸不能及时到位；（2）工程变更巨大，大大增加了各节点的施工工程量；（3）沈阳某某公司支付工程进度款严重滞后，且支付不足，严重影响了进度。其三，北京某某公司不存在违约情况，不同意解除合同。

另查明，2015年2月10日，北京某某公司作为原告，向辽宁省高级人民法院另案起诉沈阳某某公司［（2015）辽民一初字第00010号］，请求判令沈阳某某公司给付工程进度款198673263.89元、1000万元工程进度奖励款。后又增加诉讼请求，分别为：（1）沈阳某某公司支付拖欠工程款的利息31280717元；（2）沈阳某某公司支付停窝工造成的预期利润损失26898881.91元（至2017年5月20日止）。两项合计58179598.91元；（3）北京某某公司对案涉项目享有优先受偿权。在此案起诉前的2014年4月30日，沈阳某某公司支付工程款248081608.95元，北京某某公司起诉后，沈阳某某公司支付5笔款项，故目前支付工程款总额285081608.95元，工程奖励款1000万元。此外，在该案件中，双方对案涉已完工的工程量存在争议。经沈阳某某公司申请，法院委托鉴定，鉴定意见为：已完工部分工程造价可确定部分为334902001元，争议部分为76306784元。

2018年4月9日，北京某某公司作为原告，又向辽宁省高级人民法院另案起诉沈阳某某公司［（2018）辽民初35号］，请求判令沈阳某某公司向其支付停窝工损失25766.14万元。在本案一审期间，该另案亦正在审理中。

一审法院认为：关于合同效力问题。北京某某公司虽在诉讼请求中主张工程进度款，没有主张合同无效，但在第一次庭审时，以案涉工程至今没有取得建设工程规划许可证为由，主张合同无效，而沈阳某某公司认为合同有效。后来，沈阳某某公司又以此为由，主张合同无效，而北京某某公司又主张合同有效。因此，能否办理建设工程规划许可证，是合同是否有效的关键。经查，没有办理此证的原因，是案涉工程个别项目超高，需调整。案涉工程是"金廊工程"项目之一，而"金廊工程"是沈阳市政建设的重点工程，相关部门已将案涉工程列为"金廊工程"的重点项目。案涉工程已经办理了土地使用证和建设用地规划许可证，从2012年2月21日《沈阳市发展和改革委员会关于某某商业广场T3、T4、T5楼及S3商业项目核准的批复》中可以看到，只要沈阳某某公司调整建筑设计规划，符合要求，就能办理建设工程规划许可证。故案涉工程的建设工程规划许可证不是因为违反了法律、法规的效力性强制规定无法办理，而是因为沈阳某某公司没有及时调整建筑设计规划。

故目前案涉工程没有取得建设工程规划许可证，不是合同无效的理由。双方签订的沈阳某某商业广场T3—T5及S3楼工程的施工合同，系双方当事人的真实意思表示，没有违反法律法规的强制性规定，并已实际履行，因此，合同应认定有效。《最高人民法院关于审理建设工程施工合同纠纷案件适用法律问题的解释（二）》（法释〔2018〕20号）第二条第二款规定："发包人能够办理审批手续而未办理，并以未办理审批手续为由请求确认建设工程施工合同无效的，人民法院不予支持。"故对沈阳某某公司要求认定合同无效的主张，不能支持。

关于沈阳某某公司认为诉争合同实际施工人并非北京某某公司，而是北京某某工贸有限责任公司，北京某某公司出借施工资质问题。辽宁省高级人民法院认为，案涉施工合同由沈阳某某公司与北京某某公司签订，工程款也是沈阳某某公司给付北京某某公司，没有证据证明北京某某公司出借施工资质，故对沈阳某某公司的该项理由，不能支持。

庭审结束后，沈阳某某公司于2020年9月17日向辽宁省高级人民法院递交《情况说明》，表示如果"认定案涉合同无效的依据不充分，则沈阳某某公司同意贵院不必向我司进行释明，可以在本案中认定案涉合同有效并判决解除案涉合同及全部补充协议及附件，同时判令北京某某公司从案涉施工场地撤场且在撤场时将案涉工程的施工相关资料移交给沈阳某某公司"。

《中华人民共和国合同法》第九十四条规定："有下列情形之一的，当事人可以解除合同：……（二）在履行期限届满之前，当事人一方明确表示或者以自己的行为表明不履行主要债务；……"；《中华人民共和国合同法》第一百一十条规定："当事人一方不履行非金钱债务或者履行非金钱债务不符合约定的，对方可以要求履行，但有下列情形之一的除外：（一）法律上或事实上不能履行；……"具体到本案，沈阳某某公司于2017年4月26日向北京某某公司发出解除合同函，明确表示不再继续履行双方的合同。虽然合同有效，但因双方产生纠纷，矛盾较大，无法缓和，造成案涉工程停工多年，双方都有损失，且双方为案涉工程提起多个诉讼,已不可能继续合作。为防止损失继续扩大,本着尊重现实的态度,从有利于双方当事人利益的角度出发,案涉合同及全部补充协议、附件应予解除。

《中华人民共和国合同法》第九十六条第一款规定:"当事人一方依照本法第九十三条第二款、第九十四条的规定主张解除合同的,应当通知对方。合同自通知到达对方时解除。对方有异议的,可以请求人民法院或者仲裁机构确认解除合同的效力。"本案中,沈阳某某公司虽然向北京某某公司发出解除合同函,但北京某某公司在回复中明确表示不同意解除合同,故双方对解除合同没有达成一致意见。沈阳某某公司向法院起诉,虽然主张合同无效,但从其诉讼请求看,目的就是不再继续履行合同,因此,解除时间应为一审判决生效之日。

案涉合同及全部补充协议、附件解除后,北京某某公司不能继续对案涉工程继续施工,应从施工场地撤出,并将案涉工程的全部施工资料移交给沈阳某某公司。就沈阳某某公司是否欠付北京某某公司工程款及违约责任问题,北京某某公司可另案诉讼,本案不予审理。

辽宁省高级人民法院经审判委员会讨论决定,依照《中华人民共和国合同法》第九十七条、《最高人民法院关于适用〈中华人民共和国合同法〉若干问题的解释(二)》第二十六条、《中华人民共和国民事诉讼法》(2017年修正)第一百三十四条、第一百四十二条之规定,于2020年12月8日作出(2018)辽民初46号民事判决如下:(1)解除沈阳某某公司与北京某某公司签订的沈阳某某商业广场T3—T5及S3楼工程的总承包工程合同及全部补充协议、附件;(2)北京某某公司于判决生效后三十日内,将施工人员、施工设备撤出施工场地,将施工场地移交给沈阳某某公司;(3)北京某某公司于判决生效后三十日内,将案涉工程的全部施工资料移交给沈阳某某公司;(4)驳回沈阳某某公司的其他诉讼请求。案件受理费416484元,由沈阳某某公司负担249890.4元;北京某某公司负担166593.6元。

北京某某公司不服上述一审民事判决,向本院提起上诉,请求:(1)撤销原审判决,依法改判驳回沈阳某某公司的诉讼请求;(2)全部诉讼费由沈阳某某公司承担。主要事实和理由:第一,沈阳某某公司提交的《情况说明》没有明确变更诉讼请求的意思表示,且系于庭审后提交,不构成对诉讼请求的变更,沈阳某某公司在原审中的诉讼请求仍为要求确认合同无效。原审判决在认定合同有效的同时以未经质证的《情况说明》为依据判令合同解除,属于判非所请,且不当剥夺了北京某某公司的诉讼权利。第二,即便不考虑判非所请的因素,本案也不符合合同解除的条件。根据《中华人民共和国合同法》第九十四条的规定,当事人一方明确表示或者以自己的行为表明不履行主要债务的,对方当事人可以解除合同。故在沈阳某某公司以发函形式明确表示不继续履行合同时,仅能由北京某某公司选择是否解除合同。在北京某某公司未请求解除合同的情况下,原审判决适用上述规定判令合同解除,适用法律错误。第三,案涉工程目前虽处于停工状态,但北京某某公司有继续履行合同的能力和意愿,相关政府部门也十分重视该工程的建设,故案涉合同的履行不存在法律与事实障碍,双方矛盾纠纷的存在不构成合同不能继续履行的事由。

沈阳某某公司辩称:(1)沈阳某某公司所提诉讼请求的核心是要求北京某某公司撤场,原审判决亦围绕案涉合同能否继续履行以及北京某某公司应否撤场展开,因合同无继续履行的可能,原审判决为尽快解决纠纷而判令解除案涉合同具有合理性,符合发包人享有合同解除权的约定。(2)双方已就合同解除的问题进行了陈述和辩论,沈阳某某公司提交的《情况说明》并非证据,无须经过质证程序,也无须法院重新指定答辩和举证期限,原审判决并未剥夺北京某某公司的诉讼权利。

本院二审期间,北京某某公司补充提交了两份证据。第一份证据为2018年10月9日沈阳某某公司与北京建筑设计院的工作联系函;第二份证据为沈阳某某商业广场T3、T4、T5塔楼地基基础现状及可能存在的问题技术咨询会材料。沈阳某某公司对上述证据的真实性、关联性不予认可,认为已经超过了举证期间。本院认为,该组证据不属于二审期间的新证据,对其效力,本院不予认定。

对于一审查明的事实,本院二审予以确认。本院另查明:一审庭审结束后,沈阳某某公司于2020年9月17日向一审法院递交《情况说明》,表示如果"认定案涉合同无效的依据不充分,则沈阳某某公司同意贵院不必向我司进行释明,可以在本案中认定案涉合同有效并判决解除案涉合同及全部补充协议及附件,同时判令北京某某公司从案涉施工场地撤场且在撤场时将案涉工程的施工相关资料移交给沈阳某某公司"。

本院二审认为,根据双方的诉辩意见,本案主要争议焦点为:案涉合同是否无效、应否解除。

(1)关于案涉合同是否无效问题。沈阳某某公司主张案涉合同无效的主要理由是案涉工程未取得建设工程规划许可。案涉工程确实未办理建设工程规划许可证,但办理该许可证是作为发包人的沈阳某某公司的法定义务,沈阳某某公司以其自己未履行法定义务为由主张案涉合同无效,违反诚实信用原则。且《最高人民法院关于审理建设工程施工合同纠纷案件适用法律问题的解释(二)》第二条第二款规定:"发包人能够办理审批手续而未办理,并以未办理审批手续为由请求确认建设工程施工合同无效的,人民法院不予支持。"据此,沈阳某某公司的该项主张缺乏法律依据。沈阳某某公司还主张北京某某公司存在出借施工资质的行为,但其并未提供证据证明,对其该项主张,本院不予支持。

(2)关于案涉合同应否解除问题。沈阳某某公司在原审中的诉讼请求是请求确认案涉建设工程施工合同无效,原审判决在认定合同有效的基础上判令解除合同,超出了当事人诉讼请求的范围。沈阳某某公司虽然提交了《情况说明》,但根据《最高人民法院关于适用〈中华人民共和国民事诉讼法〉的解释》第二百三十二条的规定,诉讼请求的变更应于一审法庭辩论终结前提出,而沈阳某某公司系在一审庭审结束后才提交《情况说明》;且《情况说明》亦无明确变更诉讼请求的内容,故应当认定案涉诉讼请求并未变更,原审判决判令合同解除,超出了当事人的诉讼请求范围,剥夺了当事人就该问题辩论的权利。

退一步说，即便不考虑诉讼请求变更的因素，仅就合同解除而言，案涉合同也不具备解除条件，具体来说：首先，沈阳某某公司并无约定解除权，其虽然根据施工合同采用的《FIDIC 施工合同条件》第 15.2 项、第 15.5 项主张解除案涉协议，但第 15.2 项系对承包人存在未经许可将工程违法分包等情形时发包人可以行使解除权的约定，沈阳某某公司未能举证证明北京某某公司存在此类情形，故不能以此约定主张合同解除。而第 15.5 项虽约定"雇主应有权为其便利在任何时候，通过向承包商发出终止通知，终止合同"，但该约定不符合公平原则，尤其在目前建筑市场中承包人处于弱势地位的情形下，允许发包人轻易解除合同会使得发包人以此逃避合同义务，导致双方利益显著失衡，造成社会资源的极大浪费，故其无权依据该约定主张合同解除。其次，虽然沈阳某某公司曾向北京某某公司发送解除合同函，但北京某某公司对此提出异议，不同意合同解除，故案涉合同不满足协议解除的要件。最后，案涉合同不存在法定解除事由。依据《中华人民共和国合同法》第九十四条第二项的规定，"在履行期限届满之前，当事人一方明确表示或者以自己的行为表明不履行主要债务"的，当事人可以解除合同。沈阳某某公司向北京某某公司发送解除合同函，属于明确表示不履行主要债务的行为，此时应由对方当事人即北京某某公司决定是否解除合同。在北京某某公司未主张解除合同的情形下，原审判决适用《中华人民共和国合同法》第九十四条判令解除案涉合同，系适用法律错误，本院予以纠正。而《中华人民共和国合同法》第一百一十条系对履行非金钱债务违约及其责任的规定，法律上或事实上不能履行不构成法定解约事由，且案涉合同也不存在法律上或事实上不能履行的情形，双方存在矛盾也不意味着合同不能继续履行，故原审判决适用该条判令合同解除亦属不当。此外，原审判决似有允许违约方解除合同之意，但本案中也不存在违约方可以解除合同的前提，且原审也未判决违约方承担违约责任。故案涉协议合法有效，并不存在解除事由。

综上所述，北京某某公司的上诉请求成立，一审判决认定事实基本清楚,但适用法律错误,本院予以纠正。本院依照《中华人民共和国民事诉讼法》(2017年修正)第一百七十条第一款第二项之规定,于2021年12月16日作出(2021)最高法民终695号民事判决如下:(1)撤销辽宁省高级人民法院(2018)辽民初46号民事判决;(2)改判驳回沈阳某某公司的全部诉讼请求。一审、二审案件受理费各416484元,均由沈阳某某公司负担。

沈阳某某公司不服上述二审民事判决,向本院申请再审。经本院审判委员会讨论决定,本院于2023年8月16日作出(2022)最高法民申523号民事裁定如下:本案由本院再审。

在本院再审中,沈阳某某公司的再审诉讼请求是:(1)撤销最高人民法院(2021)最高法民终695号民事判决。(2)维持辽宁省高级人民法院(2018)辽民初46号民事判决。(3)本案一审、二审案件受理费均由北京某某公司承担。事实和理由:第一,沈阳某某公司提交的《情况说明》具有变更诉讼请求的意思表示,且双方已对合同解除问题充分发表了辩论意见,一审法院有权据此判令解除合同,二审判决遗漏当事人诉讼请求且适用法律错误。第二,沈阳某某公司有权解除合同,且案涉合同已经无法继续履行,原判决认定案涉合同不具备解除条件,明显属于认定事实不清、适用法律错误。第三,案涉合同签订后,许可建设高度变更以及案涉工程长时间处于停工、诉讼状态,均属于情势变更,继续履行合同对于沈阳某某公司明显不公平且无法实现合同目的,一审判决以《最高人民法院关于适用〈中华人民共和国合同法〉若干问题的解释(二)》第二十六条的规定判决解除合同正确,二审判决未考虑合同签订后的情势变更而判决驳回沈阳某某公司的诉讼请求,认定事实及适用法律错误。第四,即使不认为案涉合同应当解除,案涉合同也存在无法办理建设工程规划许可证、北京某某公司出借资质等合同无效事由,法院应予主动审查,原判决认定合同有效属于认定事实及适用法律错误。

北京某某公司辩称,沈阳某某公司的申请再审理由不成立,没有足以推翻原判决的新证据,其再审申请应予驳回。(1)沈阳某某公司认为

《情况说明》具有变更诉讼请求的意思表示，属错误。（2）案涉合同合法有效，沈阳某某公司不具有合同解除权，原判决对此认定正确，沈阳某某公司没有证据推翻原判决。（3）沈阳某某公司关于案涉合同已无法履行的主张是错误的。（4）尽快继续履行合同是实现各方合同目的的最佳方法。（5）沈阳某某公司以毫无道理的限高、合同无法履行等理由申请再审，是其一直以来撕毁合同行为的延续，存在明显恶意。

  在本院再审庭审中，沈阳某某公司提交七组证据作为新证据。第一组证据为辽宁省高级人民法院民事询问笔录、证据交换笔录、质证笔录，拟证明一审法院在多次庭审过程中已向双方充分释明合同解除问题，双方对此充分发表了辩论意见，并未剥夺当事人对合同解除问题的辩论权利。第二组证据为《关于"沈阳某某商业广场T3—T5及S3楼工程"总承包合同及〈项目管理合作协议书〉解除的协议书》，王某勇身份证及代表北京某某公司或北京某某工贸公司签署/复核的文件，王某华系北京某某工贸公司监事、原股东的文件，拟证明北京某某公司存在出借资质、违法分包的行为，案涉合同应属无效，且沈阳某某公司有权解除合同。第三组证据为沈阳市规划和国土资源局发布的《建筑扩初设计审定通知书内容变更通知书》，拟证明沈阳市规划和国土资源局未对沈阳某某公司申报建设高度提出否定意见。第四组证据为沈阳市自然资源局发布的《沈阳市自然资源局关于征求沈阳某某公司某某商业项目净空高度意见的函》、中国人民解放军某部队发出的《关于某某商业项目高度的函》，拟证明案涉项目无法办理建设工程规划许可证，继续建设也无法取得产权证，合同实际上不能履行且满足无效情形，合同目的无法实现。第五组证据为《建筑设计防火规范》（GB 50016—2014）、《建筑防烟排烟系统技术标准》（GB 51251—2017）、《沈阳市建筑工程配件停车设施标准（试行）》、《50068—2018建筑结构可靠性设计统一标准》、《55008-2021混凝土结构通用规范》，据以证明案涉项目已不符合相关规定和要求，需重新设计变更或拆除。第六组证据为《沈阳某某商业广场T3—T5及S3楼工程总承包工程合同文件》《工程联系函——关于T3—T5停工的通知》

及解除合同函,拟证明北京某某公司违约,沈阳某某公司有权依约解除合同。第七组证据为沈阳市委机动巡察组《巡察公告》、沈阳市城市管理综合行政执法局和平区执法分局《调查(询问)通知书》,拟证明案涉项目已被列入巡察的停缓建项目,地块面临被收回的风险。北京某某公司质证意见为:对第一组证据的真实性、关联性没有异议,对证明目的有异议,笔录内容是北京某某公司不同意解除,双方对于合同是否符合解除条件,并未展开辩论。对第二组证据的真实性和关联性都不认可,北京某某公司和北京某某工贸公司没有任何关系,上述资料和本案无关。对第三组证据的真实性认可。对第四组证据的真实性、关联性不认可,该证据系复印件,而且是沈阳某某公司专为申请再审准备的。对第五组证据的真实性认可,对证明目的不认可,上述证据并不影响案涉合同继续履行。对第六组证据的真实性、关联性认可,对所列合同条款不认可,对证明目的不认可,沈阳某某公司无其他证据证明北京某某公司违约。对第七组证据的真实性认可,对关联性和证明目的不认可,案涉合同可以继续履行。

北京某某公司提交五组证据作为新证据,第一组证据为《沈阳某某商业广场T3、T4、T5及S3商业设计工作启动函》《关于某某商业广场T3、T4、T5及S3商业设计重新启动的函件》《某某商业广场T3、T4、T5及S3商业设计启动的函件》,拟证明沈阳某某公司重新启动案涉项目,要求北京某某公司对图纸进行调整及完善,原工程和合同可以继续使用和履行。第二组证据为《关于某某商业广场T3、T4、T5、S3商业设计方案调整及设计费报价事宜的工程联系函》,拟证明沈阳某某公司提出的限高与实际不符。第三组证据为《沈阳T3—T5、S3项目设计任务书》,拟证明高度控制是180米,但本项目暂不考虑,沈阳某某公司交北京某某公司时讲的航空限高是180米,而不是沈阳某某公司提交的第四组证据中的112米至113米高度。第四组证据为《关于某某商业项目结构检测的函》,拟证明沈阳市政府在大力推动复工复产,沈阳某某公司也根据复工复产需要向市区两级政府新上报了规划,案涉工程正在积极推进。第五组证据为《"智慧"时代下的产品赋能沈阳某某 T3—T5 商业公寓定位》宣传手册，拟证明沈阳某某公司进行了周密细致的市场调研，意将案涉项目由商业广场调整为公寓并作了商业可售考虑和利润率测算。沈阳某某公司质证意见为：对第一组证据的真实性、合法性、关联性无异议，对证明目的不认可。该组证据为沈阳某某公司向设计单位提出要求的函件，并非再审阶段新证据，无设计单位函复，设计单位也未完成上述工作，不能证明案涉合同能够继续履行。对第二组证据的真实性、合法性、关联性无异议，对证明目的不认可。理由同上。对第三组证据的真实性、合法性、关联性及证明目的均不认可。该组证据内容不完整、来源不清楚。对第四组证据的真实性、合法性、关联性无异议，对证明目的不认可。案涉项目一直处于停工缓建阶段，系因北京某某公司拒不退场，沈阳某某公司才发出函件要求配合现场机构检测，但北京某某公司至今仍拒绝配合。而且沈阳某某公司并未主动调整规划，是因政府原因要求解决停建工程。对第五组证据的真实性、合法性、关联性及证明目的均不认可。该组证据来源不明，而且无法证明目前市场状况，沈阳某某公司不会因为解除合同而获得"超额收益"。

本院对双方当事人提交的上述证据材料认证如下：双方对对方当事人提交证据真实性无异议的部分，本院予以确认；对当事人有异议且与本案有直接关联的证据材料，将在后文中结合相关事实予以评述。其中，沈阳某某公司提交的第一组、第二组、第三组、第六组不属于新证据，第四组、第五组、第七组属于新证据，上述证据显示在建建筑部分设计规划已不符合现行规定和要求，涉及重新设计变更。北京某某公司提交的第一组、第二组、第三组不属于新证据，第四组、第五组属于新证据，上述证据显示沈阳某某公司自 2016 年积极推动案涉项目的复工，开展了包括现有建筑检测、调整完善图纸、重新申报办理建筑工程规划许可证等工作。

本院再审查明的事实与原审一致。

本院另查明，案涉合同采用的《FIDIC 施工合同条件》第 15.5 项约定,雇主有权在对他方便的任何时候,通过向承包商发出终止通知,终止合同。此项终止应在承包商收到该通知或雇主退回履约担保两者中较晚的日期后第 28 天生效。雇主不应为了要自己实施或安排另外的承包商实施工程,而根据本款终止合同。

另查明,双方当事人就案涉合同履行发生争议,形成多起诉讼。除本案外,另有两个案件。一件是辽宁省高级人民法院(2015)辽民一初字第 00010 号案,系北京某某公司起诉要求沈阳某某公司给付工程进度款及利息,辽宁省高级人民法院一审判令沈阳某某公司给付欠付工程款 52721918.43 元及利息且北京某某公司享有优先受偿权。后北京某某公司提起上诉,本院于 2021 年 12 月 7 日作出(2021)最高法民终 696 号民事裁定,撤销一审判决,发回辽宁省高级人民法院重审,该院重审的案号为(2022)辽民初 1 号。另一件是辽宁省高级人民法院(2018)辽民初 35 号案,系北京某某公司起诉要求沈阳某某公司支付停工指令前各项损失等费用,辽宁省高级人民法院一审裁定驳回起诉后,北京某某公司提起上诉,本院于 2022 年 7 月 15 日作出(2022)最高法民终 248 号民事裁定,驳回上诉,维持原裁定。

本院再审认为,根据双方当事人诉辨意见,本案再审争议焦点为:(1)案涉合同是否有效;(2)如果案涉合同有效,是否应当解除。具体分析如下。

(一)案涉合同是否有效的问题

本案再审期间,沈阳某某公司以案涉工程未取得建设工程规划许可证和北京某某公司出借资质为由,主张案涉合同无效。对此,本院认为,首先,办理建设工程规划许可证是发包人沈阳某某公司的义务,其以案涉项目未办理该许可证为由主张案涉合同无效,违反诚信原则。而且原审查明,没有办理该许可证的原因,是案涉工程个别项目超高,需要调整。从政府相关批复可见,只要调整建筑设计规划,就能办理该许可证。根据《最高人民法院关于审理建设工程施工合同纠纷案件适用法律问题的解释(一)》(法释〔2020〕25 号)第三条第二款"发包人能够办理审批手续而未办理,并以未办理审批手续为由请求确认建设工程施工合同无效的,人民法院不予支持"的规定,沈阳某某公司以案涉工程未取得建设工程规划许可证为由主张合同无效,本院不予支持。其次,沈阳某某公司并未提供充分证据证明北京某某公司在案涉合同签订及履行过程中存在出借资质的事实。故沈阳某某公司主张案涉合同无效的理由不能成立。

(二)关于案涉合同是否应当解除的问题

第一,沈阳某某公司主张北京某某公司存在迟延施工、擅自停工、出借资质等违约行为,但其提交的现有证据不能证明北京某某公司具有上述违约行为。故沈阳某某公司以北京某某公司违约为由主张解除合同,理由不能成立。

第二,关于沈阳某某公司主张的约定的任意解除权。案涉合同采用的《FIDIC施工合同条件》第15.5项虽然约定,雇主有权在对他方便的任何时候,通过向承包商发出终止通知,终止合同,但该条款同时约定,雇主不应为了要自己实施或安排另外的承包商实施工程,而根据本款终止合同。本案中,沈阳某某公司虽不同意继续合作或北京某某公司继续施工,但并无放弃项目的打算。如果项目继续推进且北京某某公司退场,则将来势必"自己实施或安排另外的承包商实施工程"。因此,沈阳某某公司援引案涉合同采用的《FIDIC施工合同条件》第15.5项而主张解除合同,理由亦不能成立。

第三,虽然案涉工程至今没有取得建设工程规划许可证,且沈阳某某公司声称由于当地政府对于建筑高度有限制性规定以及资金困难等原因有意将案涉项目由商业广场改为公寓,相应的建设审批手续等需要重新办理,并提交了《沈阳市自然资源局关于征求沈阳某某公司某某商业项目净空高度意见的函》《建筑设计防火规范》等证据,但案涉项目需重新办理相关审批手续等系的原因是由于沈阳某某公司未及时办理建设工程规划许可证,后因相关规定要求而无法按照原设计规划办理,是沈阳某某公司自己造成的,不属于法律规定的情势变更的情形。沈阳某某公司以情势变更为理由请求解除合同,应不予支持。

第四,《最高人民法院关于适用〈中华人民共和国民法典〉时间效力的若干规定》(法释〔2020〕15号)第一条规定:"民法典施行后的法律事实引起的民事纠纷案件,适用民法典的规定。民法典施行前的法律事实引起的民事纠纷案件,适用当时的法律、司法解释的规定,但是法律、司法解释另有规定的除外。民法典施行前的法律事实持续至民法典施行后,该法律事实引起的民事纠纷案件,适用民法典的规定,但是法律、司法解释另有规定的除外。"第五条规定:"民法典施行前已经终审的案件,当事人申请再审或者按照审判监督程序决定再审的,不适用民法典的规定。"第十一条规定:"民法典施行前成立的合同,当事人一方不履行非金钱债务或者履行非金钱债务不符合约定,对方可以请求履行,但是有民法典第五百八十条第一款第一项、第二项、第三项除外情形之一,致使不能实现合同目的,当事人请求终止合同权利义务关系的,适用民法典第五百八十条第二款的规定。"第二十条规定:"民法典施行前成立的合同,依照法律规定或者当事人约定该合同的履行持续至民法典施行后,因民法典施行前履行合同发生争议的,适用当时的法律、司法解释的规定;因民法典施行后履行合同发生争议的,适用民法典第三编第四章和第五章的相关规定。"民法典自2021年1月1日起施行。辽宁省高级人民法院作出本案一审判决的时间为2020年12月8日;本院作出二审判决的时间为2021年12月16日。本案建设工程施工合同成立于民法典施行前,在民法典施行前已发生争议形成诉讼,且在民法典施行后双方对于合同应否继续履行仍存在争议而进行原二审诉讼,故根据前述《最高人民法院关于适用〈中华人民共和国民法典〉时间效力的若干规定》第二十条之规定,本院再审本案,应综合适用《中华人民共和国合同法》和《中华人民共和国民法典》的规定。

《中华人民共和国合同法》第九十四条(现为民法典第五百六十三条第一款)规定:"有下列情形之一的,当事人可以解除合同:……(二)在履行期限届满之前,当事人一方明确表示或者以自己的行为表明不履行主要债务；……"《中华人民共和国合同法》第一百一十条（现为民法典第五百八十条第一款）规定："当事人一方不履行非金钱债务或者履行非金钱债务不符合约定的，对方可以要求履行，但有下列情形之一的除外：（一）法律上或事实上不能履行；（二）债务的标的不适于强制履行或者履行费用过高；……"在本案中，案涉工程至今没有取得建设工程规划许可证，且沈阳某某公司确实存在资金困难等客观情况，案涉建设工程施工合同已确定不能不作调整地继续履行。沈阳某某公司也完全没有继续履行合同的意愿，其早在2017年4月26日就向北京某某公司发出解除合同函，明确表示不再继续履行案涉合同。虽然案涉合同有效，北京某某公司也提交了《沈阳T3—T5、S3项目设计任务书》《关于某某商业广场T3、T4、T5、S3商业设计重新启动的函件》《关于某某商业广场T3、T4、T5、S3商业设计方案调整及设计费报价事宜的工程联系函》等证据，证明沈阳某某公司一直积极推动项目复工复产和调整项目规划、重新设计改造，但因双方产生纠纷，矛盾较大，无法缓和，造成案涉工程停工多年，双方都有损失，且双方为案涉工程提起多个诉讼，已不可能顺利地继续合作。因此，沈阳某某公司主张双方丧失合作基础、难以实现合同目的，其以此为由请求解除合同，可予支持。案涉合同属于"债务的标的不适于强制履行"的情形。原一审判决为防止损失继续扩大，本着尊重现实的态度，从有利于双方当事人利益的角度出发，认定案涉合同及全部补充协议、附件应予解除，并无不当，应予维持。原二审判决认定案涉合同不得解除，不但不能彻底化解双方当事人之间已经存在的矛盾，且难以避免继续履行中发生新的纠纷，确有不当，本院再审应予纠正。民法典第五百八十条第二款规定："有前款规定的除外情形之一，致使不能实现合同目的的，人民法院或者仲裁机构可以根据当事人的请求终止合同权利义务关系，但是不影响违约责任的承担。"对于沈阳某某公司请求解除合同给北京某某公司造成的损失，北京某某公司可在辽宁省高级人民法院审理的有关欠付工程款的纠纷案件中，一并提出赔偿请求。

综上所述，沈阳某某公司的再审请求成立，应予支持。原二审判决认定案涉合同应继续履行，确有不当，应予纠正。原一审判决认定事实清楚，适用法律正确，应予维持。依照《中华人民共和国民事诉讼法》第二百一十八条第一款、第一百七十七条第一款第二项之规定，判决如下：（1）撤销本院（2021）最高法民终695号民事判决；（2）维持辽宁省高级人民法院（2018）辽民初46号民事判决。

本案一审案件受理费416484元，由沈阳某某公司负担249890.4元；北京某某公司负担166593.6元。二审案件受理费416484元，由北京某某公司负担。

本判决为终审判决。

审 判 长 张代恩
审 判 员 马成波
审 判 员 王 鑫
二〇二四年三月六日
法官助理 雷 辉
书 记 员 牛 奕

香港荣华公司与苏某荣等侵犯注册商标专用权和不正当竞争纠纷案[*]

【裁判要旨】

一、在一方对某种商品享有注册商标权的情形下，另一方生产的同一种商品或者类似商品还能否被认定为知名商品，需要看两项权利在法律上是否有共存空间，消费者施以一般注意力会否导致混淆和误认，是否有利于鼓励诚信经营，制止不正当竞争行为，保护经营者和消费者的合法权益。对此，应结合商品的销售时间、销售区域、销售额，以及宣传时间、程度和地域范围等因素，认定非注册商标的商品是否为知名商品。

二、知名商品特有的名称、包装、装潢，他人不得擅自使用相同或者近似的标识，但注册商标权人有权在同一种商品或者类似商品正确使用其商标，并不构成侵犯知名商品特有名称权。

---

[*] 主审法官马成波，最高人民法院审判监督庭二级高级法官，本部监督组组长。

中华人民共和国最高人民法院
民 事 判 决 书

(2017) 最高法民再 197 号

抗诉机关：中华人民共和国最高人民检察院。

申诉人（一审原告、二审被上诉人）：荣华饼家有限公司，住所地香港特别行政区新界元朗泰利街。

授权代表人：刘某龄，该公司总经理。

委托诉讼代理人：董某宜，广东三环汇华律师事务所律师。

委托诉讼代理人：温某，广东三环汇华律师事务所律师。

申诉人（一审原告、二审被上诉人）：东莞荣华饼家有限公司，住所地广东省东莞市石碣镇新城区新风西路。

法定代表人：刘某龄，该公司董事长。

委托诉讼代理人：顾某，广东盈隆律师事务所律师。

委托诉讼代理人：罗某群，广东盈隆律师事务所律师。

被申诉人（一审第三人、二审上诉人）：苏某荣，男。

委托诉讼代理人：候某静，北京市集佳律师事务所律师。

委托诉讼代理人：常某春，北京市康达律师事务所律师。

被申诉人（一审被告、二审上诉人）：广州市好又多（天利）百货商业有限公司，住所地广东省广州市天河区龙口西路。

法定代表人：于某江，该公司董事长。

被申诉人（一审被告、二审上诉人）：广州市好又多（天利）百货商业有限公司世博分公司，住所地广东省东莞市东城区岗贝东城大道世博广场 B 区首层至三层。

负责人：严某志，该公司总经理。

被申诉人（一审被告）：中山市今明食品有限公司，住所地广东省中山市阜沙镇卫民工业区。

法定代表人：高某球，该公司总经理。

申诉人荣华饼家有限公司（以下简称香港荣华公司）、东莞荣华饼家有限公司（以下简称东莞荣华公司）因与被申诉人苏某荣、广州市好又多（天利）百货商业有限公司（以下简称好又多公司）、广州市好又多（天利）百货商业有限公司世博分公司（以下简称世博分公司）、中山市今明食品有限公司（以下简称今明公司）侵犯注册商标专用权和不正当竞争纠纷一案，不服本院（2012）民提字第38号民事判决，向检察机关申请监督。最高人民检察院以高检民抗〔2016〕1号民事抗诉书向本院提出抗诉。本院作出（2016）最高法民抗126号民事裁定书，依法另行组合议庭再审本案，公开开庭进行了审理。最高人民检察院指派检察员罗箭、书记员陈昶丞出席法庭，香港荣华公司的委托诉讼代理人董某宜、温某，东莞荣华公司的委托诉讼代理人顾某、罗某群，苏某荣及其委托诉讼代理人常某春到庭参加诉讼，好又多公司、世博分公司、今明公司经本院合法传唤，未出庭参加诉讼。本案现已审理终结。

2006年10月16日，香港荣华公司、东莞荣华公司诉至广东省东莞市中级人民法院（以下简称东莞中院），请求判令：（1）今明公司、好又多公司、世博分公司停止侵犯香港荣华公司、东莞荣华公司注册商标专用权的行为；（2）认定今明公司、好又多公司、世博分公司的荣华月饼侵犯了香港荣华公司、东莞荣华公司的荣华月饼知名商品特有名称权，构成不正当竞争，停止侵权行为；（3）赔偿香港荣华公司和东莞荣华公司经济损失人民币100万元；（4）今明公司、好又多公司、世博分公司在《东莞日报》《广州日报》《中山日报》上公开赔礼道歉，内容由法院审定。

东莞中院一审查明：

一、香港荣华公司和东莞荣华公司及其关联企业的有关情况

1950年，荣华酒楼（元朗荣华酒楼）成立，其住所地位于香港元朗

大马路86号。1962年8月24日，金兴（元朗）有限公司成立，经营荣华大酒楼；1975年8月27日，金甡（元朗）饮食业有限公司成立。此后，由金兴（元朗）有限公司与金甡（元朗）饮食业有限公司作为两大股东联同刘某龄投资有限公司等股东，于1978年10月31日成立了荣华食品制造业有限公司（FLOURISH FOOD MANUFACTORY LIMITED），经营大荣华酒楼和元朗荣华酒楼；由金兴（元朗）有限公司与金甡（元朗）饮食业有限公司作为两大股东联同曾某荣、杨某等自然人股东，于1980年4月15日成立了香港荣华公司（FLOURISH CAKE SHOP LIMITED）。1993年3月11日，香港荣华公司的英文名称变更为WING WAH CAKE SHOP LIMITED；1994年12月10日，又由香港荣华公司和东莞市石碣万通实业有限公司在东莞投资成立了东莞荣华公司。湾仔金菊园大饭店有限公司成立于1967年12月1日，经营湾仔荣华酒楼，荣华控股集团有限公司成立于2000年5月19日，两公司均为香港荣华公司的关联企业。

二、香港荣华公司及其关联企业在国外及港台地区销售荣华月饼的事实

1966年9月25日的《华侨日报》显示元朗荣华酒家刊登广告销售"白莲蓉月饼"；1971年9月27日的《星岛日报》显示湾仔荣华酒楼、元朗荣华酒家刊登广告销售"白莲蓉月饼"；1973年9月4日的《星岛日报》显示元朗荣华酒楼刊登广告销售"白莲蓉月饼"；1975年9月6日、1975年9月30日、1976年9月1日、1976年9月2日、1976年9月3日、1977年9月18日、1978年8月31日、1978年12月6日、1979年9月25日、1980年8月20日的《星岛日报》，1980年9月16日的《天天日报》、1981年7月21日的《华侨日报》、1983年9月4日的《东方日报》显示湾仔荣华酒楼、元朗荣华酒楼、元朗大荣华酒楼刊登广告销售"白莲蓉月饼"；1986年9月2日的《东方日报》、1986年9月5日的《华侨日报》、1988年9月9日的《明报》、1988年9月13日的《华侨日报》、1988年9月9日的《信报》、1991年9月6日的《星岛晚报》显

示,湾仔荣华酒楼、元朗大荣华酒楼、元朗荣华酒楼刊登广告销售"荣华"标志的"首创白莲蓉月饼",并使用"荣华月饼+花好月圆图案"的组合标识。1986年9月11日《华侨日报》显示,湾仔荣华酒楼、元朗大荣华酒楼、元朗荣华酒楼刊登广告销售"荣华"标志的"荣华白莲蓉月饼",并使用"荣华月饼+花好月圆图案"的组合标识。

20世纪80年代至90年代,元朗大荣华酒楼、元朗荣华酒楼、湾仔荣华酒楼、香港荣华公司等主体还在《星岛日报》、《星岛日报》(欧航版)、《星岛日报》(纽西兰版)、《大公报》、《大温新闻》、《文汇报》、《文汇报》(欧洲版)、《香港经济日报》、《世界日报》、《联合晚报》等众多香港和国外报刊上刊登有关荣华月饼的广告,以在美国、加拿大、澳洲、日本、新加坡、英国、荷兰、西班牙以及其他国家和地区销售荣华月饼。

三、香港荣华公司和东莞荣华公司及其关联企业在中国内地产销荣华月饼的事实

1987年9月22日发行的香港报纸《今天日报》刊载广告显示有"荣华首创白莲蓉月饼""清香嫩滑零舍不同""风行全世界""省港直通车、油麻地广州飞翔船有售"的字样,广告下方载有湾仔荣华酒楼、元朗大荣华酒楼、元朗荣华酒楼等主体的住所地和联系电话,旁边还注明"集团经营,服务忠诚"的字样。

1987年9月27日发行的香港报纸《明报》显示,"荣华首创白莲蓉月饼"在"省港直通车"和"油麻地广州飞翔船"上有销售。

1988年9月13日的香港报纸《华侨日报》刊载广告显示,上有"荣华首创白莲蓉月饼""清香嫩滑零舍不同"的字样,以及各式荣华月饼广告图案,广告下方为"港九新界各特约经销商号"名号,内中包括"九广铁路沿线餐厅"和"港穗直通车"二主体,此外,广告最下方载有湾仔荣华酒楼、元朗大荣华酒楼、元朗荣华酒楼、九龙荣华饼家、官塘荣华饼家、荣华饼家(旺角特约门市部)等主体的住所地和联系电话。

1988年9月9日的香港报纸《信报》刊载广告显示,上有"荣华首

创白莲蓉月饼""清香嫩滑零舍不同"的字样,以及各式荣华月饼广告图案,广告下方写明"九广铁路沿线餐厅"和"港穗直通车"等销售主体,此外,广告最下方载有湾仔荣华酒楼、元朗大荣华酒楼、元朗荣华酒楼、九龙荣华饼家、官塘荣华饼家、荣华饼家(旺角特约门市部)等主体的住所地和联系电话。

1988年9月14日的香港报纸《成报》刊载广告显示,上有"荣华白莲蓉月饼"的字样,以及荣华月饼广告图案,广告下方为"荣华月饼港九新界各特约经销商号"名号,内中包括"九广铁路沿线餐厅"和"港穗直通车"等销售主体,此外,广告最下方载有湾仔荣华酒楼、元朗大荣华酒楼、元朗荣华酒楼、九龙荣华饼家、官塘荣华饼家、荣华饼家(旺角特约门市部)等主体的住所地和联系电话。

1989年9月10日香港报纸《成报》刊载广告显示,上有"荣华月饼""清香嫩滑零舍不同"的字样,以及各式荣华月饼广告图案,广告下方为"港九新界各特约经销商号"名号,内中包括"港穗直通车",此外,广告最下方载有湾仔荣华酒楼、元朗荣华酒楼、元朗大荣华酒楼、荣华饼家(青山道门市部)、荣华饼家(官塘门市部)、荣华饼家(旺角门市部)、荣华饼家(旺角特约门市部)等主体的住所地和联系电话。

1990年9月22日的香港报纸《天天日报》刊载广告显示,上有"荣华月饼首创白莲蓉""清香嫩滑零舍不同"的字样,以及各式荣华月饼广告图案,广告下方为"港九新界各特约经销商号"名号,内中包括"深圳特区国营外贸免税商场深圳国贸大厦四楼""港穗直通车""珠江旅运客运码头"等主体,此外,广告最下方载有"荣华酒楼集团门市部"的住所地和联系电话。

1990年9月19日的香港报纸《星岛日报》刊载广告显示,上有"荣华月饼首创白莲蓉""清香嫩滑零舍不同"的字样,以及各式荣华月饼广告图案,广告下方为"港九新界各特约经销商号"名号,内中包括"深圳特区国营外贸免税商场深圳国贸大厦四楼""港穗直通车""珠江旅运客运码头"等主体,此外,广告最下方载有"荣华酒楼集团门市部"的各处住所地和联系电话。

1990年9月21日的《星岛日报》刊载广告显示，上有"荣华月饼首创白莲蓉""清香嫩滑零舍不同"的字样，以及各式荣华月饼广告图案，广告下方为"港九新界各特约经销商号"名号，内中包括"深圳特区国营外贸免税商场深圳国贸大厦四楼""港穗直通车""珠江旅运客运码头"等主体，此外，广告最下方载有"荣华酒楼集团门市部"的各处住所地和联系电话。

1990年9月19日的《东方日报》刊载广告显示，上有"荣华月饼首创白莲蓉""清香嫩滑零舍不同"的字样，以及各式荣华月饼广告图案，广告下方为"港九新界各特约经销商号"名号，内中包括"深圳特区国营外贸免税商场深圳国贸大厦四楼""港穗直通车""珠江旅运客运码头"等主体，此外，广告最下方载有"荣华酒楼集团门市部"的各处住所地和联系电话。

1991年9月7日的《广州日报》显示，元朗大荣华酒楼作为荣华月饼的"香港总代理"在该报刊登广告销售 荣華月餅 和 [图] 标志的"首创白莲蓉月饼"，并有"清香嫩滑零舍不同"的商品描述；1996年9月14日的《广州日报》、1996年9月14日的《深圳特区报》、1997年9月2日的《佛山日报》、1997年9月2日的《羊城晚报》、1998年9月17日的《珠海特区报》、1998年9月19日的《广州日报》、1999年9月11日的《中山日报》、1999年9月11日的《南方都市报》显示，香港荣华公司和东莞荣华公司及其关联企业以"荣华饼家广东门市部""香港荣华集团""香港荣华（广州）门市部""香港荣华（东莞）门市部""香港荣华饼家集团""东莞市石碣荣华饼家"的名义在上述报纸上广泛刊登"荣华月饼首创白莲蓉月饼""荣华月饼独创白莲蓉月饼"的广告，在内地的广州、深圳、惠州、中山、佛山、江门、江头、东莞，以及上海、北京、广西、江西、福建、云南、四川、广东各地均有销售，并使用了 荣華月餅 和 [图]、"荣华月饼文字+花好月圆图案"的组合商标以及 [图] 等商标标识。

1993年7月19日、1993年7月28日、1993年11月11日的图文传真，1993年11月12日的中国工商银行电汇凭证，1994年8月18日签署的《协议书》能相互印证，显示大荣华酒楼、香港荣华公司与广州友谊商店股份有限公司就荣华月饼在内地的销售存在合作关系，大荣华酒楼提供荣华月饼给广州友谊商店股份有限公司及其门店，顾客"香港买单、广州提货"，也即到广州友谊商店股份有限公司及其门店提货，广州友谊商店股份有限公司则凭其顾客收取的提货券，向大荣华酒楼收取手续费。

广州人民广播电台、惠阳广播电视广告公司、佛山日报社、珠江商报社、顺德电视台、广东南方电视台、广州花都区广播电视台、广州市白云有限电视广告中心、广州电视台、《珠江时报》、《南海日报》、佛山珠江网络有限公司南海网络分公司大沥镇支公司、佛山电视台南海分台、佛山珠江传媒网络有限公司顺德区容桂街道支公司、佛山珠江传媒网络有限公司顺德区乐从镇支公司、东莞广播电视台、虎门有限广播电视台、东莞市塘厦镇广播电视站、厚街镇文化广播电视服务中心、樟木头文化广播电视服务中心、东莞市石碣镇文化广播电视服务中心、东莞市石龙镇文化广播电视服务中心、东莞市长安广播电视站于2006年10月各自就荣华月饼的广告宣传情况出具了《证明》，这些《证明》显示，香港荣华公司"十多年时间来""近十年来"或"多年来"，分别通过上述广告宣传媒体或中介对荣华月饼进行了广泛的广告宣传。

香港荣华公司和东莞荣华公司提交的国内公开发行刊物《都市人》《广东电视周刊》《美食之旅》《深圳航空》《娱乐周刊》《中国焙烤》等证据显示，香港荣华公司和东莞荣华公司及其关联企业以"香港荣华集团""香港荣华饼家集团""香港荣华（广州）门市部""香港荣华（东莞）门市部""荣华饼家""东莞荣华公司""香港荣华饼家控股集团""香港荣华控股集团"的名义，1997年至2005年，在上述刊物刊登广告宣传销售荣华月饼。

四、香港荣华公司商标的注册及许可使用情况

2001年5月7日，经原国家工商行政管理总局商标局（以下简称商

标局）核准，香港荣华公司注册了第 1567181 号 [图] 图形商标、第 1567182 号 [图] 图形商标（指定颜色）、第 1567183 号 [图] 图形商标（指定颜色）、第 1567184 号 [图] 图形商标，核定使用商品均为第 30 类的面包、糕点、饼干（曲奇）、月饼、饼干、蛋卷、杏仁饼（糕点）；注册有效期为 2001 年 5 月 7 日至 2011 年 5 月 6 日。此外，香港荣华公司还就第 30 类商品，包括月饼等商品上分别注册了第 600301 号 [图] 图形商标、第 1654849 号 [图] 图形文字商标、第 1510083 号 "WING WAH" 文字商标、第 1951149 号 [图] 图形商标、第 1353912 号 [图] 文字及图形商标、第 1343949 号 [图] 图形商标、第 1510084 号 [图] 文字及图形商标、第 1510213 号 [图] 文字及图形商标、第 1538547 号图形商标；就第 6 类商品：金属瓶盖、容器用金属盖、金属储藏盒、金属包装容器、金属容器、普通金属盒，香港荣华公司注册了第 1613559 号 [图] 图形商标、第 1515133 号 [图] 文字及图形商标；此外，香港荣华公司还注册了第 1403646 号 [图] 服务商标，核定服务项目为第 40 类，糕点加工，腊肠加工。

2006 年 9 月 15 日，香港荣华公司与东莞荣华公司签署《商标许可使用合同》，约定香港荣华公司将其第 1538547 号注册商标免费许可东莞荣华公司使用，许可使用的期限自 2001 年 5 月 1 日起至 2011 年 3 月 13 日止；另外，2006 年 9 月 15 日，香港荣华公司与东莞荣华公司签署《商标许可使用合同》，约定香港荣华公司将其第 1951149 号注册商标免费许可东莞荣华公司使用，许可使用的期限自 2002 年 12 月 10 日起至 2012 年 10 月 13 日止。上述两份《商标许可使用合同》均未约定商标许可使用的类型。

五、"荣华月饼"在中国内地的知名度情况

"荣华月饼"在我国内地获得了诸多荣誉。2001 年 9 月，香港荣华公司的"荣华月饼"在中国焙烤食品糖制品工业协会、商业技能鉴定与饮食服务发展中心、2001年中国月饼节组委会举办的"2001中国月饼节"上获得"名牌月饼"称号；2002年9月，香港荣华酒楼的"双黄白莲"在上海市粮油烘烤食品专业委员会、上海市包装技术协会、上海商情信息中心主办的"上海中秋经典月饼选展"上获得"月饼口味经典奖"称号；2004年9月11日，东莞荣华公司的"荣华月饼"在中国焙烤食品糖制品工业协会、中国饮食服务发展中心、2004年（第十届）中国月饼节组织委员会主办的"2004（第十届）中国月饼节"上获得"名牌月饼"称号。2004年8月5日，东莞荣华公司的"荣华月饼"在中国食品工业协会主办的2004中国著名月饼品牌评议推举活动中获得"国饼十佳"称号。2005年7月16日，东莞荣华公司的"荣华蛋黄白莲蓉月饼"获得中国食品工业协会颁发的"中国最佳特色月饼"称号。2006年9月，东莞荣华公司的"荣华月饼"在中国焙烤食品糖制品工业协会、商业技能鉴定与饮食服务发展中心主办的"2006（第十二届）中国月饼节"上获得"名牌月饼"称号；2006年8月16日，东莞荣华公司的"荣华蛋黄白莲蓉月饼"获得中国食品工业协会颁发的"2006年度中国最佳特色月饼"称号；2006年8月6日，东莞荣华公司的"荣华月饼"获得中国食品工业协会授予的2006年度中国十佳月饼"国饼十佳"称号。

六、苏某荣受让和注册相关商标的情况

苏某荣曾开设荣华饼食店，1996年更名为顺德市①勒流镇荣华面包厂，该个体工商户注册号为顺勒个字第0639号；该个体工商户于1998年6月18日经核准变更为顺德市勒流镇苏氏荣华食品厂，该厂于2000年1月24日经核准换照，换照后的注册号为440681306000639；并于2004年4月30日经核准变更名称为佛山市顺德区勒流镇苏氏荣华食品厂（以下简称顺德苏氏荣华厂），经营方式及范围为"生产，面包、糕点、饼食"。

苏某荣向东莞中院提交的已经发生法律效力的（1999）佛中法知初字第124号民事判决中认定如下事实："被告（顺德苏氏荣华厂）于1983

---

① 于2002年12月由顺德市改为顺德区。

年注册成立后，一直使用'荣华'为企业名称，及作为其生产的月饼的名称……"

第533357号 ▨ 注册商标是由山东省沂水县永乐糖果厂（以下简称永乐糖果厂）于1990年11月10日经商标局依法核准注册的商标，核定使用商品为第30类"糖果、糕点"。商标局1988年版的《类似商品区分表（试用本）》不含"月饼"一类商品，但是2002年版的《类似商品和服务区分表》包含"月饼"，区分码为C300132。1997年12月28日，第533357号商标经商标局依法核准转让给第三人苏某荣开办的个体工商户顺德市勒流镇荣华面包厂，2000年9月21日，商标局核准第533357号商标续展注册，有效期至2010年11月9日。随着苏某荣开办的个体工商户名义的变更，2001年2月7日，第533357号商标经商标局核准变更注册人名义为顺德市勒流镇苏氏荣华食品厂，2004年4月30日该厂变更名称为顺德苏氏荣华厂。

1998年9月21日，顺德市勒流镇荣华面包厂向商标局提出商标注册申请，申请在第30类商品"馅饼（点心）、糖果、月饼、麦乳精、龟苓膏、糕点"上注册 ▨ 商标，经商标局初步审定公告，商标号为第1393583号。香港荣华公司对此提出异议，商标局于2000年12月21日作出（2000）商标异字第2364号《"荣华"商标异议裁定书》，裁定香港荣华公司所提异议理由不成立，第1393583号商标予以核准注册。香港荣华公司不服，向商标评审委员会申请复审，该案现仍处于商标异议复审过程中。

经商标局核准，顺德市勒流镇荣华面包厂于1999年3月14日获得第1255171号 ▨ 特殊文字商标的注册，核定使用商品为第30类"糖果、食用蜂王浆（非医用）、糕点、面包、月饼、馅饼、谷类制品、面条、大米花、冰激凌"，注册有效期为1999年3月14日至2009年3月13日。2001年2月7日，经商标局核准，该注册商标变更注册人名义为顺德苏氏荣华厂。2000年5月31日，香港荣华公司向商标评审委员会提出撤销注册申请,申请撤销顺德苏氏荣华厂注册的第1255171号商标。2007年7月16日,商标评审委员会作出商评字〔2007〕第4131号《关于第1255171号"荣华月"商标争议裁定书》,裁定维持顺德苏氏荣华厂第1255171号商标。

经商标局核准,顺德市勒流镇荣华面包厂于1999年9月21日获得第1317036号 图形注册商标,核定使用商品为第30类"咖啡、茶、糖果、冰糖燕窝、糕点、月饼、馅饼、冰激凌、方便面、调味品",注册有效期为1999年9月21日至2009年9月20日。2001年2月7日,经商标局核准,该注册商标变更商标注册人名义为顺德苏氏荣华厂。2000年5月31日,香港荣华公司向商标评审委员会提出撤销注册申请,申请撤销顺德苏氏荣华厂注册的第1317036号商标。2007年7月16日,商标评审委员会作出商评字〔2007〕第4132号《关于第1317036号图形商标争议裁定书》,裁定维持顺德苏氏荣华厂第1317036号图形商标。

七、今明公司产销被诉侵权商品的情况及其与案外人余国华之间的关系

今明公司成立于2000年7月31日,经营范围是"生产、销售:糕点、饼类、糖果;销售:调味品"。2006年7月20日,今明公司与苏某荣开办的顺德苏氏荣华厂签订《商标许可使用合同》,该合同第一条约定,甲方(顺德苏氏荣华厂)将在第30类商品上注册的第533357号"荣华"商标许可乙方(今明公司)在第30类商品上使用,许可使用的商品项目为该商标核准使用的商品项目及类似商品项目;第二条约定,许可使用的形式为普通许可;第三条约定,许可使用的期限自2006年7月19日起至2007年4月30日止。2006年11月21日,商标局对该商标使用许可合同审核备案。

2005年11月24日,今明公司与澳门永久性居民余某华签署《授权书》,内容为:"澳门'荣华月饼',(经济厅注册编号 NO. N/013183)商标权利人,澳门荣华饼家(Pastelaria Veng Va)持牌人:余某华,男,已婚,澳门永久性居民身份证编号5039×××(4),现授权今明公司在中国

大陆独家使用澳门荣华饼家名称，制造、包装和在内地及国外销售：澳门荣华杏仁饼类（粒粒杏仁饼，夹肉杏仁饼），澳门荣华炒米饼，澳门荣华绿豆饼，澳门荣华凤凰饼，澳门荣华蟹黄饼，澳门荣华果仁酥，澳门荣华鸡仔饼，澳门荣华什锦饼，澳门荣华蛋卷类，澳门荣华曲奇饼类等，以及澳门荣华月饼系列等中式饼，食糖果商品。期限自2005年11月23日起至2015年11月23日止。以上授权，概以澳门'荣华月饼'商标权利人及荣华饼家持牌人个人意愿进行签署及履行。"

世博分公司是好又多公司的分公司，成立于2005年5月19日。2006年9月5日，今明公司向世博分公司批发销售月饼一批，填写《广东省中山市今明食品有限公司发货单》一份，其中包括品名规格、数量、单价、金额等内容。该发货单显示，此次发货包括以下货物：荣华双黄白莲蓉14盒，单价103.50元，合计1656元；荣华书形荷韵40盒，单价88.20元，合计3528元；荣华福寿月6盒，单价169.20元，合计1015.20元；荣华感恩月6盒，单价241.20元，合计1447.20元；荣华百年经典5盒，单价151.20元，合计907.20元；荣华中澳团圆6盒，单价169.20元，合计1015.20元；总价款为人民币16394.40元。世博分公司当天出具《验收单》一份，并签章确认。

案外人余某华于1996年10月23日，经"澳门经济司"核准注册N/000529号"荣华月饼文字及花月图案"组合商标，核定使用商品为第30类，有效期至2003年5月16日；另于2004年7月7日经核准，在澳门注册N/013183号"荣华月饼文字及花月图案"商标核定使用商品为第30类，有效期至2011年7月7日。关于上述事实，今明公司提供的有关证据系在澳门特别行政区形成且无履行相应的证明手续，鉴于香港荣华公司和东莞荣华公司对其证据的真实性予以确认，东莞中院对上述事实亦予以认可。

2006年9月28日，香港荣华公司以诉讼需要为由，依法申请东莞市公证处对位于东莞市东城区世博广场好又多购物中心内销售荣华月饼的情况进行证据保全。公证处依香港荣华公司申请,到东莞市东城区世博广场好又多购物中心购买2盒月饼,取得销售发票和购物小票各1张,公证人员将购买的2盒月饼贴上封条,同时进行了拍照,并制作了现场勘验笔录。此后,东莞市公证处于2006年10月11日出具(2006)东证内字第8553号公证书。公证书显示:(1)发票号为NO31216513,发票记载的"品名规格"为"荣华月饼澳门",下面注明"中山市今明食品有限公司"字样,数量为2盒,单价为124.20元,总金额为人民币248.40元,开票时间为2006年9月28日,该发票上加盖了世博分公司发票专用章。(2)购物小票抬头为"好又多量贩——世博店",商品名称为:"荣华月饼澳门",数量2盒,单价为124.20元,总金额为人民币248.40元;购物小票打印时间为2006年9月28日,购物小票上并加盖有"已开发票"章一枚。(3)上述保全封存的2盒"荣华月饼澳门"实物显示,该商品为今明公司生产,是一种"双黄纯白莲蓉月饼",净含量为740克,该商品包装铁盒中间有"荣华月饼"字样,深蓝底色盒面上为月季花和月亮图案,上面点缀"花好月圆"等小图章,铁盒周边一面注明"授权商:澳门荣华饼家"。

2006年10月8日,香港荣华公司以侵权为由依法申请东莞市公证处进行网上证据保全,公证处通过专线上网方式进入网址为"http://www.data.cid.cn/3alove/hua.htm"的主页,对相关网页内容进行证据保全,并于2006年10月10日出具(2006)东证内字第8549号公证书。公证书保全的相关网页显示,该主页为"城市在线茂名月饼网",网页所载内容为今明公司的月饼商品宣传,在这些网站广告宣传中,今明公司使用了"澳门老字号荣华月饼"的字样,相关月饼包装图片上也显示,其月饼商品使用了"荣华"和"荣华月饼"的标识,商品品种包括八星贺月、福寿月、感恩月、富贵吉祥、中澳团圆、百年经典、荣华书形荷韵、感恩鱼翅鲍鱼月、荣华老字号铁盒、繁华锦秋月、小花月情、五仁月饼、金秋六福等品种。该网页上,今明公司还使用了标志。

东莞中院在今明公司处进行证据保全取得的相关证据显示:(1)其

中一个"荣华月饼"月饼盒与上述东莞市公证处在世博分公司购买并封存的月饼的包装铁盒系同一商品，文字图案等均完全一致；（2）证据保全所获得的荣华月饼红色月饼袋文字图案与上述月饼包装铁盒相比，除了底色为红色之外，其余完全一致；（3）荣华月饼黑色包装铁盒上印制有"荣华月饼"字样，铁盒周边一面注明"澳门荣华饼家"字样。

八、此前另案诉讼情况

1999年9月8日，香港荣华公司、东莞荣华公司因不正当竞争纠纷向佛山市中级人民法院（以下简称佛山中院）起诉苏某荣开办的顺德苏氏荣华厂。2000年4月28日，佛山中院作出（1999）佛中法知初字第124号民事判决书，认定香港荣华公司和东莞荣华公司"荣华月饼"为知名商品，同时判定苏某荣开办的顺德苏氏荣华厂使用"荣华月饼"名称合法，双方均未上诉，该判决已经生效。

九、当事人授权情况

香港荣华公司和东莞荣华公司于2007年8月24日向东莞中院提交的《权利授予及转让同意书（经中国委托公证人公证，并加盖司法部委托香港律师办理内地使用的公证文书转递专用章）》《权利授予及转让同意书（经香港律师证明）》显示，元朗荣华酒楼、元朗大荣华酒楼、湾仔荣华酒楼、荣华食品制造业有限公司、湾仔金菊园大饭店有限公司、金兴（元朗）有限公司、金牲（元朗）饮食业有限公司、荣华控股集团有限公司共同签署该两份文件，并于其中声明，香港荣华公司和东莞荣华公司在本案中所主张的与荣华月饼商品有关的全部权利，"是由权利授予及转让人（上述八个主体）的元朗荣华酒楼所创造并由权利授予及转让人与香港荣华公司、东莞荣华公司所共同享有的"，并声明，"认同香港荣华公司、东莞荣华公司……所主张的与'荣华月饼'商品有关的全部权利……将权利授予及转让人在中国内地依法享有的全部权利转让给香港荣华公司、东莞荣华公司，由香港荣华公司、东莞荣华公司承受并行使与'荣华月饼'商品有关的所有民事权利。……权利授予及转让人已无必要且不再参加该两案（含本案）的诉讼。"

东莞中院经审理认为：

一、关于香港荣华公司和东莞荣华公司的权利主体资格问题

香港荣华公司和东莞荣华公司于2007年8月24日向东莞中院提交的《权利授予及转让同意书（经中国委托公证人公证，并加盖司法部委托香港律师办理内地使用的公证文书专递专用章）》《权利授予及转让同意书（经香港律师证明）》显示，元朗荣华酒楼、元朗大荣华酒楼、湾仔荣华酒楼、荣华食品制造业有限公司、湾仔金菊园大饭店有限公司、金兴（元朗）有限公司、金牲（元朗）饮食业有限公司、荣华控股集团有限公司等关联企业已经在该两份文件中明确认可香港荣华公司和东莞荣华公司于本案的主张及将本案所涉有关民事实体权利全部移转香港荣华公司、东莞荣华公司承受，同时放弃本案的诉讼权利和实体权利。因此，无须再追加元朗荣华酒楼、大荣华酒楼、湾仔荣华酒楼、荣华食品制造业有限公司、湾仔金菊园大饭店有限公司、金兴（元朗）有限公司、金牲（元朗）饮食业有限公司、荣华控股集团有限公司等关联企业作为本案的共同原告。

二、关于香港荣华公司和东莞荣华公司是否在举证期限外增加或变更了诉讼请求

香港荣华公司和东莞荣华公司在2007年3月16日提交的起诉状的"事实与理由"部分进一步明确其所指驰名商标的含义，不应视为增加或变更诉讼请求，其只应视为对诉讼请求的具体化。因此，东莞中院对于今明公司的异议不予采纳。

三、今明公司、世博分公司、好又多公司是否侵犯香港荣华公司的注册商标专用权

就本案而言，香港荣华公司的注册商标是四个图形商标，将今明公司、世博分公司所使用商标与香港荣华公司商标的主要部分进行比对，虽然两者在花的种类及朵数上不一样，被诉侵权商品没有使用繁星，而是使用"花好月圆"的小图章，但这些都只是细微的区别，两者在花月的空间位置、形状大小等要素上均构成近似，足以造成相关公众和普通

消费者的混淆和误认。苏某荣虽然在案件审理过程中提交了第1317036号商标注册证书,但今明公司对此并不享有权利,亦无证据显示苏某荣授权今明公司使用该商标以及今明公司的案涉授权商品使用了该商标,故对该抗辩不予采纳。据此,今明公司侵犯了香港荣华公司第1567184号、第1567181号、第1567182号、第1567183号注册商标专用权,应当承担停止侵害、赔偿损失等民事责任。世博分公司作为销售者已经履行了合理的注意义务,不应当承担赔偿责任,但仍应承担停止销售案涉侵权商品的民事责任。另外,由于香港荣华公司和东莞荣华公司未能举证证明今明公司、世博分公司、好又多公司的行为对其商誉造成损害,对其要求赔礼道歉的诉讼请求不予支持。

四、应否认定"荣华"二字为使用在月饼商品上的未注册驰名商标

香港荣华公司和东莞荣华公司为证明荣华月饼自1987年开始进入内地销售,以及其后在深圳特区深圳国贸大厦设点销售的主要证据是香港公开发行的《今天日报》《明报》《华侨日报》《信报》《成报》《天天日报》《星岛日报》《东方日报》等报纸。经过长期、持续的使用和宣传,使相关公众能够普遍认知,将"荣华"未注册商标与香港荣华公司和东莞荣华公司及其关联企业相联系,"荣华"已经获得了极强的后天显著性。根据香港荣华公司和东莞荣华公司所提交的其在内地长期持续宣传、销售荣华月饼及其所获行业奖项荣誉、消费者对荣华月饼的认知和反响等证据来看,无论从相关公众对香港荣华公司的"荣华"未注册商标的知晓程度,还是该商标使用的持续时间,以及该商标宣传的持续时间、程度和地理范围,"荣华"均符合一个驰名商标的特征,且该商标驰名的事实早于苏某荣1997年12月28日受让第533357号注册商标。由于香港荣华公司在内地早于永乐糖果厂在月饼上使用"荣华"商标,构成在先权利,且亦无证据证明该厂曾将该注册商标使用于月饼商品之上,因此,永乐糖果厂享有专用权的第533357号注册商标不能阻却和限制香港荣华公司在月饼上使用"荣华"未注册商标,香港荣华公司使用"荣华"未注册商标也并不侵犯第533357号注册商标的专用权。

综上可见，苏某荣的第533357号注册商标与香港荣华公司和东莞荣华公司"荣华"未注册驰名商标在本案中构成权利冲突。对此，东莞中院认为，"荣华"未注册驰名商标与苏某荣的第533357号注册商标产生权利冲突有其历史的原因，应当根据公平、诚实信用及保护在先权利的原则进行处理。如上所述，香港荣华公司无论较之苏某荣还是永乐糖果厂，均在先使用"荣华"商标于月饼之上，且其使用方式也与第533357号注册商标并不相同，其对于"荣华"商标的贡献无疑是独特和巨大的。在后注册的第533357号注册商标被核准的范围是"糖果、糕点"，并不包含"月饼"这一商品项目，且既无证据证明该厂曾将该注册商标使用于月饼之上，亦无证据显示其对于香港荣华公司和东莞荣华公司"荣华"品牌的驰名有任何贡献。如将二者的使用方式混淆，必将导致消费者对于相关商品来源的混淆和误认。为此，按照诚实信用原则和公平原则，苏某荣及其他制造商应当对第533357号注册商标的使用作严格规范，以避免造成相关公众的误认，引起市场的混乱，使其真正成为各自商品来源及制造商的识别依据。解决两者权利冲突应遵循以下原则：由于第533357号注册商标是一个变形文字构成的图形商标，在香港荣华公司和东莞荣华公司的"荣华"未注册商标已是使用于月饼上的驰名商标的前提下，由于受到香港荣华公司和东莞荣华公司的"荣华"未注册驰名商标这一在先民事权利的限制，苏某荣受让取得第533357号商标后对该注册商标的使用应严格与香港荣华公司和东莞荣华公司的"荣华"未注册驰名商标区分开来。在月饼商品上，其只能依照该注册商标本身的构成、作为不可分割使用的、封闭的文字图形商标来进行使用，而不能将其变形文字从图形中抽离出来单独使用，也即不能以与香港荣华公司和东莞荣华公司相同或近似的方式加以使用。换言之，在"荣华"未注册商标经过长期宣传使用已经成为驰名商标并被相关公众所认知且将其与香港荣华公司和东莞荣华公司生产的月饼相联系的情况下，苏某荣及今明公司不能在月饼上直接以香港荣华公司和东莞荣华公司"荣华"驰名商标相同或近似的方式使用其受让获得的第533357号注册商标。苏某荣授权今明公司使用的是第533357号注册商标,但今明公司在案涉授权商品中并未正确使用第533357号注册商标,其对该注册商标的使用与香港荣华公司和东莞荣华公司"荣华"未注册驰名商标的使用方式极其一致,显然属于模仿"荣华"未注册驰名商标的行为。

综上所述,今明公司模仿香港荣华公司和东莞荣华公司的未注册驰名商标"荣华"文字,并在相同商品上使用,导致相关公众的混淆和误认,其侵权行为成立,应当承担停止侵害的民事责任。世博分公司应当知道"荣华"是香港荣华公司和东莞荣华公司的商品标识,而仍然进行销售,显然属于恶意侵权,也应当承担停止侵害的民事责任。由于香港荣华公司和东莞荣华公司未能举证证明今明公司和世博分公司的侵权行为给其商誉造成损害,对其要求赔礼道歉的诉讼请求不予支持。

五、能否认定香港荣华公司第1567181号、第1567182号、第1567183号、第1567184号注册商标为驰名商标

今明公司生产的商品是月饼而非月饼盒,本案并非跨类商标侵权案件,通过保护香港荣华公司的上述第1567181号、第1567182号、第1567183号、第1567184号注册商标专用权已经足以提供权利救济,并无认定上述四个商标为驰名的必要性。

六、能否认定"荣华月饼"(文字)与"花好月圆"(具体图案为第1567184号注册商标所显示的图案)的组合图形标识为使用在月饼商品上的未注册驰名商标

香港荣华公司主张"荣华月饼"(文字)与"花好月圆"(图形)的组合图形标识为其使用在月饼商品上的未注册驰名商标,但其并未具体限定上述注册商标的文字和图案及其具体组合方式,其所指的该组合形式的未注册商标在形式和内容上均具有不确定性。在已经认定"荣华"为香港荣华公司和东莞荣华公司使用在月饼商品上未注册的驰名商标,且其与第1567184号注册商标,两者均能够提供有效的权利救济之前提下,并无认定"荣华月饼"(文字)与"花好月圆"(第1567184号注册商标所显示的图案)的组合图形标识为使用在月饼商品上的未注册驰名

商标的必要性。

七、今明公司和世博分公司、好又多公司在生产、销售案涉侵权商品时使用"荣华月饼"字样是否属于擅自使用香港荣华公司和东莞荣华公司的荣华月饼知名商品特有名称及构成不正当竞争

由于香港荣华公司和东莞荣华公司所主张的知名商品特有名称与其所主张的"荣华"未注册驰名商标名称相同，在已经认定香港荣华公司和东莞荣华公司"荣华"未注册商标为驰名商标，并判定今明公司和世博分公司侵犯"荣华"未注册驰名商标专用权，构成商标侵权的情况下，没有必要再适用《中华人民共和国反不正当竞争法》提供重复的司法救济，因此，不再确认今明公司和世博分公司、好又多公司生产、销售"荣华月饼"的行为构成不正当竞争。

八、关于如何确定赔偿数额的问题

由于香港荣华公司和东莞荣华公司没能提供证据证明其因被侵权所受到的损失以及今明公司因侵权所获的利益，东莞中院根据香港荣华公司和东莞荣华公司的请求，适用《中华人民共和国商标法》第五十六条第二款的规定确定赔偿数额。综合考虑今明公司侵权行为的性质、期间和后果，香港荣华公司注册商标的知名度等因素，判定今明公司向香港荣华公司和东莞荣华公司赔偿经济损失人民币10万元。

综上所述，东莞中院于2007年9月6日作出（2006）东中法民三初字第35号民事判决：（1）今明公司、世博分公司立即停止侵犯第1567181号、第1567182号、第1567183号、第1567184号注册商标专用权的行为；（2）今明公司、世博分公司立即停止对"荣华"未注册驰名商标的侵权行为；（3）限今明公司于判决生效之日起七日内，向香港荣华公司赔偿经济损失人民币10万元；（4）驳回香港荣华公司和东莞荣华公司其他诉讼请求。如果未按判决指定的期间履行给付金钱义务，应当依照《中华人民共和国民事诉讼法》第二百三十二条之规定，加倍支付迟延履行期间的债务利息。案件受理费15010元，保全费5520元，合计20530元，由香港荣华公司、东莞荣华公司负担6530元，由今明公司、

好又多公司、世博分公司负担 14000 元。

好又多公司、世博分公司及苏某荣均不服，上诉至广东省高级人民法院（以下简称广东高院），请求：撤销一审判决，驳回香港荣华公司和东莞荣华公司的诉讼请求。

广东高院对东莞中院查明的事实予以确认。

另查明：1990 年 11 月 8 日、9 日，香港的《华侨日报》《明报》对荣华集团创业 40 周年举办的抽奖活动进行了报道。从报道的内容看，荣华集团举办的中秋消费通抽奖活动（每盒月饼附送一份抽奖回条）得到了众多回条，其中有北京、上海、新疆、内蒙古、广东等地，及美国、澳洲、日本、马来西亚、新加坡等国家、地区消费者的回条。

1995 年，香港荣华公司冠名赞助了"荣华月饼杯"世界女排大奖赛，该赛事电视报道的范围覆盖内地大部分地区，包括北京、广东、上海、成都、长春、福州、广西、哈尔滨、湖南、江西、山东、武汉、西安等地。1996 年，香港荣华公司再度冠名赞助了"荣华月饼杯"世界女排大奖赛，该赛事电视报道的范围覆盖内地大部分地区，包括上海、北京、广东、厦门、福州、成都、长春、广西、哈尔滨、湖南、江西、青岛、武汉、西安、郑州等地。1995 年香港荣华公司赞助香港公开羽毛球锦标赛，当时各大媒体均有报道，除新华社外，广东、上海、北京、湖北、河南、大连、苏州、宁波等地均播映了赛事。

1994 年 12 月 10 日，东莞荣华公司成立后，于 1995 年至 1997 年有在广东、北京、福建等地销售荣华月饼的事实。1997 年后，香港荣华公司通过网上购物等方式在全国各地持续销售荣华月饼，到 2006 年全国所有省、市、自治区及香港、澳门、台湾等地区均有"荣华月饼"销售，并在消费者中享有较高赞誉。

1998 年 6 月 12 日，苏某良、苏某荣、苏某权在香港注册成立香港苏氏食品有限公司，注册地址为香港九龙湾常悦道 20 号环球工商大厦。2007 年 12 月 10 日，载鹏有限公司（TAKE RESULT LIMITED）在香港调查了香港苏氏食品有限公司的有关情况：香港土地注册处的资料显示，自 1987 年 10 月起，金标投资有限公司（GOLD POINT INVESTMENT LIMITED）系香港九龙湾常悦道 21 号环球工商大厦 6 楼 8 室的业主，香港苏氏食品有限公司没有在香港的电话公司登记，也没有涉及任何民事钱债的记录。

2007 年 12 月 20 日，北京市第一中级人民法院（以下简称北京一中院）作出（2007）一中行初字第 1355 号行政判决，维持商评委作出的商评字（2007）第 4131 号《关于第 1255171 号"荣华月"商标争议裁定书》。第 4131 号裁定是针对香港荣华公司就顺德苏氏荣华厂（苏某荣为法定代表人）享有的第 1255171 号"荣华月"商标提出的撤销注册申请作出的，该裁定对第 1255171 号商标予以维持。2008 年 5 月 13 日，北京市高级人民法院（以下简称北京高院）作出（2008）高行终字第 107 号行政判决，维持前述一审行政判决。

2007 年 12 月 20 日，北京一中院作出（2007）一中行初字第 1364 号行政判决，维持商评委作出的商评字（2007）第 4132 号《关于第 1317036 号图形商标争议裁定书》。第 4132 号裁定是针对香港荣华公司就顺德苏氏荣华厂（苏某荣为法定代表人）享有的第 1317036 号图形商标提出的撤销注册申请作出的，该裁定对第 1317036 号图形商标予以维持。2008 年 5 月 13 日，北京高院作出（2008）高行终字第 113 号行政判决，维持前述一审行政判决。

香港荣华公司于 1991 年向商标局申请注册"榮華"与"榮華 WING WAH 1950 及圖"商标，但被驳回，理由是"榮華"与"榮華 WING WAH 1950 及圖"商标与永乐糖果厂注册在相同商品上的第 533357 号注册商标的"榮華"文字相同。

苏某荣在一审判决后曾向东莞中院提交了上诉状，东莞中院以其为无独立请求权的第三人为由未准许苏某荣提起上诉。广东高院于 2007 年 10 月 11 日向苏某荣开具诉讼收费专用票据，收取苏某荣预交的 2300 元二审案件受理费用。广东高院在法庭调查时已当庭向香港荣华公司、东莞荣华公司及好又多公司、世博分公司送达了苏某荣的上诉状，并当庭对苏某荣的上诉请求进行了调查。

广东高院二审认为：

一、关于一审审理程序是否合法的问题

（一）关于应否准许一审第三人苏某荣提起上诉的问题。原审判决虽未判令苏某荣承担民事责任，但在判决中对苏某荣持有的"荣华"图形商标的使用进行了一些限制，故该判决对苏某荣的民事权利具有实质影响，苏某荣可以提起上诉。

（二）关于一审是否超出香港荣华公司和东莞荣华公司的诉讼请求进行审理的问题。由于香港荣华公司持有众多的商标，既有未注册商标，也有已核准注册的商标，香港荣华公司在开庭时所提交的起诉状只是进一步明确请求法院认定哪个商标为驰名商标，并未增加新的诉讼请求，故好又多公司、世博分公司及苏某荣认为东莞中院超出香港荣华公司和东莞荣华公司的诉讼请求进行审理，与事实不符，不予支持。

二、关于世博分公司有无销售案涉被控侵权商品的问题

东莞市公证处（2006）东证内字第8553号公证书虽有瑕疵，即拍照封存地点不在购买现场、封条未签名等，但这些情况不影响本案所认定的世博分公司销售案涉被控侵权商品的事实。因此，好又多公司及世博分公司该上诉请求不能成立，予以驳回。

三、关于香港荣华公司、东莞荣华公司的"荣华"文字认定为未注册驰名商标抑或知名商品特有名称的问题

香港荣华公司、东莞荣华公司向东莞中院提起诉讼时，既请求认定第1567181号、第1567182号、第1567183号、第1567184号注册商标为驰名商标，也请求认定"荣华"（文字）为未注册驰名商标、认定"荣华"（文字）加"花好月圆"（图形）组合标识为未注册驰名商标，还请求认定"荣华月饼"为知名商品特有名称。因一审判决未支持香港荣华公司关于认定四个注册商标以及"荣华"（文字）加"花好月圆"（图形）组合标识为驰名商标的诉讼请求且香港荣华公司未提起上诉，故广东高院不予审理。香港荣华公司、东莞荣华公司请求认定的未注册驰名

商标与知名商品特有名称分别为"荣华"和"荣华月饼"。综合考虑本案的实际情况，无须认定"荣华"（文字）为未注册驰名商标，而应认定"荣华月饼"为香港荣华公司的知名商品特有名称，理由在于以下几点。

（一）香港荣华公司在内地最早将"荣华月饼"作为商品的名称使用在月饼类商品上。尽管永乐糖果厂在1990年11月10日经核准注册第533357号 ▣ 商标，核定使用商品是"糖果、糕点"，但当时并没有包含"月饼"的商品名称。虽然在此之后随着商标注册有商品分类的修订和变更，"月饼"这一商品并被划分到"糕点"类商品，但在苏某荣受让该商标之前，没有证据证明第533357号 ▣ 注册商标实际使用在月饼或该商标核定使用的糖果、糕点等商品上，更不具有知名度。苏某荣于1997年12月28日受让该商标之后，就本案苏某荣许可今明公司生产的被控侵权商品使用商标的状况而言，被控侵权商品并没有使用该商标。而现有证据已表明，早在第533357号 ▣ 商标核准注册和苏某荣核准受让该商标之前，香港荣华公司已大量销售"荣华月饼"，通过抽奖活动、赞助世界女排大奖赛等方式，使"荣华月饼"在香港和内地具有相当高的知名度。而且，佛山中院于2000年4月28日作出的生效民事判决中，已认定香港荣华公司的"荣华月饼"为知名商品，其包装、装潢为知名商品的特有包装装潢。故一审判决认定香港荣华公司在内地最早将"荣华月饼"作为商品名称使用在月饼商品上符合客观事实。

（二）"荣华月饼"作为商品名称具有区别商品来源的显著特征，应当认定知名商品的特有名称。香港荣华公司使用"荣华"和"月饼"结合作为商品名称使用在月饼上具有一定创意，该名称没有直接表示商品的功能、用途及质量、主要原料、重量、数量等特征，不是相关商品的通用名称。由于"荣华月饼"的优良品质和香港荣华公司对该商品进行持续的、大量的宣传、销售，以及在使用过程中消费者已将"荣华月饼"与香港荣华公司联系在一起，"荣华月饼"已成为使用在月饼商品上的特有名称。香港"荣华月饼"应当认定为知名商品的特有名称,香港荣华公司享有排除他人相同使用的专有效力。

综上所述,"荣华月饼"应认定为知名商品的特有名称,香港荣华公司、东莞荣华公司享有"荣华月饼"这一知名商品的特有名称权,任何人未经许可不得使用"荣华月饼"作为月饼商品的名称。由于香港荣华公司、东莞荣华公司对"荣华月饼"具有排除他人作相同使用的专有效力,通过认定知名商品特有名称并适用《中华人民共和国反不正当竞争法》足以保护香港荣华公司的合法权利,故"荣华"(文字)在本案中无须认定为未注册驰名商标。

四、关于苏某荣以其享有第533357号 ![商标] 注册商标专用权作为不侵权的抗辩理由是否成立的问题

知名商品的特有名称与商标权均是知识产权的重要组成部分。前者是由《中华人民共和国反不正当竞争法》所保护和调节的权利,后者则是商标权人依法支配其注册商标而享有的排他性权利。但本案的情况是,今明公司所生产的被控侵权商品包装盒上,并没有使用苏某荣许可的第533357号 ![商标] 注册商标,而是使用了"荣华月饼"名称。香港荣华公司、东莞荣华公司"荣华月饼"知名商品特有名称与苏某荣第533357号 ![商标] 注册商标均有各自的权利保护范围,尽管"荣华月饼"中的"荣华"文字与第533357号 ![商标] 注册商标中圆圈内的文字相同,但两者在表现方式和实际使用中均存在差异,在规范使用的情况下,相关公众施以一般注意力不会导致混淆和误认。

(一)在表现方式上,两者并不相同。"荣华月饼"采用魏碑字体以及从左到右的排列方式,"荣华月饼"四个文字的周边分别加上边框,通过边框内的白底反衬文字的色彩并使用在包装盒的上部。而第533357号 ![商标] 注册商标是"圆圈"加"荣华"文字的组合商标,"荣华"文字采用黑体变体字且居于"圆圈"内。

(二)在实际使用中,若规范使用,两者不会造成混淆和误认。香港

荣华公司先将"荣华月饼"作为商品名称使用在月饼商品上，从20世纪60年代起就已在香港，并从80年代、90年代起在澳门特别行政区及部分国家销售荣华月饼，香港荣华公司的"荣华月饼"具有较高的知名度和显著性，消费者已经把"荣华月饼"和香港荣华公司紧密联系在一起。而苏某荣受让第533357号注册商标之前，该商标没有实际使用，也缺乏相应的知名度；在苏某荣受让该商标之后，也没有证据证明该商标具有知名度和显著性。如果今明公司在月饼上规范使用第533357号注册商标，而不使用与香港荣华公司相同的"荣华月饼"名称，消费者是可以将两者的商品区别开来的，不会误认和混淆。

同时，商标权人规范使用其注册商标，既是《中华人民共和国商标法》明文规定的内容，也是商标权人应尽的义务，其作用在于标示商品的来源进而彰显商标和企业的信誉。在一审程序中，苏某荣以第三人的地位参加诉讼，香港荣华公司没有请求判令苏某荣承担法律责任，一审判决也没有确定苏某荣承担相应的法律责任，仅在认定事实部分要求苏某荣规范使用第533357号注册商标。该论述是正确的，也是必要的。

综上所述，苏某荣以其享有第533357号注册商标专用权作为不侵权的抗辩理由不能成立，不予支持。

五、一审判决确定今明公司、好又多公司及世博分公司承担的法律责任是否正确

（一）今明公司生产、世博分公司销售的被控侵权商品与香港荣华公司第1567181号、第1567182号、第1567183号、第1567184号注册商标是否构成近似以及应否承担法律责任的问题。今明公司生产、世博分公司销售的被控侵权商品与香港荣华公司第1567181号、第1567182号、第1567183号、第1567184号注册商标核定使用的商品为同一种商品。被控侵权商品的包装盒为四方形的铁盒，构成要素为花朵、月亮及"花好月圆"的图章。香港荣华公司第1567181号、第1567182号、第1567183号、第1567184号注册商标均为图形商标，图形均呈四方形，构成要素

为花朵、月亮及繁星。采用整体观察、隔离比对的方式，以相关公众的一般注意力进行判断，可以认定两者构成近似，足以造成一般消费者的混淆和误认。今明公司虽经苏某荣授权使用第533357号[图]注册商标，但今明公司在被控侵权商品上并未使用该注册商标，故一审判令其承担停止侵权并赔偿损失的法律责任是正确的。好又多公司、世博分公司销售了被控侵权商品，但提供了被控侵权商品的合法来源，故一审判决根据法律规定仅判令世博分公司承担停止侵权的民事责任是正确的，予以维持。

（二）今明公司、好又多公司及世博分公司是否侵犯香港荣华公司、东莞荣华公司"荣华月饼"知名商品特有名称权的问题。如前所述，香港荣华公司最早将"荣华月饼"作为商品名称使用在月饼上，今明公司没有规范使用其第533357号[图]注册商标，而是将圈内的文字单独抽取出来，模仿香港荣华公司"荣华"月饼的字体、包装、装潢，同样将"荣华月饼"作为其商品名称，容易使消费者误认为是香港荣华公司的商品，已构成不正当竞争，应当承担停止侵权、赔偿损失的法律责任。好又多公司及世博分公司销售了侵犯香港荣华公司、东莞荣华公司"荣华月饼"知名商品特有名称权的商品，但有合法来源，故应承担停止侵权的法律责任。

今明公司既侵犯香港荣华公司、东莞荣华公司的注册商标专用权，又侵犯"荣华月饼"知名商品特有名称，故东莞中院酌定今明公司赔偿人民币10万元并无不当。

苏某荣在二审中还提交了北京一中院、北京高院的行政判决书，证明其对第1255171号"荣华月"商标和第1317036号图形商标享有专用权的问题。上述行政判决所涉及的商标并非本案争议的商标，苏某荣在本案诉讼中，均以其合法使用第533357号[图]注册商标为由进行不侵权抗辩，故苏某荣是否拥有或在申请其他商标，均与本案原告指控的侵权行为和双方争议焦点无关，故苏某荣提交的上述证据并不影响本案的处理。

综上所述，一审判决认定"荣华"文字为未注册驰名商标不当，予以纠正。好又多公司、世博分公司、苏某荣的上诉请求部分成立，依照《中华人民共和国商标法》第八条、第十三条、第五十二条第一项、第五十六条，《中华人民共和国反不正当竞争法》第五条第二项，《最高人民法院关于审理不正当竞争民事案件应用法律若干问题的解释》第一条、第二条、第四条、第十七条，《中华人民共和国民事诉讼法》第一百五十三条第一款第一项、第三项之规定，经广东高院审判委员会讨论决定，于2009年4月29日作出（2007）粤高法民三终字第412号民事判决：（1）维持东莞中院（2006）东中法民三初字第35号民事判决第一项、第三项、第四项；（2）变更东莞中院（2006）东中法民三初字第35号民事判决第二项为：今明公司、世博分公司立即停止对香港荣华公司、东莞荣华公司"荣华"月饼知名商品特有名称的侵权行为。本案一审受理费15010元，保全费5520元，合计20530元，由香港荣华公司和东莞荣华公司负担6159元。今明公司、好又多公司、世博分公司负担14371元。二审案件受理费4600元，由香港荣华公司和东莞荣华公司负担1380元，由好又多公司、世博分公司、苏某荣负担3220元。

苏某荣不服，申诉至本院，请求：在依法对本案进行再审的基础上，撤销二审判决第二项，并判决由香港荣华公司和东莞荣华公司负担诉讼费用。

本院于2011年10月9日作出（2010）民申字第183号民事裁定，提审本案。

本院原再审查明，一审、二审法院查明的事实基本属实。

另查明：在再审期间，苏某荣提交了商标评审委员会的裁定、香港荣华公司的宣传资料、香港荣华公司申请注册商标的情况及《关于佛山市顺德区勒流苏氏荣华食品商行经营方式问题的咨询函》等，主要为证明苏某荣经营企业的生产经营状况以及"荣华月饼"知名度产生的时间。香港荣华公司和东莞荣华公司提交了其通过登报形式寻找"荣华月饼"

在内地使用、销售的相关证据的情况，但仅涉及九个当事人，且当事人多表明其保存的月饼盒是由香港的亲戚或朋友赠送或带回，仅一人表示为自己购买，一人无法说明来源。此外，香港荣华公司、东莞荣华公司还就其自身在 2006 年之后的生产经营状况，以及苏某荣所经营企业在 2008 年之后的生产经营状况提交了审计报告等证据材料。另经商标局核准，第 533357 号商标的注册人名义于 2011 年 6 月 7 日变更为佛山市顺德区勒流苏氏荣华食品商行。

本院原再审认为：根据当事人申请再审的理由和查明的事实，本案主要有以下三个争议问题。

一、关于广东高院撤销一审判决所作"荣华"为未注册驰名商标的认定，直接改判"荣华月饼"为知名商品特有名称的行为是否违反了法定程序

第一，根据二审法院已经查明的事实可知，香港荣华公司、东莞荣华公司于 2006 年 10 月 16 日向东莞中院提起诉讼时的第二项诉讼请求为"认定今明公司、好又多公司及世博分公司生产、销售荣华月饼的行为侵犯了香港荣华公司和东莞荣华公司的'荣华月饼'知名商品特有名称权与驰名商标权，构成不正当竞争，请求判令今明公司、好又多公司及世博分公司停止侵权行为"。第二，根据《最高人民法院关于适用〈中华人民共和国民事诉讼法〉若干问题的意见》第一百八十条的规定，二审法院按照《中华人民共和国民事诉讼法》第一百五十一条的规定，对苏某荣、好又多公司、世博分公司、今明公司上诉请求的有关事实和适用法律进行审查时，如果发现在上诉请求以外原判确有错误的，也应予以纠正。据此，虽然苏某荣未对涉及知名商品特有名称认定的问题提出上诉请求，但香港荣华公司与东莞荣华公司在向东莞中院提起本案诉讼时，已经明确提出与知名商品特有名称的认定有关的诉讼主张，广东高院在该诉讼主张的范围内，在对苏某荣所提上诉主张进行审查的基础上，对东莞中院所作相关认定进行的调整，既未遗漏对苏某荣上诉请求的审查，也不存在程序违法之处。对苏某荣与此有关的再审主张，不予支持。

此外，对于苏某荣所提二审判决还超出请求范围对其是否侵犯香港荣华公司相关权利的问题进行了审理，本院认为，广东高院在"苏某荣以其享有第533357号注册商标专用权作为不侵权抗辩的理由是否成立"一节的评述，所针对的是今明公司是否在被诉侵权商品上规范使用了第533357号商标的问题，并未对苏某荣的行为是否侵权作出任何评述，不存在超出请求范围进行审理的问题。据此，苏某荣所提相关主张不能成立，对此不予支持。

二、关于广东高院认定今明公司、世博分公司等的行为构成侵权是否具有事实与法律依据

本案东莞中院曾认定香港荣华公司的"荣华"为未注册驰名商标，广东高院对此已进行改判，香港荣华公司与东莞荣华公司在二审及再审程序中均未对此提出异议。此外，各方当事人亦未在再审程序中对广东高院所作今明公司、世博分公司侵犯香港荣华公司第1567181号、第1567182号、第1567183号、第1567184号注册商标专用权行为的认定提出异议，故对上述内容，均不再予以评述。

本案中，第533357号商标由案外人永乐糖果厂于1990年11月10日获准注册，核定使用在国际分类第30类的"糖果、糕点"商品上，后经商标局核准，该商标转让于苏某荣开办的个体工商户顺德市勒流镇荣华面包厂，经续展，第533357号商标目前仍在权利有效期内，且其注册商标专用权仍归属于苏某荣目前实际经营的佛山市顺德区勒流苏氏荣华食品商行。2006年7月20日，今明公司与苏某荣就第533357号注册商标签订了《商标许可使用合同》，许可今明公司自2006年7月19日起至2007年4月30日止在第30类商品上使用第533357号商标。根据已经查明的事实，香港荣华公司公证购买由今明公司生产、世博分公司实际销售的被诉侵权商品和进行网上证据保全行为的时间均在上述商标许可使用合同的期限内，被诉侵权商品上文字部分的主要识别部分"荣华"与今明公司被许可使用的第533357号商标的文字组合及呼叫基本相同，且该标识使用在月饼商品上，故今明公司在被诉侵权商品上使用"荣华

月饼"文字的行为具有正当性。因此,香港荣华公司和东莞荣华公司所提今明公司、世博分公司生产、销售被诉侵权商品的行为侵犯了其知名商品特有名称权的主张缺乏事实与法律依据,广东高院所作今明公司和世博分公司的行为侵犯了香港荣华公司和东莞荣华公司知名商品特有名称权的认定不当,对此予以纠正。

三、关于本案赔偿数额的确定是否恰当的问题

一审、二审法院在综合考虑侵权行为的性质、期间、后果以及香港荣华公司注册商标的知名度等因素后,酌定由今明公司赔偿香港荣华公司经济损失人民币10万元,该赔偿数额的确定基本恰当。此外,各方当事人再审阶段并未对一审、二审法院所作关于今明公司侵犯香港荣华公司"花好月圆"等四个注册商标专用权行为的认定提出异议,且东莞中院在确定赔偿额时也主要考虑的是对侵犯注册商标专用权行为的救济,赔偿的对象是上述注册商标专用权人香港荣华公司。综合考虑上述因素,虽然本院对广东高院所作的知名商品特有名称的侵权认定予以改判,但并未对赔偿数额的确定产生实质性影响,故本院不再对此作出进一步的调整。

综上所述,二审判决认定事实和适用法律均有错误,苏某荣再审申请的部分理由成立,予以支持。依据《中华人民共和国商标法》第四十条、第五十二条第一项、第五十六条,以及《中华人民共和国民事诉讼法》第一百八十六条第一款、第一百五十三条第一款第二项、第三项之规定,本院于2012年8月28日作出(2012)民提字第38号民事判决:(1)维持广东高院(2007)粤高法民三终字第412号民事判决第一项,即今明公司、世博分公司立即停止侵犯香港荣华公司第1567181号、第1567182号、第1567183号、第1567184号注册商标专用权的行为;今明公司于判决生效之日起七日内向香港荣华公司赔偿经济损失人民币10万元;驳回香港荣华公司、东莞荣华公司其他诉讼请求。如果未按本判决指定的期间履行给付金钱义务,应当依照《中华人民共和国民事诉讼法》第二百二十九条之规定,加倍支付迟延履行期间的债务利息;(2)撤销

广东高院（2007）粤高法民三终字第412号民事判决第二项，即今明公司、世博分公司立即停止对香港荣华公司、东莞荣华公司"荣华月饼"知名商品特有名称的侵权行为。本案一审案件受理费15010元，保全费5520元，合计20530元，由香港荣华公司、东莞荣华公司负担6159元，今明公司、好又多公司、世博分公司负担14371元。二审案件受理费4600元，由香港荣华公司、东莞荣华公司负担1380元，由今明公司、好又多公司、世博分公司负担3220元。

香港荣华公司、东莞荣华公司不服上述再审判决，向检察机关申请监督。

最高人民检察院向本院提出抗诉认为，本院（2012）民提字第38号民事判决认定"今明公司在被诉侵权商品上使用'荣华'文字的行为具有正当性"，并撤销广东高院（2007）粤高法民三终字第412号民事判决第二项内容，即今明公司、世博分公司立即停止对香港荣华公司、东莞荣华公司"荣华月饼"知名商品特有名称的侵权行为，认定事实和适用法律均有错误。理由有以下几方面。

第一，今明公司实际使用的"荣华月饼"与香港荣华公司使用的商品标识 荣華月餅 相近似，足以造成两者月饼商品的混淆误认，本案存在对香港荣华公司的 荣華月餅 是否为知名商品特有名称予以司法认定的必要。香港荣华公司起诉今明公司实际使用商品标识的相关行为构成不正当竞争，其请求人民法院给予权利保护的商品标识为 荣華月餅，在两个实际使用的未注册商品标识存在混淆误认的情况下，香港荣华公司 荣華月餅 是否为知名商品的特有名称是被诉不正当竞争行为的法律要件事实，人民法院应予认定。

第二，再审判决未将今明公司被诉实际使用的商品标识"荣华月饼"与香港荣华公司请求进行权利保护的商品标识 荣華月餅 进行判断对比，以今明公司实际使用的"荣华月饼"为被许可使用的第533357号 荣 注册商标的近似商标为由认定其为正当使用，认定事实与适用法律均有错误。

第三，香港荣华公司提起本案不正当竞争之诉，并举示若干证据以证明荣华月饼是善意在先使用、长期持续使用并已具有较高市场知名度，以期获得知名商品特有名称的司法认定、制止他人的不正当竞争行为，再审判决以今明公司实际使用的"荣华月饼"为被许可使用的第533357号華注册商标的近似商标为由认定其行为的正当合法性，未给予香港荣华公司荣华月饼这一具有一定知名度、为相关公众所熟知，积累了一定商誉的商品名称以制止他人不正当竞争的司法保护，不能定分止争，确有不当。

本案再审判决生效后，在苏某荣以香港荣华公司和东莞荣华公司等为被告提起的侵犯注册商标专用权一案的诉讼中，北京一中院作出的（2011）一中民初字第14867号民事判决认定香港荣华公司和东莞荣华公司侵犯了苏某荣第533357号華注册商标专用权。该判决引用了本院（2012）民提字第38号再审判决认定第533357号華注册商标被许可人今明公司该实际使用行为是正当使用的结论，认为苏某荣可以具有正当性地使用"荣华月饼"文字，就应当禁止包括香港荣华公司和东莞荣华公司在内的任何人在与案涉商标核定使用商品相同或类似商品上使用"荣华月饼（繁体）"或"荣华（繁体）"等文字。对于香港荣华公司荣华月饼这具有一定知名度、为相关公众所熟知的商品标识，此侵权认定不公平，有违市场公平与诚信原则。

第四，结合法院审判卷宗内已有证据材料和质证意见，再审判决另查明"香港荣华公司和东莞荣华公司提交了其通过登报形式寻找'荣华月饼'在内地使用、销售的相关证据的情况，但仅涉及九个当事人，且当事人多表明其保存的月饼盒是由香港的亲戚或朋友赠送或带回，仅一人表示为自己购买，一人无法说明来源"，存在不当之处，可能影响其他法院对香港荣华公司生产的荣华月饼在内地市场是否具有知名度的认定。

在本院本轮再审中，香港荣华公司同意上述抗诉意见。明确其再审请求为：撤销原再审判决，维持二审判决。具体理由有以下几方面。

第一，本案有审查香港荣华公司、东莞荣华公司的"荣华"月饼是否为知名商品特有名称的必要性。（1）虽然今明公司得到苏某荣的许可使用第533357号"荣华加圈"的图文组合商标，但今明公司在实际使用过程中并没有按其被授权的方式使用，反而是模仿香港荣华公司的荣華月餅商品名称在使用。（2）今明公司使用的餅月華榮标识侵权其知名商标特有名称的权益。

第二，香港荣华公司的"荣华"月饼符合知名商品特有名称的认定标准。（1）二审判决认定香港荣华公司的"荣华"月饼是知名商品特有名称，再审判决认定一审、二审法院查明的基本事实，对此并未否定。（2）现有大量其他的裁判文书认定香港荣华公司的荣華月餅是知名商品，认定荣華月餅是知名商品特有名称、未注册驰名商标或者有一定影响力的商标。①佛山中院（1999）佛中法知初字第124号生效民事判决书，认定1997年的香港荣华公司荣華月餅是知名商品，同时认定苏某荣1997年的月饼构成对其知名商品特有包装装潢的侵权。②东莞中院的（2006）东中民三初字第34号判决书，认定了香港荣华公司的荣華月餅为未注册驰名商标。③东莞中院的（2011）东中民三初字第166号民事判决书，认定香港荣华公司含有荣華月餅四个字的月饼包装装潢是知名商品特有包装装潢。④北京高院的（2014）高行终字第2010、2011号行政判决书终审认定香港荣华公司的"榮華"商标在月饼等商品上是他人已经使用并有一定影响的商标，以及知名商品特有名称。（3）现有证据足以证明在1990年11月10日第533357号"荣华加圈"图文商标被核准注册前，香港荣华公司已经在月饼商品上在先使用荣華月餅并具有一定的知名度，构成知名商品特有名称，具有极高的知名度。

第三，香港荣华公司的荣华月饼是知名商品特有名称，今明公司使用的餅月華榮与香港荣华公司荣華月餅在视觉上基本无差别属于相同，对此今明公司、苏某荣没有任何合理的解释，其行为系不正当竞争。据香港荣华公司调查,从 2007 年起至今,今明公司再没有使用与"荣华月饼"知名商品特有名称及"花好月圆"注册商标相同或近似的标识。第 533357 号[图]商标目前是注册商标,[荣华月饼]也系香港荣华公司在长期使用的知名商品的特有名称,这种权利共存的情况由于历史的原因在中国并不罕见。只要双方都严格按照法律规定,规范各自的使用行为,避免权利人超范围行使权利,是可以避免相关公众的混淆和误认的。

第四,再审判决的改判使得原本有可能区别开来的双方商品再次陷入混乱,并引起新的纠纷,导致香港荣华公司在北京一中院被分别起诉赔偿两个 9000 万元,在长沙市中级人民法院被起诉赔偿 5000 万元。其中北京一中院更在(2011)一中民初字第 14867 号民事判决中认定香港荣华公司使用的"荣华月饼"构成对苏某荣第 533357 号"荣华加圈"商标的侵权,需要赔偿 1740 万元。

东莞荣华公司明确其再审请求为:撤销原再审判决,维持一审判决。具体理由如下:(1)已有材料可证明,苏某荣在原再审案件过程中,为谋求诉讼优势,达到案件改判、支持其再审请求的目的,涉嫌向法官行贿,以致原再审案件枉法裁判。(2)原办案部门超越审判权限,于 2013 年 7 月 11 日向商标局作出《最高人民法院知识产权审判庭关于"荣华月饼"是否为知名商品特有名称等有关问题的复函》,以致香港荣华公司、东莞荣华公司在先使用的"荣华月饼"知名商品特有名称被否认。(3)香港荣华公司、东莞荣华公司的"荣华"为未注册驰名商标,不仅仅是知名商标特有名称。(4)香港荣华公司、东莞荣华公司使用在月饼上的"荣华"为未注册驰名商标,形成了在先权利,依法应受法律保护,在香港荣华公司、东莞荣华公司的"荣华"和苏某荣的第 533357 号[图]商标都规范使用的情况下并不会造成混淆,也不会造成权利冲突,本案的产生完全是由于苏某荣恶意、不规范使用其第 533357 号[图]商标引发的。苏某荣许可今明公司使用第 533357 号[图]注册商标,但今明公司并没有规范使用被授权使用的商标,而是使用与香港荣华公司、东莞荣华公司荣华月饼极为相似的饼月华荣标识,并使用与香港荣华公司、东莞荣华公司极为相似的包装装潢,致使消费者混淆,从而导致权利冲突的出现。因此,认定香港荣华公司、东莞荣华公司的"荣华"为未注册驰名商标非常必要。(5)双方各自规范使用自己的权利,避免造成权利冲突,才是真正解决问题之道。香港荣华公司、东莞荣华公司的"荣华"未注册驰名商标或"荣华月饼"知名商品特有名称与苏某荣的第533357号荣华注册商标在表现形式上有很大的区别。香港荣华公司、东莞荣华公司的"荣华月饼"采用横排魏碑繁体字体以及从左到右的排列方式,文字的周边分别加上边框,通过边框的白底反衬文字的色彩,并使用在包装盒的上部,具体为荣华月饼,这一表现形式几十年来从未改变过;而苏某荣的第533357号荣华注册商标是"圆圈"加"荣华"文字的组合商标,"荣华"文字采用黑体变体字且居于"圆圈"内。这两种权利都属于需要保护的知识产权,在二者都规范使用的情况下并不会造成混淆,也不会导致权利冲突的出现。

苏某荣述称:本案应在抗诉的理由和范围内进行审查。(1)第533357号"荣华"注册商标专有权人苏某荣及被许可使用人今明公司在月饼商品上使用"荣华月饼"文字符合法律规定,具有正当性,应当得到法律保护,再审判决认定正确。(2)在案证据不能证明香港荣华公司及东莞荣华公司在第533357号"荣华"注册商标申请注册日1989年11月14日前在中国内地在先使用荣华商标,并具有一定影响力,再审判决关于"香港荣华公司在1990年11月10日前的宣传和使用行为主要发生在香港地区,并没有证据证明香港荣华公司的'荣华月饼'在第533357号'荣华'商标核准注册前已在内地具有一定的知名度"一节及《最高人民法院知识产权审判庭关于"荣华月饼"是否为知名商品特有名称等有关问题的复函》相关认定正确。(3)在第533357号"荣华"注册商标有效存续的情况下,香港荣华公司及东莞荣华公司通过在后使用"荣华月饼"取得知名商品特有名称权于法无据。苏某荣与香港荣华公司一样，在注册"荣华"商标时，遇到了第 533357 号"荣华"注册商标的障碍，苏某荣通过协商的方式，合法受让了该注册商标，公平参与市场竞争。香港荣华公司和东莞荣华公司在月饼商品上大量使用宣传"荣华月饼"，并通过司法诉讼谋求"荣华月饼"知名商品特有名称权，系恶意回避中国内地的商标注册制度，违背了诚实信用原则。希望法院维持原审判决，依法驳回香港荣华公司和东莞荣华公司的再审请求。

好又多公司、世博分公司、今明公司未提交书面答辩意见。

本院再审查明的事实与原审查明的事实相同。

另查明，本院知识产权审判庭于 2013 年 7 月 11 日向商标局发出了一份《关于"荣华月饼"是否为知名商品特有名称等有关问题的复函》，主要内容为：你局商标函字（2013）38 号《关于请明确"荣华月饼"是否为知名商品特有名称等有关问题的函》收悉。答复如下：第 533357 号"荣华"商标于 1990 年 11 月 10 日即在"糖果、糕点"商品上获得注册。在他人已有注册商标专用权存在的情况下，香港荣华公司不能依据其在后对"荣华月饼"的使用行为，以相同或者近似标识在"月饼"这一类似商品上再取得一个知名商品特有名称权。

再审中，各方当事人对被诉侵权商品侵犯申诉人的注册商标权以及原审确定的赔偿金额没有提出异议，本院依法予以确认。

根据抗诉机关的抗诉意见、香港荣华公司和东莞荣华公司的申诉理由、苏某荣的意见，并经各方当事人当庭确认，本案再审争议焦点为：被诉侵权商品是否侵犯了申诉人的知名商品特有名称权。具体涉及四个方面的问题：一是香港荣华公司方的"荣华月饼"是否满足知名商品的一般条件；二是在同类商品已有"荣华"文字注册商标存在的情况下，还能否认定香港荣华公司方的"荣华月饼"为知名商品；三是被诉侵权商品对"荣华月饼"文字的使用是否正当；四是在认定申诉人"荣华月饼"为知名商品的情况下，被诉侵权商品对"荣华月饼"文字的使用是否侵害了知名商品特有名称权。对争议焦点及所涉具体问题，本院分别评析如下：

一、香港荣华公司方"荣华月饼"满足知名商品一般条件

所谓知名商品，是指在一定地域范围内具有较高的市场知名度，为相关公众所知悉的商品。知名商品的认定，需结合商品的销售时间、销售区域、销售额和销售对象，以及宣传的持续时间、程度和地域范围，还有作为知名商品受保护的情况等因素，进行综合判断。而从香港荣华公司方提交的证据看，其生产的"荣华月饼"满足知名商品的一般条件。

首先，从销售情况看，香港荣华公司方的"荣华月饼"在内地进行了长期、持续、大面积销售。1987年开始，香港荣华公司及其关联企业在中国内地即设有销售主体。1990年11月8日、9日，荣华集团创业40周年举办的中秋消费通抽奖活动得到了众多回条，其中内地有北京、上海、沈阳、兰州、新疆、内蒙古、广东等地消费者的回条。1991年开始，在广东当地主流报纸上刊登广告。1994年12月11日，东莞荣华公司成立后，于1995年至1997年有在广东、北京、福建等地销售荣华月饼的事实。1997年后，香港荣华公司通过网上购物等方式在全国各地持续销售荣华月饼，到2006年全国所有省、市、自治区及香港、澳门、台湾等地区均有"荣华月饼"销售，并在消费者中享有较高赞誉。

其次，从宣传情况看，香港荣华公司方的"荣华月饼"在内地进行了持续、广泛宣传。1991年开始，香港荣华公司和东莞荣华公司及其关联企业每年中秋节前在广东主要报纸、广播电台、电视台进行了持续的广告宣传。1995年、1996年，香港荣华公司两度冠名赞助了"荣华月饼杯"世界女排大奖赛。1997年至2005年，香港荣华公司方还在《都市人》《广东电视周刊》《美食之旅》《深圳航空》《娱乐周刊》《中国焙烤》等刊物刊登广告宣传销售荣华月饼。

再次，从知名情况看，香港荣华公司方的"荣华月饼"在内地获得了诸多荣誉。2001年9月，在"2001中国月饼节"上获得"名牌月饼"称号；2002年9月，在"上海中秋经典月饼选展"上获得"月饼口味经典奖"称号；2004年9月11日，在"2004（第十届）中国月饼节"上获得"名牌月饼"称号，在中国食品工业协会主办的2004中国著名月饼

品牌评议推荐活动上获得"国饼十佳"称号。2005年7月16日，获得中国食品工业协会颁发的"中国最佳特色月饼"称号。2006年9月，在"2006（第十二届）中国月饼节"上获得"名牌月饼"称号，并获得中国食品工业协会颁发的"2006年度中国最佳特色月饼"称号及2006年度中国十佳月饼"国饼十佳"称号。

最后，从受保护情况看，香港荣华公司方的"荣华月饼"已获相关生效判决认定为知名商品。2000年4月28日，佛山中院作出（1999）佛中法知初字第124号民事判决书，认定香港荣华公司和东莞荣华公司"荣华月饼"为知名商品。

综上所述，根据香港荣华公司方提举的证据，从销售、宣传、获得荣誉、受保护等情况看，在1997年苏某荣受让注册商标至2006年被诉侵权商品生产销售时，香港荣华公司方的"荣华月饼"符合知名商品的一般条件。

二、尽管同类商品已有[荣华]注册商标存在，仍可认定香港荣华公司方的"荣华月饼"为知名商品

苏某荣方所有的第533357号[荣华]商标目前仍在权利有效期内，且核定使用在国际分类第30类的"糖果、糕点"商品上，而香港荣华公司方的"荣华月饼"中"荣华"文字与该注册商标中圆圈内的文字相同。在此情况下，还能否认定香港荣华公司方的"荣华月饼"为知名商品，需要看两项权利法律上是否有共存空间，对消费者施以一般注意力是否会导致混淆和误认，是否有利于鼓励诚信经营，制止不正当竞争行为，保护经营者和消费者的合法权益。

首先，认定香港荣华公司方的"荣华月饼"为知名商品，不排斥[荣华]注册商标中圆圈内的"荣华"文字的使用。对知名商品名称、包装、装潢等标识的保护，目的在于禁止他人仿冒知名商品进行不正当竞争，对名称、包装、装潢等标识近似的判断，依据的是商品主要部分和整体印象，标准是一般购买者施以普通注意会不会发生误认；个别、局部标识

虽有相同或近似，但整体效果不会让人对相关商品混淆的，不能视为与知名商品名称、包装、装潢等标识的相同近似。《最高人民法院关于审理不正当竞争民事案件应用法律若干问题的解释》第一条第二款规定，在不同地域范围内使用相同或者近似的知名商品特有的名称、包装、装潢，在后使用者能够证明其善意使用的，不属于不正当竞争行为；因后来的经营活动进入相同地域范围而使其商品来源足以产生混淆，在先使用者请求责令在后使用者附加足以区别商品来源的其他标识的，人民法院应当予以支持。这一规定也表明，知名商品名称、包装、装潢等标识近似与否，看的是主要部分和整体印象，只要足以区分商品来源，并不排斥个别或局部标识的相同或近似。因此，认定香港荣华公司方的"荣华月饼"为知名商品，不排斥 注册商标中圆圈内的"荣华"文字的使用。

其次，香港荣华公司方"荣华月饼"商品对"荣华"文字的使用亦不构成侵犯注册商标权。商标的作用在于，用易于识别的显著性标志将不同经营者的商品区别开。对注册商标的保护，是禁止他人未经注册人许可，在同一种商品或者类似商品上使用与其注册商标相同或者近似的商标。据此，若知名商品上的某一标识与注册商标的部分标识相同或近似，但知名商品的该标识并不作商标之用，亦非识别该知名商品的主要部分，并未产生商标的实际效果，则该标识不会侵犯注册商标权。相反，若该标识为知名商品的主要部分，因其与注册商标的部分标识相同或相近，导致该知名商品与商标注册人之商品无法区分，则可能侵犯注册商标权。具体到本案，一方面，香港荣华公司方"荣华月饼"通过长期使用"花好月圆图案"与 ![荣華月饼] 和 ![图] 及 ![图] 等组合标识，使其包装及装潢形成了极具辨识度的显著特征，"荣华月饼"文字只是整体组合标识中的组成部分之一；另一方面，即便是"荣华月饼"文字本身，在表现形式上也与 ![标] 注册商标存在明显区别。香港荣华公司方"荣华月饼"商品中，"荣华月饼"文字采用魏碑字体以及从左到右的排列方式，"荣华月饼"四个文字的周边分别加上边框，通过边框内的白底反衬文字的色彩并使用在包装盒的上部，整体效果为 荣華月饼 。而第533357号注册商标是"圆圈"加"荣华"文字的组合商标，"荣华"文字采用黑体变体字且居于"圆圈"内，整体效果为 ❁ 。荣華月饼 与 ❁ 的区别明显，可以轻易辨识，而不会形成混淆和误认，故香港荣华公司方"荣华月饼"商品对"荣华"文字的使用不构成侵犯注册商标权。

再次，认定香港荣华公司方的"荣华月饼"为知名商品，有利于鼓励诚信经营，保护经营者和消费者的合法权益。其一，香港荣华公司在内地最早将"荣华月饼"作为商品的名称使用在月饼类商品上。在苏某荣受让该商标之前，没有证据证明第533357号 ❁ 注册商标实际使用在月饼或该商标核定使用的糖果、糕点等商品上，更不具有知名度，而香港荣华公司已大量销售"荣华月饼"，通过抽奖活动、赞助世界女排大奖赛等方式，使"荣华月饼"在香港和内地具有相当高的知名度。其二，香港荣华公司方的"荣华月饼"享有更高市场知名度，更为消费者所知悉和认可。否定香港荣华公司方"荣华月饼"为知名商品，禁止其相关商品使用"荣华"文字，将使其多年经营形成的、具有显著特征的包装及装潢面目全非，增加消费者辨识相关商品的难度，更容易混淆和误认，不利于消费者权益保护。其三，香港荣华公司方"荣华月饼"商品的知名，既得益于其对该商品持续、大量的宣传，更源于其商品的优良品质。反观 ❁ 注册商标持有人，并未专注于商品质量提升进而提升其商品和商标的知名度、认可度，在本案被诉侵权商品上未使用其注册商标，而是蓄意仿冒香港荣华公司方"荣华月饼"商品。因此，认可香港荣华公司方"荣华月饼"为知名商品更有利于鼓励诚信经营，制止不正当竞争行为。

最后，知名商品经营者和商标注册权人都有义务规范权利的行使，依法公平竞争，共同维护消费者合法权利。在月饼这一商品中，既有香港荣华公司方的知名商品"荣华月饼"，又有 ❁ 注册商标权人生产经营的月饼，有可能导致消费者混淆、误认。在此情况下，两方经营者应持更高注意义务，依法、规范行使自己的权利，共同维护消费者合法权益。香港荣华公司方在"荣华月饼"商品上对"荣华"文字的使用，应依其在该商品包装、装潢上多年形成的原有方式继续使用，以及客观叙述其商品时的正当使用。根据《中华人民共和国商标法》规定，使用注册商标时不得自行改变注册商标，故[图]注册商标权人生产经营的月饼商品上对"荣华"文字的使用，应依其注册商标形式使用，即"圆圈"加"荣华"文字的组合商标，"荣华"文字采用黑体变体字且居于"圆圈"内。

综上所述，尽管同类商品已有[图]注册商标存在，但两项权利并不存在法律冲突，双方经营者规范权利行使，消费者以一般注意均可辨识，为鼓励诚信经营和公平竞争，保护经营者和消费者的合法权益，可认定香港荣华公司方的"荣华月饼"为知名商品，其特有的名称、包装、装潢，他人不得擅自使用。本院知识产权审判庭于2013年7月11日向商标局发出的《关于"荣华月饼"是否为知名商品特有名称等有关问题的复函》缺乏相应的事实和法律依据，本院依法予以撤销。

三、被诉侵权商品对"荣华月饼"四字使用方式不当，与其他图案的组合使用侵犯了知名商品特有包装、装潢权

首先，被诉侵权商品对"荣华月饼"四字的使用并非对[图]注册商标的使用。第533357号注册商标是"圆圈"加"荣华"文字的组合商标，"荣华"文字采用黑体变体字且居于"圆圈"内，整体效果为[图]。而被诉侵权商品中"荣华"两字，去掉了圆圈；由简体字改变为繁体字；由圆形字体的黑体字变更为方形的行楷字体；从左到右的书写改为从右到左的书写，整体效果为[图]。[图]和[图]视觉差距明显，显然被诉侵权商品上"荣华月饼"四字的使用，并非对注册商标的使用。

其次，被诉侵权商品上"荣华月饼"四字与香港荣华公司方知名商品"荣华月饼"上"荣华月饼"文字标识相近。被诉侵权商品与香港荣华公司方知名商品均为"荣华月饼"四字共用，均为繁体字，字体也近

似，[荣华月饼]和[饼月华荣]整体效果并无明显视觉差异。

最后，被诉侵权商品"荣华月饼"与其他图案组合，致其与知名商品特有的包装装潢视觉上基本无差别。一是"荣华月饼"四字整体相似；二是四字所处包装位置相似，均在包装整体上部；三是包装盒均为四方形铁盒；四是包装盒图案构成要素相似，主要构成要素均为花朵、月亮及"花好月圆"图案。采用整体观察、隔离比对的方式，以相关公众的一般注意力进行判断，可以认定两者构成近似，足以造成一般消费者的混淆和误认。

综上所述，香港荣华公司方知名商品"荣华月饼"多年形成的包装装潢上最显著的特有标识为"荣华月饼文字+花好月圆图案"的组合标识，而被诉侵权商品也采用"荣华月饼文字+花好月圆图案"，其"荣华月饼"四字并非注册商标的使用，且四字和"花好月圆"图案均与知名商品特有包装装潢相近，故应当认定被诉侵权商品使用"荣华月饼"四字的方式不当，四字和其他图案的组合使用侵犯了香港荣华公司方知名商品"荣华月饼"的特有包装装潢权，构成不正当竞争。在一审认定构成商标侵权的情况下，没有必要再适用反不正当竞争法提供重复的司法救济，并不再确认今明公司和世博分公司、好又多公司生产、销售"荣华月饼"的行为构成不正当竞争，各方对此并未提出异议，本院对此予以确认。

四、被诉侵权商品对"荣华月饼"文字的使用并未侵犯知名商品特有名称权

虽然被诉侵权商品使用"荣华月饼"四字方式不当，与其他图案组合侵犯了知名商品特有包装装潢权，但[荣华]注册商标权人有权以正确方式使用"荣华月饼"四字称呼、客观叙述其月饼商品，因而不构成侵犯知名商品特有名称权。

首先，被诉侵权商品销售和进行网上证据保全时，[荣华]注册商标仍在权利有效期内，也在商标许可使用合同的期限内。文字商标用于某商品

后,一般呼叫即为"商标文字+商品名称",注册商标▨的主要识别部分为文字"荣华",将其使用在月饼商品上,按一般呼叫习惯即为"荣华月饼"。商标权人规范使用其注册商标,是其法定的权利和义务,在其获准使用的商品上使用注册商标标识和商品名称也是其应有权利,而本案所涉商标标识+商品名称即为"▨月饼",抛开其字形、字体、字号等具体表现形式而言,其文字即为"荣华月饼"四字。也即被诉侵权商品使用"荣华月饼"四字方式不当,但不能否定其有权以正确方式使用"荣华月饼"四字称呼、描述、介绍其月饼商品,因而不构成侵犯知名商品特有名称权。

其次,香港荣华公司方提交的证据不足以证明其"荣华月饼"(商标或商品)在▨商标申请日或核准日前在内地已经"驰名""知名"或有一定影响,也即▨注册商标早于香港荣华公司"荣华月饼"在内地知名之前。而香港荣华公司于1991年7月在内地申请注册"荣华"商标被驳回时,其即应知同类商品上注册商标▨的存在,也应知注册商标权人有权生产月饼并按一般习惯以"荣华月饼"称呼、客观叙述、正常介绍其月饼。因此,香港荣华公司方以其在后获得的"荣华月饼"知名商品特有名称权否定在先注册商标权人对"荣华月饼"四字的合法正当使用,无法获得支持。当然,如▨注册商标权人非依法正常使用,特别是仿冒香港荣华公司方知名商品"荣华月饼"中四字使用方式使用,仍会侵犯知名商品特有包装装潢权,构成不正当竞争。

最后,1999年9月8日,香港荣华公司、东莞荣华公司因不正当竞争纠纷向佛山中院起诉苏某荣开办的顺德苏氏荣华厂。2000年4月28日,佛山中院作出(1999)佛中法知初字第124号民事判决书,认定香港荣华公司和东莞荣华公司"荣华月饼"为知名商品,同时判定苏某荣开办的顺德苏氏荣华厂使用"荣华月饼"名称合法,双方均未上诉。也表明香港荣华公司认可▨注册商标权人使用"荣华月饼"名称合法。

综上所述，被诉侵权商品侵犯申诉人注册商标权，原审确定的赔偿金总额各方不持异议，对此无须调整；申诉人的商品"荣华月饼"在本案争议诉至法院时可认定为知名商品；被诉侵权商品使用"荣华月饼"四字方式不当，与其使用的其他图案组合侵犯了知名商品特有包装装潢权，属不正当竞争行为；因非注册商标合法存续，商标权人有权以正当方式依法使用"荣华月饼"四字称呼、客观叙述其月饼商品，因而不构成侵犯知名商品特有名称权；各方均应按本判决所示，规范权利行使，依法公平竞争，共同维护市场秩序和消费者合法权利；本院知识产权审判庭发出的《关于"荣华月饼"是否为知名商品特有名称等有关问题的复函》缺乏相应事实和法律依据，依法予以撤销；本院再审判决判理有欠周全，前文予以纠正，原判结果可予维持。经本院审判委员会讨论决定，依照《中华人民共和国民事诉讼法》第二百一十四条第一款、第一百七十七条第一款第一项，《最高人民法院关于适用〈中华人民共和国民事诉讼法〉的解释》第四百零五条第一款之规定，判决如下：

维持最高人民法院（2012）民提字第38号民事判决。

本判决为终审判决。

审　判　长　李相波

审　判　员　王朝辉

审　判　员　马成波

二〇二三年十二月十五日

法官助理　范怡倩

书　记　员　李雪婍

【案例精选】

刘某某诈骗案

——如何判断虚报专项补贴的行为人主观上
是否具有"非法占有目的"

陈　娅[*]　隋福田[**]

【关键词】

刑事　诈骗罪　虚报补贴　非法占有目的　改判无罪

【基本案情】

法院经审理查明：海城市某某养猪专业合作社依据农民专业合作社法和《农民专业合作社登记管理条例》，经批准于2009年6月4日成立，取得农民专业合作社法人资格。2009年11月18日，海城市某某养猪专业合作社申报省级标准化畜禽养殖小区。其间，经海城市、鞍山市、辽宁省三级政府相关部门实地检查验收合格。

2009年9月至2012年1月，刘某某利用自己经营管理的海城市某某养猪合作社，在申报辽宁省畜禽标准化养殖小区建设项目的过程中，采取虚报养殖规模等手段，骗取国家补偿款人民币20万元。刘某某将此20万元用于支付建设海城市某某养猪专业合作社欠付的费用。

辽宁省海城市人民法院于2014年8月28日作出（2014）海刑二初字第00259号刑事判决，认定被告人刘某某犯诈骗罪，判处有期徒刑六

---

[*] 最高人民法院审判监督庭二级高级法官。
[**] 辽宁省高级人民法院审监二庭三级高级法官。

年，并处罚金人民币十万元；追缴被告人刘某某违法所得，上缴国库。宣判后，刘某某不服，提出上诉。辽宁省鞍山市中级人民法院于2014年12月23日作出（2014）鞍刑二终字第241号刑事裁定，撤销原判，发回重审。海城市人民法院重审后，于2015年12月18日作出（2015）海刑二初字第00096号刑事判决：（1）认定被告人刘某某犯诈骗罪，判处有期徒刑六年，并处罚金人民币十万元；（2）追缴被告人刘某某违法所得，上缴国库。宣判后，刘某某提出上诉，认为原测绘机构及测绘人没有资质且程序违法，要求对养猪场面积重新勘测，其无罪。鞍山市中级人民法院于2016年10月20日作出（2016）辽03刑终第53号刑事裁定，驳回上诉，维持原判。

上述裁判发生法律效力后，原审被告人刘某某提出申诉，申诉审查期间刘某某病故，其妻子梁某某继续申诉。最高人民法院于2022年12月15日作出（2021）最高法刑申119号再审决定，指令辽宁省高级人民法院对本案进行再审。辽宁省高级人民法院于2023年11月15日作出（2023）辽刑再1号刑事判决：（1）撤销辽宁省鞍山市中级人民法院（2016）辽03刑终第53号刑事裁定和辽宁省海城市人民法院（2015）海刑二初字第00096号刑事判决；（2）原审被告人刘某某无罪。

【裁判理由】

法院生效裁判认为：本案争议焦点为原判认定刘某某虚构事实、隐瞒真相的行为是否成立以及如何准确把握虚报专项补贴类案件中行为人的"非法占有目的"。

一、刘某某未实施虚构事实、隐瞒真相骗取国家专项补贴款的行为

第一，本案经营实体及经营活动真实存在，且海城市某某养猪专业合作社的成立和经营，亦符合当时国家政策导向。有证据证实2009年刘某某作为发起人成立的海城市某某养猪专业合作社，是一个真实的经营

实体，也存在真实的经营行为，且从成立至今一直存在和经营，不是刘某某个人为进行违法犯罪而设立的企业，该企业也不是设立后以实施犯罪为主要活动。依据当时的国家政策，建设畜禽标准化养殖小区是中央到地方鼓励和支持的项目。2007年国务院在《关于促进畜牧业持续健康发展的意见》中提出，扩大对畜牧业的财税支持，各级人民政府和各有关部门要增加资金投入，重点支持畜禽良种推广、种质资源保护、优质饲草基地和标准化养殖小区示范等方面的建设。2008年辽宁省《关于加快推进全省畜禽标准化养殖小区建设的实施意见》提出，2008年至2010年全省建设畜禽标准化养殖小区7500个，各级政府是畜禽标准化养殖小区建设的责任主体，按照省政府统一部署全面完成畜禽标准化养殖小区建设任务。由省动物卫生监管局牵头，搞好畜禽标准化养殖小区建设的总体规划、监督指导、沟通协调及检查验收工作。畜禽标准化养殖小区建设坚持以个人投入为主，政府补贴资金作为引导资金，通过以奖代补、先建后补等形式，吸引畜禽养殖大户、龙头企业等参与到发展现代畜牧业中来。海城市某某养猪专业合作社符合当时国家对"三农"的政策支持。

第二，原一审、二审裁判用养猪小区的生产区占地面积来替代养猪小区的占地面积，导致错误认定犯罪事实，错误适用法律。依据《辽宁省2008—2010年畜禽标准化养殖小区建设项目及财政扶持资金管理办法（试行）》《鞍山市2008—2010年畜禽标准化养殖小区建设项目及财政扶持资金管理办法（试行）》，对于申报省、市扶持的养猪小区，须符合《养猪小区综合生产技术规范》（DB21/T 1297—2004）的要求并同时符合选址合理、生产规模、设施完善、管理严格等要求。《养猪小区综合生产技术规范》将养猪小区按生产区、管理区、隔离区进行了区分，三个小区的占地面积总和为养猪小区的占地面积。而原一审、二审错误地使用养猪小区的生产区占地面积来替代整个养猪小区的占地面积，导致本案错误认定犯罪事实。再审经庭审质证，依法采纳检察院和申诉人及其代理人均无异议的辽宁省某某测绘院和某某集团测绘有限公司对海城市某某养猪专业合作社占地面积的测绘，重新认定此部分事实，纠正原一审、二审裁判错误认定的犯罪事实。

第三，海城市某某养猪专业合作社当年被政府相关部门认定为省级标准化畜禽养殖小区，不是刘某某有骗欺行为，也不是有关政府部门人员陷入错误认识，而是海城市某某养猪合作社真实符合国家规定的相关条件。原一审、二审裁判除认定海城市某某养猪专业合作社的占地面积不符合国家规定，进而认定刘某某构成诈骗犯罪之外，对于海城市某某养猪专业合作社其他方面的条件符合国家要求，均未予以否定。再审通过纠正原一审、二审查明事实，明确刘某某当年在申报省级标准化养猪小区的过程中不存在虚构事实、隐瞒真相的行为，也认同当年相关政府部门工作人员对海城市某某养猪专业合作社的各项评选条件，本案不存在相关政府职能部门的工作人员受欺骗而陷入错误认识的情形，再审对当年海城市、鞍山市、辽宁省三级政府相关部门对海城市某某养猪专业合作社符合省级标准化养猪小区的结论予以支持。

二、刘某某主观上不具有"非法占有目的"

第一，诈骗犯罪本质上属于经济财产型犯罪，通常情况下，行为人犯罪的根本目的是非法占有涉案财物，也即主观上要具有"非法占有目的"，虚构事实、隐瞒真相是行为人实施非法占有目的的手段，因此，查清案涉资金的走向、财物的用途和处置这些刑事诈骗成立的基础性事实，对于被告人行为的准确定性非常必要。本案当中对于获取的案涉财政扶持资金 20 万元，刘某某供述稳定，即用于支付建设海城市某某养猪专业合作社的人工费及建设过程中的贷款，全部用于海城市某某养猪专业合作社的经营建设，卷中没有相反证据推翻或否定。对于案涉资金的用途，原审未在查明事实中予以明确，属于遗漏重要案涉事实，再审时对于申诉人及诉讼代理人所称海城市某某养猪专业合作社将获得补贴全部投入到合作社的建设，刘某某并未用于其个人消费的意见，辽宁省人民检察院未提出异议，结合相关证据，予以采纳。

第二，从案涉资金的实际使用上来看，不能认定刘某某具有"非法占有目的"，即诈骗罪的主观故意。为实现国家和社会产业发展或公共利益目的，国家对地方、企业、个人存在种类繁多的各类补贴。专项补贴资金最显著的特点在于该资金是由国家或者有关部门下拨的，体现的是国家或有关部门对公司、企业或者其他社会主体发展的资金支持，国家或者有关部门与资金的使用主体之间不存在财产交换（或称之为交易对价）关系。申请主体只要符合国家或者有关部门规定的申报条件或资格，即可无偿获得专项资金补贴，专项资金补贴体现的是国家或有关部门对申请主体的单方面资金支持。因此，在认定行为人虚构申报条件或资格，从而骗取国家无偿提供的资金补贴的时候，需要综合考虑申报条件或资格的有无和资金补贴的具体使用情况，以准确认定非法占有目的是否成立，不能简单地以申报条件欠缺或资格有无来确定诈骗罪成立与否。对行为人不完全具备申请国家对特定产业或者生产经营行为的补贴，虚构事实、隐瞒真相满足了申请资格或条件，但在获得国家补贴资金后按照国家要求全部或者绝大部分投入生产经营活动，符合补贴资金的政策导向和功能，与不符合国家资金补贴政策的基本条件或资格，在申报过程中以非法占有为目的，严重弄虚作假，捏造事实或无中生有，虚构并不存在的事实或项目，伪造关键性申报材料，骗取国家补贴资金的行为，应有所区分。本案当中，刘某某将获取的国家财政扶持资金全部用于案涉海城市某某养猪专业合作社的经营建设，从国家财政资金支出的目的和资金实际使用上来看，国家扶持畜禽标准化养殖小区建设的目的没有落空，退一步讲，即使一审、二审所认定事实成立，海城市某某养猪专业合作社面积没有完全达到国家要求的申报条件，从刑法的谦抑角度考虑，对刘某某也不宜以诈骗罪定罪处罚。

综上所述，再审根据查明事实和证据，认定原审被告人刘某某在将海城市某某养猪专业合作社申报为辽宁省省级标准化畜禽养殖小区的过程中，不存在虚构事实、隐瞒真相的行为，也不具有非法占有的目的，且经相关政府部门检查验收，海城市某某养猪专业合作社具备申报资格，符合申报条件，原一审、二审裁判认定刘某某的行为构成诈骗罪属于认定事实和适用法律错误，予以纠正。申诉人梁某某及诉讼代理人所提应改判刘某某无罪的意见，辽宁省人民检察院所提对刘某某改判的意见成立，予以采纳。

【裁判要旨】

非法占有目的是诈骗类犯罪的构成要件之一，虚构事实、隐瞒真相是行为人实施非法占有目的的手段，行为人虽然非法占有涉案财物，但是否出于非法占有目的，对于行为性质的准确判断非常重要。非法占有目的属于行为人主观上的心理活动，一般通过其客观行为进行认定。衡量骗取补贴类行为是否构成犯罪，应当综合考虑补贴发放的时代背景、政策初衷、发放部门的认知状态和执行标准，以及补贴的目的是否实现等因素。国家支付补贴资金的社会目的是否落空，对准确界定行为人是否具有非法占有目的非常关键，不能简单地以申报条件欠缺或资格有无来确定此类行为是否成立诈骗犯罪。处理此类案件，要尽可能地保持行政确认与司法认定的一致性，保证国家利国利民的政策落到实处。

【关联索引】

《中华人民共和国刑法》第二百六十六条

一审：辽宁省海城市人民法院（2014）海刑二初字第00259号刑事判决（2014年8月28日）

二审：辽宁省鞍山市中级人民法院（2014）鞍刑二终字第241号刑事裁定（2014年12月23日）

重审一审：辽宁省海城市人民法院（2015）海刑二初字第00096号刑事判决（2015年12月18日）

重审二审：辽宁省鞍山市中级人民法院（2016）辽03刑终第53号刑事裁定（2016年10月20日）

再审：辽宁省高级人民法院（2023）辽刑再1号刑事判决（2023年11月15日）

某元件公司诉某房产公司委托代建合同纠纷案

——双方纠纷虽与不动产登记有关，但实质是对不动产物权归属或原因行为发生争议的，属于民事诉讼受理范围

王朝辉[*]

【关键词】

民事诉讼　委托代建合同　不动产登记　物权归属　原因行为　受理范围

【基本案情】

某元件公司诉称：虽然原告与被告双方存在《联合竞买土地协议书》，但土地出让价款和土地使用费均是由原告全额支付，将被告作为协助竞投人的目的仅在于办理手续、项目开发之必要，某元件公司才是案涉土地使用权的唯一真实权利人。故请求判令：（1）确认《委托定向开发补充协议》有效，相应合同权利份额（案涉地块未办证部分100%份额的登记申请权，面积约为43亩）由某元件公司享有；（2）某房产公司协助将案涉地块面积为42461平方米的土地使用权办理至某元件公司名下；（3）某房产公司承担本案受理费、保全费等诉讼费用。

某房产公司辩称：案涉土地是原告与被告联合取得土地使用权并和

---

[*] 最高人民法院审判监督庭二级高级法官，巡回监督组组长。

政府签订土地出让合同,并在政府主持下对土地进行了份额划分:120亩划给了原告,43亩是原告与被告之间协商共有。某房产公司支付了500万元的竞拍保证金。按照国家法律规定,该43亩土地权属的确定权力在政府,原告与被告如不能协商一致,只能以土地权属纠纷提请政府裁决,不能进行司法诉讼,法院无法授予当事人土地权属,应驳回原告诉请。

  法院经审理查明:某元件公司于2014年11月10日与某房产公司签订了"某元件公司棚户区改造安置住房及生活小区配套建设项目"《委托定向开发协议》。双方约定,某元件公司委托某房产公司对建设总用地170亩的案涉地块进行委托定向开发等。双方于2014年12月24日签订《联合竞买土地协议书》。后双方竞拍成功案涉地块。2015年1月4日,双方共同与国土部门签订《国有建设用地使用权出让合同》,宗地总面积122461平方米,其中出让宗地面积108706平方米(约163亩)。

  2015年7月31日,某元件公司(甲方)和某房产公司(乙方)经协商一致签订《委托定向开发补充协议》,第2.1项约定"甲方委托乙方定向开发建设改善性住房,总用地约43亩……另约120亩棚户区改造项目由甲方自行管理,甲方不再委托开发"。第2.4项约定"甲乙双方联合竞买的土地,甲方占96.17%的权益(约157亩,其中120亩为棚户区改造规划用地),乙方占3.83%的权益(约6亩),甲方负责缴纳土地出让金"。第3条约定"委托建设的项目采用委托定向开发方式,甲方作为委托主体,乙方作为开发主体……甲方按照本协议约定方式组织回购住宅、车库、商铺及物管用房"。第9.2.8项约定"甲乙双方取得国有土地使用权证后,乙方应将该证设定抵押,签订土地使用权抵押合同,用于乙方为履行本合同、甲方在本合同项下的垫支而向甲方作出的担保"。第12.1项约定"本补充协议签订后,乙方前期缴纳的购置土地保证金500万元转为履约保证金"。

  因对《委托定向开发补充协议》约定的约43亩国有土地使用权归属发生争议,某元件公司与某房产公司于2015年12月31日举行座谈会,会议决定163亩土地中120亩国有建设用地使用权归某元件公司所有,

《国有建设用地土地使用权证》办理在某元件公司名下；另外43亩由某元件公司和某房产公司共有，《国有建设用地土地使用权证》办理在双方名下。双方另约定，办证后，某房产公司对120亩土地不占有任何权益，对43亩土地以外部分不主张任何权利。

四川省宜宾市中级人民法院于2019年3月12日作出（2018）川民初138号民事判决：驳回某元件公司的全部诉讼请求。某元件公司不服，提起上诉。四川省高级人民法院以本案中某元件公司的诉讼请求均系围绕案涉土地未办证部分的权利即登记申请权属问题提出，该登记申请权属问题系行政法律法规审查范畴为由，于2019年11月27日作出（2019）川民终1055号民事裁定：撤销一审民事判决；驳回某元件公司的起诉。某元件公司不服二审判决，向最高人民法院申请再审。最高人民法院于2020年12月25日作出（2020）最高法民申5434号民事裁定，提审本案，并于2021年11月30日作出（2021）最高法民再92号民事判决：（1）撤销四川省宜宾市中级人民法院（2018）川民初138号民事判决、四川省高级人民法院（2019）川民终1055号民事裁定；（2）《委托定向开发补充协议》有效；（3）某元件公司按约享有案涉土地（约43亩）的24542.56平方米（约37亩）民事权益；（4）某房产公司按照第三项所确定的民事权益协助某元件公司办理国有土地使用权证。

【裁判理由】

法院生效裁判认为，本案有两个争议焦点：一是本案是否属于民事诉讼受理范围；二是某元件公司的再审诉讼请求是否超原审诉讼请求，应否予以支持。

一、关于本案是否属于民事诉讼受理范围

《最高人民法院关于适用〈中华人民共和国物权法〉若干问题的解释（一）》第一条规定："因不动产物权的归属，以及作为不动产物权登记基础的买卖、赠与、抵押等产生争议，当事人提起民事诉讼的，应当依

法受理。当事人已经在行政诉讼中申请一并解决上述民事争议，且人民法院一并审理的除外。"据此，不动产登记涉及民事法律关系和行政法律关系，具有复合性，相关纠纷也呈现复合性样态。针对不动产物权的归属或原因行为发生争议的，属于民事诉讼受理范围；针对不动产物权登记行为本身发生争议的，则属于行政诉讼受理范围。本案中，某元件公司一审诉讼请求为确认《委托定向开发补充协议》有效，以及《委托定向开发补充协议》的合同权利份额（案涉地块未办证部分100%份额的登记申请权）（面积约为43亩）归某元件公司所有，某房产公司配合办理案涉地块面积为42461平方米国有土地使用权证。结合其事实和理由，其诉讼请求不是对土地使用权的登记行为或者登记结果提出异议，而是围绕《委托定向开发补充协议》中约定的案涉地块相关国有土地使用权归属，以及作为确权登记基础的《委托定向开发补充协议》效力问题，要求法院进行裁判，而非针对土地使用权的登记行为本身。概言之，双方当事人之间系针对不动产物权的归属或原因行为发生争议。因此，本案属于民事案件受理范围。二审以某元件公司诉讼请求针对的国有土地使用权登记申请权属问题系行政法律法规审查范畴并裁定驳回其起诉，系适用法律错误。

二、关于某元件公司的再审诉讼请求是否超原审诉讼请求，应否予以支持

再审审理过程中，某元件公司在一审诉讼请求基础上，除继续要求确认《委托定向开发补充协议》有效之外，变更诉讼请求为按照《委托定向开发补充协议》约定，确认案涉地块为按份共有，某元件公司享有份额对应的国有土地使用权面积为24542.56平方米（约37亩），并要求判令某房产公司协助某元件公司办理上述份额的国有土地使用权登记手续。经审查，《委托定向开发补充协议》系双方当事人真实意思表示，不违反法律、行政法规强制性规定，合法有效。按份共有系针对不动产或者动产的物权而言，因本案双方争议标的所对应的案涉地块，并未完成

不动产权属登记，故不能对案涉地块的共有份额作出裁判。结合双方诉争事实和理由，双方争议标的实际是按照《委托定向开发补充协议》，各自享有对案涉地块的合同份额对应的民事权益。某元件公司对于其所主张民事权益对应的24542.56平方米（约37亩）的依据进行了说明，其按照《委托定向开发补充协议》第2.4项约定"甲乙双方联合竞买的土地，甲方占96.17%的权益（约147亩，其中120亩为棚户区改造规划用地），乙方占3.83%的权益（约6亩）"，某元件公司占有案涉地块出让宗地面积（108706平方米）的96.17%，减去某元件公司已经办理的相关国有土地使用权证书载明的80000平方米计算得出。此外，某元件公司一审诉讼请求为按照《委托定向开发补充协议》约定，确认案涉地块未办证出让宗地部分100%份额，所对应的争议国有土地使用权面积为28706平方米（约43亩）。某元件公司再审所变更的诉讼请求相对于其一审诉讼请求而言，减少了和其请求相关的国有土地使用权面积，属于对自身诉讼权利的处分，且并未超出一审诉讼请求，对该诉讼请求变更予以准许。再审审理过程中，某元件公司还认可，按照《委托定向开发补充协议》约定，某房产公司对于案涉地块享有相关权益，该权益对应的面积计算方式为，案涉地块出让宗地面积的3.83%（约6亩）。某房产公司曾在一审中对某元件公司主张案涉地块100%民事权益有异议，但对再审中变更后的诉讼请求予以认可，对某元件公司所主张的民事权益比例并无异议，亦同意按照上述比例协助某元件公司办理国有土地使用权登记手续。因此，对于双方在诉讼中达成一致意见的意思表示，予以确认，对某元件公司上述诉讼请求予以支持。

【裁判要旨】

第一，不动产登记涉及民事法律关系和行政法律关系，具有复合性，相关纠纷也呈现复合性样态。针对不动产物权的归属或原因行为发生争议的，属于民事诉讼受理范围；针对不动产物权登记行为本身发生争议的，则属于行政诉讼受理范围。

第二，按份共有的形式系针对不动产或者动产的所有权而言，而非针对债权。如果当事人之间的争议系针对各自在合同关系中所占的权利份额对应的民事权益，人民法院可对民事权益的份额进行明确，但不能直接确认该民事权益为"按份共有"关系，由此形成的裁判也不是物权变动法律文书。

【关联索引】

《最高人民法院关于适用〈中华人民共和国民法典〉物权编的解释（一）》第一条

一审：四川省宜宾市中级人民法院（2018）川民初138号民事判决（2019年3月12日）

二审：四川省高级人民法院（2019）川民终1055号民事裁定（2019年11月27日）

再审：最高人民法院（2021）最高法民再92号民事判决（2021年11月30日）

西安某公司诉高某、程某公司关联交易损害公司利益纠纷案

——公司的控股股东、实际控制人、董事、监事、高级管理人员未披露关联交易的属于违反忠诚义务

何 波[*]

【关键词】

民事 损害公司利益责任 关联交易 公允价格 独立交易

【基本案情】

原告西安某公司诉称：高某、程某在2015年5月前分别先后担任西安某公司副董事长、董事、总经理、总工程师等重要职位。二人于2009年5月（西安某公司成立的同时）在杭州市注册成立杭州某公司，直接持股60%，并通过关联关系持有剩余40%股权。2010年1月至2015年5月，二人未经西安某公司股东会及董事会同意，利用手中经营控制权，以西安某公司的名义与杭州某公司签订多份采购合同，共计金额24000余万元。西安某公司监事会于2015年7月对公司财务进行专项检查。经审计后发现，西安某公司于2010年1月至2015年5月与杭州某公司所签订的采购合同中，采购价格均明显高于同期市场价格，初步估算其高出

---

[*] 最高人民法院审判监督庭二级高级法官，民事重案组组长。

市场价的部分累计金额3331万元。且经西安某公司现场调查发现，杭州某公司明显不具备全面履行上述合同的生产能力，其绝大部分货物均是向其他第三方采购后又转卖给西安某公司从中赚取差价。高某、程某上述行为违反了公司董事、高级管理人员对公司的忠实、勤勉义务，损害西安某公司利益。故请求判令：由高某、程某向西安某公司连带赔偿3331万元，并承担本案诉讼费。

被告高某、程某辩称：二人对西安某公司没有控制经营权，关联交易产生是西安某公司成立后相关人员的决定而非二人的决定。杭州某公司与西安某公司所签订的合同价格完全是公允的，甚至是低于市场价格，本案所谓的关联交易并没有给西安某公司造成损失。西安某公司在公司成立10年之后主张损失，已远远超过了诉讼时效。西安某公司的起诉标的数额不确定以及举出的证据并不能证明存在损害结果，其起诉明显是一种滥用诉权的行为。请求法院驳回西安某公司的全部诉讼请求。

法院经审理查明：2009年5月26日，西安某公司成立，经营范围包括汽轮机及其辅助设备、备品、配件设计、生产批发零售本公司产品、中小型发电设备成套销售等，高某、程某分别先后任职西安某公司董事、副董事长、总经理、总工程师等职务（直至2015年5月）。杭州某公司于2009年5月12日成立，成立时高某、程某分别占股比例为20%、20%，经营范围包括批发零售机电设备（除专控）、仪器仪表、工程成套设备、机械设备等。交易模式为杭州某公司在市场上采购加工定制产品后，转售给其唯一客户西安某公司。2010年至2015年5月，西安某公司与杭州某公司共签订采购合同近2100份，总额约为2.5亿元。2015年6月30日，西安某公司专项调查工作组作出《西安某公司向杭州某公司采购业务核查报告》，2017年4月5日，西安某公司监事会作出了《西安某公司部分高管进行关联交易损害公司利益的调查报告》，记载西安某公司向杭州某公司采购的合同量占西安某公司总采购量的60%以上，并且采购的是汽缸、冷凝器等汽轮机主要大型部件，其采购价格对产品成本影响较大，在高某主持工作期间，关联交易总额及比例均大幅上升，在公司监事会发现并出具报告要求整改后，关联交易急速减少并消失。高某、程某未向公司披露任职及关联交易情况。另查明，杭州某公司已于2016年11月18日注销。

陕西省西安市中级人民法院以西安某公司与杭州某公司虽然构成关联交易，但案涉采购配件无统一市场定价，故不能证明关联交易价格不合理，且西安某公司始终处于盈利状态，因此不构成侵权为由，于2020年5月6日作出（2017）陕01民初469号民事判决：驳回原告西安某公司的全部诉讼请求。西安某公司不服，提起上诉。陕西省高级人民法院于2020年10月16日作出（2020）陕民终777号民事判决：驳回上诉，维持原判。西安某公司向最高人民法院申请再审。最高人民法院经再审于2021年8月31日作出（2021）最高法民再181号民事判决：（1）撤销陕西省高级人民法院（2020）陕民终777号民事判决及陕西省西安市中级人民法院（2017）陕01民初469号民事判决；（2）高某、程某向西安某公司赔偿损失7064480.35元；（3）驳回西安某公司的其他诉讼请求。

【裁判理由】

法院生效裁判认为：本案系公司关联交易损害责任纠纷。争议焦点包括四方面：一是西安某公司与杭州某公司之间的交易是否构成关联交易；二是案涉关联交易是否损害西安某公司利益；三是本案是否已超过诉讼时效；四是西安某公司的损失数额。

一、西安某公司与杭州某公司之间的交易是否构成关联交易问题

鉴于本案双方当事人对西安某公司与杭州某公司之间的交易系关联交易均无异议，根据2018年公司法第二百一十六条第四项的规定，西安某公司和杭州某公司之间的交易构成关联交易。原审判决关于案涉交易性质的认定并无不当，最高人民法院予以确认。

二、案涉关联交易是否损害西安某公司利益的问题

（一）高某、程某是否履行了披露义务

披露关联交易有赖于董事、高级管理人员积极履行忠诚及勤勉义务，将其所进行的关联交易情况向公司进行披露及报告。根据西安某公司章程第三十六条关于"董事及公司经营层人员不得自营或者为他人经营与本公司同类的业务或者从事损害本公司利益的活动。从事上述业务或者活动的，所有收入应当归公司所有。董事及公司经营层人员除公司章程规定或者股东会同意外，不得同本公司订立合同或者进行交易。董事及公司经营层人员执行公司职务时违反法律、行政法规或者公司章程的规定，给公司造成损害的，应当依法承担赔偿责任"的规定，本案高某、程某作为董事及高级管理人员，未履行披露义务，违反了董事、高级管理人员的忠诚义务。根据2018年公司法第二十一条的规定，高某、程某的行为不仅违反西安某公司章程的约定，亦违反上述法律规定。

（二）案涉关联交易价格是否符合市场公允价格

公司法保护合法有效的关联交易，并未禁止关联交易，合法有效关联交易的实质要件是交易对价公允。参照《最高人民法院关于适用〈中华人民共和国公司法〉若干问题的规定（五）》第一条的精神，应当从交易的实质内容即合同约定、合同履行是否符合正常的商业交易规则以及交易价格是否合理等方面进行审查。第一，高某、程某设立杭州某公司后，高某、程某利用关联交易关系和实际控制西安某公司经营管理的便利条件，主导西安某公司与杭州某公司签订若干采购合同。案涉诉讼双方均认可交易模式为杭州某公司在市场上采购加工定制产品后，转售给杭州某公司的唯一客户西安某公司。在这种交易模式中，西安某公司本可以在市场上采购相关产品，而通过杭州某公司采购产品则增设不必要的环节和增加了采购成本，由杭州某公司享有增设环节的利益。第二，

关于高某、程某所提交的黄某和某丙公司出具的《情况说明》。鉴于黄某系杭州某公司的前股东和前法定代表人，故黄某与本案具有利害关系，且黄某作为证人未出庭作证。此外，虽然某丙公司出具《情况说明》，但某丙公司的股东包某某亦为杭州某公司股东，与本案仍有利害关系。依据《最高人民法院关于民事诉讼证据的若干规定》第九十条第三项的规定，仅凭两份《情况说明》无法认定本案存在大型汽轮机公司对外协加工单位限制的情形。故上述两份证据不足以证明高某、程某所称设立杭州某公司是为了避开同业公司对外协厂家限制的主张。此外，在取消与杭州某公司关联交易后，西安某公司亦通过市场直接采购的方式购买了相关产品，高某、程某未能对此作出合理解释。第三，高某、程某亦未能进一步提供证据证明其主张降低西安某公司采购成本的抗辩事实成立。综上所述，西安某公司关于高某、程某将本可以通过市场采购的方式购买相关产品转由向杭州某公司进行采购而增加购买成本，西安某公司所多付出的成本，损害了西安某公司权益的主张，有事实和法律依据。

（三）高某、程某的行为与西安某公司损害结果的发生有因果关系

关联交易发生在高某、程某任职董事期间，高某于2011年7月8日任副董事长、总经理。西安某公司章程中明确约定了总经理职责为主持生产经营工作，西安某公司亦提交了审批单等证据证明高某实际履行了总经理的职权。程某作为公司董事，并兼任其他职务，参与并影响西安某公司的运营。在高某任总经理主持生产经营工作及程某作为董事期间，关联交易额所占西安某公司采购总额的比例大幅上升，并在高某、程某被解除相应职务后，关联交易急速减少并消失。关联交易的发生及变化与高某、程某任职期间及职务变化存在同步性。根据2018年公司法第二十一条的规定，高某、程某共同实施的关联交易行为，损害了西安某公司利益。

三、本案是否已过诉讼时效的问题

根据民法通则第一百三十五条及第一百三十七条的规定，关联交易损害公司利益为侵权责任纠纷，应从知道或应当知道公司利益受损之日起两年行使诉讼权利。西安某公司发现存在关联交易损害公司利益情形并出具《核查报告》的时间为2015年6月30日，故应自2015年6月30日开始计算诉讼时效期间。西安某公司起诉时间为2017年4月25日，并未超出两年诉讼时效期间，最高人民法院对高某、程某的该项抗辩不予采信。

四、西安某公司的损失数额问题

一审法院查明杭州某公司存续期间合计利润为7578851.41元。根据《最高人民法院关于适用〈中华人民共和国民事诉讼法〉的解释》第三百二十三条的规定，诉讼双方均未对"合计利润7578851.41元"的事实进行上诉。西安某公司在一审中向法院提交申请书，申请调取杭州某公司2009年5月成立后至2016年11月注销前的全部采购合同、总账、明细账、年度会计报告、清算报告等证据。一审法院责令高某、程某一周内向法院提交清算报告、财务报告等证据，逾期承担法律责任。但高某、程某仅提交了2010年到2015年的利润表等证据，并未提交完整的清算报告、财务报告等证据。根据《最高人民法院关于民事诉讼证据的若干规定》第九十五条的规定，高某、程某作为杭州某公司合计持股60%的股东以及清算组成员，拒不提供杭州某公司财务报告等证据，未能提供足以反驳的证据。西安某公司认为因杭州某公司遭受损失数额为7064480.35元的主张，法院予以采信。故高某、程某应连带赔偿西安某公司损失共计7064480.35元。此外，西安某公司虽然向一审法院起诉请求为由高某、程某向西安某公司连带赔偿33310000元，但在再审中西安某公司明确高某、程某应赔偿损失7064480.35元。根据民事诉讼法第十三条第二款的规定，西安某公司减少其诉讼请求，是处分自身诉讼权利的行为，故应以西安某公司最后请求的7064480.35元为准进行审理。

【裁判要旨】

关联关系是指公司控股股东、实际控制人、董事、监事、高级管理人员与其直接或间接控制的企业之间的关系,以及可能导致公司利益转移的其他关系。董事及公司经营层人员除公司章程规定或者股东会同意外,不得同本公司订立合同或者进行交易。披露关联交易有赖于董事、高级管理人员积极履行忠诚及勤勉义务,将其所进行的关联交易情况向公司进行披露及报告。公司的控股股东、实际控制人、董事、监事、高级管理人员不得利用其关联关系损害公司利益。董事及公司经营层人员执行公司职务时违反法律、行政法规或者公司章程的规定,给公司造成损害的,应当依法承担赔偿责任。关联交易损害公司利益为侵权责任纠纷,公司向人民法院请求保护民事权利的诉讼时效期间,在民法典生效实施之前,民法通则规定为两年,从知道或者应当知道公司利益受损之日起计算。

【关联索引】

《中华人民共和国民法典》第一百八十八条第一款(本案适用的是2009年8月27日施行的《中华人民共和国民法通则》第一百三十五条)

《中华人民共和国公司法》第二十一条、第二百一十六条

《最高人民法院关于适用〈中华人民共和国公司法〉若干问题的规定(五)》第一条

《中华人民共和国民事诉讼法》第二百一十四条第一款、第一百七十七条第一款第二项(本案适用的是2017年7月1日施行的《中华人民共和国民事诉讼法》第二百零七条第一款、第一百七十条第一款第二项)

一审:陕西省西安市中级人民法院(2017)陕01民初469号(2020年5月6日)

二审:陕西省高级人民法院(2020)陕民终777号(2020年10月16日)

再审:最高人民法院(2021)最高法民再181号(2021年8月31日)

【案例注解】

原审被告人胡某强盗窃案

——需改判内容已被其他生效裁判纠正的处理

黄 凯[*]

【内容摘要】

维护生效裁判的稳定性与启动再审程序纠错存在天然的冲突,但为贯彻实事求是、有错必纠原则,实现实质司法公正,对确有必要通过改判纠错的生效裁判,应当适时启动再审程序。在实际的审判工作中,应充分平衡该矛盾,严格把握再审立案、改判标准,充分考量启动再审程序的必要性与再审改判的合理性。当遇到原审裁判错误已被另案生效裁判实质纠正,完成再审纠错任务,形成改判不能情形时,为防止程序空转,造成司法资源浪费,无必要启动再审程序;如已进入再审程序,经过重新审理后,为确保与已生效的其他裁判的一致性,确保再审裁判内容与其他生效裁判确认的既存法律事实不产生冲突,不引发法律程序回转,对原审裁判也不宜改判,应予维持。

【裁判要旨】

原审案件中因适用法律错误,造成原审裁判遗漏判项或其他实质性错判,原审裁判生效后,其他生效裁判对原审裁判涉及的权利、义务或

---

[*] 作者单位:重庆市长寿区人民法院。

者定罪量刑进行重新确认、认定，已实质纠正原审裁判的确有错误，原审裁判存在的确有错误已经消失，原审裁判已不具有可撤销内容，为确保与已生效的其他裁判的一致性，保证再审裁判内容与其他生效裁判确认的既存法律事实不产生冲突，不引发法律程序回转，对原审裁判不宜改判，应予维持。

【相关法条】

《最高人民法院关于适用〈中华人民共和国刑事诉讼法〉的解释》

第四百七十二条 再审案件经过重新审理后，应当按照下列情形分别处理：

（一）原判决、裁定认定事实和适用法律正确、量刑适当的，应当裁定驳回申诉或者抗诉，维持原判决、裁定；

（二）原判决、裁定定罪准确、量刑适当，但在认定事实、适用法律等方面有瑕疵的，应当裁定纠正并维持原判决、裁定；

（三）原判决、裁定认定事实没有错误，但适用法律错误或者量刑不当的，应当撤销原判决、裁定，依法改判；

（四）依照第二审程序审理的案件，原判决、裁定事实不清、证据不足的，可以在查清事实后改判，也可以裁定撤销原判，发回原审人民法院重新审判。

原判决、裁定事实不清或者证据不足，经审理事实已经查清的，应当根据查清的事实依法裁判；事实仍无法查清，证据不足，不能认定被告人有罪的，应当撤销原判决、裁定，判决宣告被告人无罪。

【案件索引】

一审：重庆市江北区人民法院（2018）渝 0105 刑初 136 号（2018 年 2 月 11 日）

二审：无

再审审查：重庆市第一中级人民法院（2023）渝 01 刑抗 21 号

(2023年9月8日)

再审：重庆市长寿区人民法院（2023）渝0115刑再2号（2023年12月29日）

【基本案情】

原公诉机关指控：2017年11月15日，胡某强发现一绿化带内长期停放一辆轮式装载机（价值10.36万元）。胡某强欲将装载机偷卖，遂通过微信联系了经营二手装载机生意的皮某波。同月19日，双方达成买卖协议，皮某波遂委托拖车司机魏某丹到重庆市江北区接车。同日23时30分许，胡某强通过该装载机破损的车窗从内部打开车门，再用其自身携带的该型装载机通用启动钥匙，发动装载机驶入魏某丹驾驶的拖车上。完成交付后，皮某波按照胡某强的要求，将7.9万元购车款转至胡某强指定的银行账户。胡某强将该7.9万元挥霍。

2017年12月4日，胡某强被公安民警抓获归案，到案后如实供述了上述事实。案发后，公安机关从皮某波处追回被盗轮式装载机，并发还被害人杨某。

原公诉机关认为胡某强以非法占有为目的，盗窃他人财物价值10.36万元，数额巨大，其行为触犯了刑法第二百六十四条的规定，应当以盗窃罪追究其刑事责任，被告人胡某强到案后如实供述犯罪事实、自愿认罪认罚，建议判处胡某强有期徒刑三年至四年，并处罚金。

原审法院于2018年2月11日作出（2018）渝0105刑初136号刑事判决书判决：（1）被告人胡某强犯盗窃罪，判处有期徒刑三年，宣告缓刑四年，并处罚金五万元（已缴纳）；（2）被告人胡某强联系作案所用的手机两部予以没收。

重庆市人民检察院第一分院于2023年8月28日以原审判决未依法追缴或责令退赔胡某强销赃获得的7.9万元赃款，明显不当，适用法律错误等为由抗诉，重庆市第一中级人民法院于2023年9月8日作出（2023）渝01刑抗21号再审决定书，指令重庆市长寿区人民法院对本案进行再审，抗诉机关提出对胡某强不宜宣告缓刑，对其违法所得7.9万元予以追缴的意见。

原审被告人胡某强对原审认定其盗窃的事实、罪名及量刑均无异议，但提出如下辩解意见：其宣告缓刑已被依法撤销；如果责令追缴违法所得7.9万元，其与皮某波达成的调解书应当撤销，已经支付给皮某波的部分款项应该退还。

经再审查明的事实与原公诉机关指控的一致。另查明，原审法院于2018年2月23日将罪犯胡某强交付重庆市江津区司法局执行社区矫正。2019年4月15日，胡某强在缓刑考验期限内违反有关缓刑的监督管理规定，脱离监管超过一个月，被原审法院依法撤销缓刑，执行原判刑罚有期徒刑三年（未实际执行）。2020年5月22日，胡某强因2018年12月至2019年3月，多次诈骗多名被害人共计49.3万元，被重庆市大渡口区人民法院判决：（1）撤销原审法院对被告人胡某强的缓刑宣告；（2）被告人胡某强犯诈骗罪，判处有期徒刑八年，并处罚金五万元；与前罪有期徒刑三年，并处罚金五万元并罚；决定执行有期徒刑十年，并处罚金十万元；（3）责令胡某强退赔相关被害人经济损失（略）。

2018年2月27日，皮某波因轮式装载机被公安机关追回，向原审法院起诉胡某强，经该院主持调解，双方自愿达成以下协议：（1）双方确认原告皮某波与胡某强之间于2017年11月19日建立的装载机买卖关系于2018年3月22日解除；（2）被告胡某强于2018年5月31日前返还原告皮某波购车款7.9万元，并支付资金占用损失等。皮某波因胡某强未按时履行于2018年6月5日向该院申请强制执行。

【裁判结果】

重庆市长寿区人民法院于2023年12月29日作出（2023）渝0115刑再2号刑事裁定：维持重庆市江北区人民法院（2018）渝0105刑初136号刑事判决。

原审被告人胡某强某未提出上诉，公诉机关未提出抗诉。

【裁判理由】

法院生效裁判认为：原审虽未对胡某强销赃获利的7.9万元判令追缴，但已通过其他诉讼程序予以纠正，同时因为胡某强在缓刑考验期内违反监督管理规定及犯新罪，原审中的宣告缓刑部分已被二次撤销，前述事实均已被其他生效裁判确认并进入执行程序，成为既定事实。因此，原审在处理胡某强违法所得并决定对其适用缓刑两问题上即便存在事实认定、法律适用错误，也已通过其他生效裁判进行了实质纠正，原审判决的确有错误已经消失，不再具有可撤销内容。为确保再审裁判内容与既存的法律事实不产生冲突，引发法律程序回转，对原审判决不宜改判，应当予以维持。

【案例注解】

本案是一起原审裁判因适用法律错误，而造成原审遗漏判项并决定适用缓刑的错案。当原审裁判生效后，又出现了另案生效裁判对原审裁判存在的错误进行了实质修正，原审裁判存在的确有错误在再审时已消失，形成了改判不能的情形。本文将从审判监督程序的价值追求、处理原则分析出发，阐述改判不能情形下，再审案件经过重新审理后应该如何处理。

一、审判监督程序价值追求

（一）审判监督程序的设置情况

我国三大诉讼法中均设专章或者小节规定了审判监督程序，其中刑事诉讼法第三编第五章、民事诉讼法第二编第十六章、行政诉讼法第七章第五节均对审判监督程序进行了详尽规定，对审判监督程序的对象、提出、主体、情形等均作出了规定。审判监督程序是同我国诉讼体系中一审、二审程序具有同等地位和具有特殊救济效力的程序，是二审终审制的例外，发挥"第三审"或"终审"的作用。①

（二）审判监督程序的客体及启动条件

从三大诉讼对审判监督程序针对对象的表述来看，审判监督程序的客体均是已经发生法律效力的判决、裁定或者调解书，即已经发生法律效力的具有终局性质的法律文书，故而其不同于一审、二审阶段时权利义务未决状态，其审理是对已决的权利义务进行再审查、再评价，需以原审裁判认定的事实、采信的证据、适用的法律、采用的程序等作为审判基础。同时，三大诉讼对启动审判监督程序的条件均使用了"确有错误"这个概念，即已生效的裁判在实体认定、程序适用上存在错误，使得生效裁判对权利义务承担、定罪量刑等产生了实质性错误裁判，使受侵害的社会关系没有得到正确恢复，必须通过再次实质审理，加以修正，故审判监督程序又可以被称为再审程序。

（三）审判监督程序的价值追求

从上文的分析来看，审判监督程序所追求的是修复错误生效裁判对权利义务的不正确分配以及不恰当的定罪量刑，贯彻实事求是、有错必纠原则，切实维护司法公正，保障当事人合法权益。② 因此，审判监督程序的启动以纠正、修复错误为出发点，追求实现司法实质公正，完成终极纠错。③

二、再审案件的处理

对于经再审实质审理的案件（以原审程序为一审程序为例），如何进

---

① 参见张卫平：《再审诉权与再审监督权：性质、目的与行使逻辑》，载《法律科学》2022年第5期。

② 参见李少平主编：《最高人民法院关于适用〈中华人民共和国刑事诉讼〉的解释理解与适用》，人民法院出版社2021年版，第473页。

③ 参见张卫平：《再审诉权与再审监督权：性质、目的与行使逻辑》，载《法律科学》2022年第5期。

行处理，三大诉讼制度的设置大致一致，根据《最高人民法院关于适用〈中华人民共和国刑事诉讼法〉的解释》（以下简称《刑事诉讼法解释》）、《最高人民法院关于适用〈中华人民共和国民事诉讼法〉的解释》（以下简称《民事诉讼法解释》）、《最高人民法院关于适用〈中华人民共和国行政诉讼法〉的解释》（以下简称《行政诉讼法解释》）的规定，①按照一审程序审理的案件经过再审重新审理后处理可以分为两类：一是维持原裁判；二是撤销原裁判，依法改判。下面笔者以《刑事诉讼法解释》第四百七十二条的规定为例，对再审案件的处理情形加以说明。

（一）维持原裁判

维持原裁判可分为两种情形：一是原判决、裁定认定事实和适用法律正确、量刑适当，应当裁定驳回申诉或者抗诉，维持原判决、裁定，该种情形属于经过再审重新审理的再审查、再评价，原审裁判认定的事实、证据采信、法律适用、采用程序、定罪量刑恰当性等均无任何错误及瑕疵，申诉或者抗诉理由不成立，原审正确无误，即原裁判正确，无任何错误，当然地维持原裁判，即"无错误型"维持。二是原判决、裁定定罪准确、量刑适当，但在认定事实、适用法律等方面有瑕疵，经纠正后维持原判决、裁定，该种情形属于经再审重新审理的再审查、再评价，原审裁判在认定事实、适用法律等方面有错误，但该错误属于"瑕疵型"错误，对原审的裁判结果，即定罪量刑没有实质影响，可通过再审裁定纠正该"瑕疵型"错误，予以维持，即"瑕疵修复型"维持。

（二）依法改判

依法改判亦存在两种情形：一是原判决、裁定认定事实正确，但是

---

① 详见《最高人民法院关于适用〈中华人民共和国刑事诉讼法〉的解释》第四百七十二条、《最高人民法院关于适用〈中华人民共和国民事诉讼法〉的解释》第四百零七条、《最高人民法院关于适用〈中华人民共和国行政诉讼法〉的解释》第一百二十二条。

法律适用错误或者量刑不当,应当撤销原判决、裁定,依法改判,该种情形属于原审认定的事实无错误,但是在适用法律或者实质量刑上存在错误,且该类型错误无法通过裁定予以补正,必须通过经重新审理后依法改判进行纠正,即"法律适用、量刑不当错误型"改判。二是原判决、裁定事实不清或者证据不足,该种情形属于原审据以定罪量刑的基础即事实认定、证据链构建存在错误,必须经重新审理并在查清事实、构建出行为人犯罪的完整证据链的基础上,依法改判,即"基础事实不清、证据不足型"改判。

三、原审错误已纠正的处理

从上文的分析可以看出,通过启动审判监督程序,对已生效的裁判进行再次审理的目的是纠正原审裁判中存在的"确有错误",实现司法的实质公正。当原审裁判中的"确有错误"已被其他生效裁判实质性变更,修复了原审裁判对权利义务承担、定罪量刑等方面的错误裁判,已经实现了审判监督程序的终极纠错任务时,经过重新审理,对原判决、裁定不宜再行改判,应予维持。理由阐述如下。

(一) 其他生效裁判性质分析

原审裁判作出并生效后,通过其他案件审理作出的对原审裁判内容进行变更、修正的其他生效裁判文书,属于新证据,且该新证据系经国家审判机关经法定程序作出,具有权威性、稳定性和约束力,其只要未经审判监督程序进行变动、更改,原则上属于不需要进行质证的证据,即人民法院生效裁判所确认的事实为免证事实,[①] 可以作为定案证据使用。在再审案件审理中,其他生效裁判所确认的事实因与原审案件具有直接的关联性,其必须作为再审案件裁判的重要依据进行审查,作为是否对原审裁判予以维持或改判的参考。

---

① 详见《最高人民法院关于民事诉讼证据的若干规定》第十条。

(二) 改判不能

从上文的分析我们可以得知,对原审裁判依法改判需以原审裁判存在法律适用、量刑不当错误或者基础事实不清、证据不足为前提。原审裁判中存在的前述错误已被其他生效裁判予以实质变更、纠正,再审改判的前提也已不复存在的情形,类似于行政诉讼法第七十四条第二款①中规定的情形,即行政行为违法,但不具有可撤销内容或者被告已改变原违法行政行为的,只需判决确认违法,不撤销该行政行为。此时,如忽略其他生效裁判已对原审裁判进行实质变更、纠正的事实,对原审裁判进行改判便是无根之木、无源之水,再审改判会陷入撤无可撤还撤、改无可改仍改的逻辑漏洞。

同时,其他生效裁判对原审裁判存在的错误进行纠正的行为实质上是通过诉讼程序对相关当事人的权利、义务、责任予以确认、固定并赋予强制执行力,必要时,通过强制执行措施,确保相关权利、义务、责任兑现。故而,其他生效裁判所载明的事实实际上是一种既定事实。基于该项前提,如对原审裁判进行改判,势必会与既存的法律事实产生冲突,甚至引发法律程序回转,同时,其他生效裁判也会因原审裁判改判这一新事实、新证据的出现而陷入裁判结果确有错误的境地,从而引发其他生效裁判也需通过审判监督程序予以纠错的后果。这不仅增加了相关当事人的诉累,更是对有限司法资源的一种严重浪费,改判成本过高,且改判不具有合理性。

四、本案例的启示

法院生效的法律文书,是代表国家对双方当事人之争议、当事人应

---

① 行政诉讼法第七十四条第二款规定:"行政行为有下列情形之一,不需要撤销或者判决履行的,人民法院判决确认违法:(一)行政行为违法,但不具有可撤销内容的;(二)被告改变原违法行政行为,原告仍要求确认原行政行为违法的;(三)被告不履行或者拖延履行法定职责,判决履行没有意义的。"

承担责任作出具有强制力的裁判的载体,① 具有既判力、权威性、强制力,而再审改判是对生效裁判确定的权利、义务、责任的否定,因而,维护生效裁判的稳定性与启动再审存在天然的冲突。但是为贯彻实事求是、有错必纠原则,实现实质司法公正,对发现确有错误的生效裁判是有必要通过再审程序予以纠错的。

在实际的审判工作中,应该充分平衡这一具有冲突的矛盾,严格把握再审立案、改判标准,充分考量启动再审程序的必要性与再审改判的合理性,在能够使用其他方式完成确有错误的生效裁判的纠错情况下,是否能够考虑选择使用成本更低、效率更高、合理性更强的方式完成审判监督程序的价值追求,实现再审纠错之目的。

综上所述,在再审程序中,如果原审裁判的错误已被其他生效裁判予以纠正,实际是已以另案对权利、义务或者定罪量刑的重新确认、认定纠正原审裁判的确有错误。因此,即便原审裁判存在事实认定、法律适用瑕疵或者错误,予以维持原判亦能达到审判监督程序所追求的修复错误生效裁判对权利义务的不正确分配或者不恰当的定罪量刑,完成实质纠错的终极目标。其他生效裁判对原审判决进行的实质修改,已经发挥了审判监督程序的作用。同时,改判不能情形下的维持原审裁判也是成本最低、效率最高、合理性最强的选择,能够在不影响其他生效裁判稳定性的大前提下,实现实事求是、有错必纠原则,在维持生效裁判与再审纠错的两个选项中寻求到最优解。进一步来讲,在改判不能情形下,亦无必要启动再审程序,造成程序空转、司法资源浪费。

---

① 参见林琳、宫凤鸣:《生效民事裁判的权威性、稳定性与再审改判标准研究》,载《山东审判》2001年第4期。

郭某某与某信用社、梁某某第三人撤销之诉案

——主债权诉讼时效届满对抵押权的影响

卞亚峰　高继伟[*]

【内容摘要】

主债权诉讼时效期间届满后抵押权效力的认定问题一直是审判实践中的热点、难点问题。主债权诉讼时效期间届满后，债务人明确表示同意继续履行债务，即放弃诉讼时效抗辩权，抵押权人的抵押权应否重新获得司法保护，法律未作明确规定，在审判实践中存在不同认识。本篇案例拟从抵押物的处分权受限角度，结合抵押权行使期间与主债权诉讼时效期间的关系等进行梳理分析，对主债权诉讼时效期间届满抵押权效力进行分析判断，以期对审判实践中处理类似纠纷具有一定的借鉴意义。

【裁判要旨】

抵押权人应当在主债权诉讼时效期间行使抵押权；未行使的，人民法院不予保护。主债权因诉讼时效期间届满而成为自然债务，如果债务人同意继续履行债务，放弃诉讼时效抗辩权，债务从自然债务转为完全债务，抵押权人的抵押权可以重新获得司法保护。此时，如果抵押权人主张抵押权的抵押物已进入司法查封、拍卖等执行程序，即使债务人放

---

[*] 作者单位：河南省高级人民法院审判监督庭。

弃诉讼时效抗辩权，抵押权人的抵押权也不能当然重新获得司法保护。

【相关法条】

《中华人民共和国担保法》

第五条第一款（现为民法典第六百八十二条）　担保合同是主合同的从合同，主合同无效，担保合同无效。

《中华人民共和国物权法》

第二百零二条（现为民法典第四百一十九条）　抵押权人应当在主债权诉讼时效期间行使抵押权；未行使的，人民法院不予保护。

《最高人民法院关于适用〈中华人民共和国民法典〉有关担保制度的解释》

第四十四条第一款　主债权诉讼时效期间届满后，抵押权人主张行使抵押权的，人民法院不予支持。

【案件索引】

一审：河南省夏邑县人民法院（2020）豫1426民撤1号民事判决书（2020年12月4日）

二审：河南省商丘市中级人民法院（2021）豫14民终361号民事判决书（2021年3月18日）

再审审查：河南省高级人民法院（2021）豫民申3877号民事裁定书（2021年6月24日）

再审：河南省高级人民法院（2021）豫民再443号民事判决书（2021年9月16日）

【基本案情】

梁某某于2006年5月19日向某信用社借款，借期11个月，2008年12月8日双方签订《房地产抵押合同》，并于次日以梁某某的房产办理抵押登记。梁某某于2008年3月至2012年12月分六次偿还利息。2020年

3月30日和6月27日,梁某某两次签收某信用社向其送达的《逾期贷款催收通知书》,梁某某在2020年3月30日的通知书中签署内容为:"近期还款并同意联社实现抵押权"。在另案郭某某与梁某某债权转让合同纠纷中,人民法院依据郭某某申请于2019年11月4日继续查封被执行人梁某某名下的抵押房产,查封期限二年。2020年3月17日,人民法院拍卖被执行人梁某某名下的抵押房产。某信用社得知后,以其享有抵押权为由申请参与分配拍卖款。2020年7月15日,在某信用社参与分配申请未获支持的情况下,另行提起民事诉讼,对债务人梁某某主张贷款债权并行使抵押权。人民法院审理后作出(2020)豫1426民初3219号民事判决,判决:梁某某偿还某信用社借款本息;梁某某以其名下的房产在上述本息范围内承担抵押担保责任,某信用社有权就该房产折价或者以拍卖、变卖所得的价款优先受偿。某信用社将该判决书作为证据,提交到执行机构。郭某某得知后提起本案诉讼,请求撤销该判决中关于支持某信用社有权行使抵押权的判项。

【裁判结果】

河南省夏邑县人民法院于2020年12月4日作出(2020)豫1426民撤1号民事判决:撤销该院(2020)豫1426民初3219号民事判决第二项即"梁某某以其名下房产在确认的借款本息范围内承担抵押担保责任,某信用社有权就该房产折价或以拍卖、变卖所得的价款优先受偿"变更为"驳回某信用社对抵押物权优先受偿的诉讼请求"。

某信用社不服,提起上诉。河南省商丘市中级人民法院于2021年3月18日作出(2021)豫14民终361号民事判决:驳回上诉,维持原判。

某信用社不服,向河南省高级人民法院申请再审。河南省高级人民法院于2021年9月16日作出(2021)豫民再443号民事判决:维持河南省商丘市中级人民法院(2021)豫14民终361号民事判决。

【裁判理由】

河南省高级人民法院再审认为,案涉贷款到期日为2007年4月19

日，梁某某最后一次还息时间为2012年12月20日，至梁某某2015年11月9日书写《还款申请书》和2020年3月30日签收《逾期贷款催收通知书》，已超过诉讼时效期间。按照《最高人民法院关于超过诉讼时效期间借款人在催款通知单上签字或盖章的法律效力问题的批复》的规定，2020年3月30日梁某某在《逾期贷款催收通知书》上签字，应视为双方对原债务的重新确认，鉴于双方在该通知书上明确了履行期限即2020年3月30日起15个工作日内履行义务，该诉讼时效期间应自履行期限届满的次日起计算。因此，某信用社2020年7月15日提起诉讼，未超过诉讼时效期间。物权法第二百零二条规定："抵押权人应当在主债权诉讼时效期间行使抵押权；未行使的，人民法院不予保护。"梁某某认可贷款到期后某信用社每年都会向其催要几次，也表示愿意偿还贷款，但除其认可外，并无其他书面证据证明该社每年催要贷款。因涉及第三人郭某某的利益，不宜仅以梁某某的认可作为定案依据。抵押权的司法保护期间能否重新计算应根据具体情况分析。主债权诉讼时效届满后，在抵押权登记未涂销的情况下，如果抵押人对抵押物仍享有完整的处分权，且抵押人与抵押权人又重新达成合意，按照民法"从随主"原则，抵押权人原登记的抵押权仍应得到司法保护。如果在抵押人与抵押权人重新达成合意时，抵押物已被人民法院采取查封、执行拍卖等措施，此时，抵押人已对该抵押物不再享有完整的处分权，其无权随意处分。2020年3月30日，梁某某在《逾期贷款催收通知书》上签字表示同意某信用社实现抵押权时，该抵押房产已进入执行拍卖程序，梁某某对该抵押房产的处分权已经受限，无权随意处分，某信用社的抵押权不能基于梁某某的表示行为重新得到保护。

【案例注解】

本案主要涉及主债权诉讼时效期间届满抵押权效力的认定问题。在主债权诉讼时效期间届满后，债务人明确表示同意继续履行债务，也就是放弃诉讼时效抗辩权，抵押权人的抵押权应否重新获得司法保护存在不同认识。笔者拟从抵押物的处分权受限角度，结合抵押权行使期间与主债权诉讼时效期间的关系等进行梳理，对主债权诉讼时效期间届满抵押权效力进行分析判断。

一、抵押权的行使期间

抵押权是债权人支配债务人或第三人提供的抵押物的交换价值，使其债权优先于普通债权获得清偿的权利，属于担保物权的一种。抵押权具有从属性，主要体现在抵押权的成立、移转和消灭，均从属于债权，以及被担保债权优先受偿的范围以抵押权实现时存在的债权为限的现象。担保物权的基本特性之一就是具有从属性和附随性。担保法第五条第一款规定："担保合同是主合同的从合同，主合同无效，担保合同无效。"由此，决定了担保物权与主债权之间的基本关系为从随主的关系。以德国、法国为代表的德国民法典、法国民法典均有共同的制度设置。从我国担保法、物权法及司法解释的规定来看，对于抵押权行使期间的制度设置不尽相同，物权法与《最高人民法院关于适用〈中华人民共和国担保法〉若干问题的解释》（以下简称《担保法解释》）作出了不同安排，物权法第二百零二条规定："抵押权人应当在主债权诉讼时效期间行使抵押权；未行使的，人民法院不予保护。"该条是对抵押权人行使抵押期间的规定，是以司法保护为落脚点，如果抵押权人在主债权诉讼时效期间未主张行使抵押权，人民法院对该抵押权不予保护。《担保法解释》第十二条第二款规定："担保物权所担保的债权的诉讼时效结束后，担保权人在诉讼时效结束后的二年内行使担保物权的，人民法院应当予以支持。"对抵押权的存续规定除斥期间的，各国民法有所不同，瑞士民法和德国民法均规定抵押权所担保的债权时效经过十年的，抵押权经法院除权判决而消灭，消灭条件苛刻。日本民法规定抵押权自被担保债权时效届满的三年后消灭，我国台湾地区"民法"将这一期间规定为五年。在我国物权法颁布以前，鉴于担保法对抵押权等物权没有规定存续期间，《担保法解释》规定抵押权的存续期间为被担保债权时效届满后二年。① 抵押权因二年除斥期间届满而消灭。物权法采取抵押权行使期间与主债权诉讼时效期间相同的制度设置，并未规定独立的抵押权存续期间，民法典也继受了物权法的规定。民法典第四百一十九条规定："抵押权人应当在主债权诉讼时效期间行使抵押权；未行使的，人民法院不予保护。"虽然物权法与民法典规定抵押权行使期间与主债权诉讼时效期间相同，但这并不意味着抵押权也适用诉讼时效制度，否则违反民法传统理论，这已是基本共识。抵押权的行使期间与主债权诉讼时效期间相同，只是抵押权的行使期间随着主债权诉讼时效中止、中断、延长而发生变化的法律效果。或者说，抵押权行使期间是以主债权诉讼时效期间为参照来计算的，并不等于对抵押权也要适用诉讼时效制度。② 抵押权人主张行使抵押权的期间属于可变期间，且与主债权诉讼时效期间相同。

二、主债权诉讼时效期间届满抵押权的权利状态

关于抵押权是否因主债权诉讼时效届满而消灭，存在不同观点。《〈中华人民共和国物权法〉条文理解与适用》一书中对物权法第二百零二条释义认为，"本条规定并未明确规定抵押权的存续期间，而只是规定抵押权的行使期间。由此可以解释为：本法所规定的行使期限就是抵押权的存续期限，而不是抵押权受到公力保护的期限。即抵押权可以因时间的经过而消灭。"③ 结合最高人民法院 2019 年 11 月 8 日印发的《全国法院民商事审判工作会议纪要》（以下简称《会议纪要》）和《最高人民法院关于适用〈中华人民共和国民法典〉有关担保制度的解释》（以下简称《民法典担保制度解释》）的相关规定，笔者倾向认为，由于抵押权的行使期间为可变期间，而物权存续期间则为固定不变期间，只有物权存续期间才具有权利消灭时效的本质，因此，主债权诉讼时效期间

---

① 参见曹士兵：《中国担保诸问题的解决与展望》，中国法制出版社 2001 年版，第 259 页。
② 参见最高人民法院（2020）最高法民再 110 号民事判决书。
③ 最高人民法院物权法研究小组：《〈中华人民共和国物权法〉条文理解与适用》，人民法院出版社 2007 年版，第 601 页。

届满未行使抵押权并不直接导致该抵押权消灭的法律效果。《会议纪要》第59条第1款规定:"抵押权人应当在主债权的诉讼时效期间内行使抵押权。抵押权人在主债权诉讼时效届满前未行使抵押权,抵押人在主债权诉讼时效届满后请求涂销抵押权登记的,人民法院依法予以支持。"《会议纪要》实质上采取了抵押权消灭说,主要考虑到如果抵押人不能请求涂销抵押登记,既不能使当事人从抵押关系中摆脱出来,又不能实现物尽其用的"双输"局面,从解决实际问题出发,《会议纪要》规定抵押人可以请求涂销抵押登记。[①] 笔者认为,按照法律规定,抵押权消灭的原因主要为债权消灭、抵押物灭失等的法定事由,在主债权因诉讼时效期间届满的情况下,债权人只是丧失债权的胜诉权,而债权并未消灭,按照从随主原则,抵押权也不应消灭。如果抵押人不主张行使涂销抵押登记请求权,主债权未消灭,抵押权不消灭。《民法典担保制度解释》第四十四条第一款规定:"主债权诉讼时效期间届满后,抵押权人主张行使抵押权的,人民法院不予支持。"这里的不予支持不是因为抵押权消灭,而是因为抵押权人丧失了胜诉权。因此,主债权诉讼时效届满不产生抵押权消灭的法律效果。

三、重新计算债权诉讼时效期间抵押权效力如何认定

按照上述法律规定,主债权诉讼时效期间届满后,抵押权人主张行使抵押权的,人民法院不予支持。债务人对主债权诉讼时效届满后,又与债权人达成了新的还款合意,同意继续承担义务,此时主债权诉讼时效重新计算,债权人的主债权可以重新获得司法保护。问题是,债权人(抵押权人)的抵押权能否重新获得司法保护,法律未作明确规定。司法实践中存在不同观点,大致有以下三种观点:观点一认为,主债权诉讼时效期间届满后,债务人同意继续承担义务,应视为债权人与债务人形成新的债权债务关系,此时,主债权诉讼时效重新计算,主债权重新获

---

① 参见《全国法院民商事审判工作会议纪要》第五十九条释义。

得司法保护,鉴于抵押权从属于主债权,只要抵押权人在重新计算的诉讼时效期间主张行使抵押权的,仍应获得司法保护。观点二认为,担保物权从属于主债权,基于债务人同意继续承担义务,主债权诉讼时效重新计算,抵押权的行使期间也可以重新计算,但应当限定债务人对抵押物享有完整的处分权,且不得损害他人合法权益。观点三认为,抵押权应当严格受诉讼时效期间限制,抵押权人行使抵押权只能在主债权诉讼时效期间届满前行使,同时可以参照诉讼时效中止、中断、延长,计算抵押权行使期间,因法律并未明确规定抵押权行使期间可以重新计算,且主债权诉讼时效期间届满抵押权人享有抵押登记涂销请求权,故主债权诉讼时效期间届满后抵押权不能重新获得司法保护。笔者倾向第二种观点,具体分析如下:首先,主债权诉讼时效届满并不产生抵押权消灭的法律效果。民法典第三百九十三条也仅规定了在主债权消灭、担保物权实现、债权人放弃担保物权以及法律规定担保物权消灭的其他情形下担保物权消灭,未规定主债权诉讼时效期间届满后抵押权消灭。按照自愿原则,债务人同意继续承担义务,主债权的诉讼时效重新计算,抵押权人只要在重新计算的主债权诉讼时效期间内行使抵押权,可以重新获得司法保护。其次,从民事主体关系的角度看,所有权是一种民事法律关系,是特定所有人对自己所有的财产进行占有、使用、收益和处分时与不特定人之间所形成的权利义务关系。处分权是所有权的重要权能,是所有权人对其所有的财产在事实和法律上的处置权能,分为事实处分和法律处分。事实处分包括生产消费和生活消费,法律处分包括转让财产或设定他物权等。当民事权利出现冲突时,为避免债务人恶意放弃诉讼时效抗辩权而损害他人合法权益,抵押权的胜诉权能否重新获得司法保护,应审查债务人对抵押物的处分权是否受到限制,债务人能否自由处分。实践中,在人民法院对主债权诉讼届满后的抵押物采取司法查封、拍卖的情况下,债务人实际对该抵押物已经无权自由处分。就本案而言,某信用社向梁某某发放的贷款到期日为2007年4月19日,梁某某最后一次还息时间为2012年12月20日,基于梁某某2015年11月9日书写

《还款申请书》和 2020 年 3 月 30 日签收《逾期贷款催收通知书》，某信用社的主债权诉讼时效重新计算，债权自然可以重新获得司法保护，而抵押物在诉讼时效届满后已被郭某某申请司法查封、拍卖。根据诚信原则，抵押权人不能基于债务人恶意放弃诉讼时效抗辩权，使其抵押权重新获得司法保护，否则将损害其他人的信赖利益。最后，如果抵押物不是债务人提供，而是第三人提供，抵押权人的抵押权当然不能基于主债权诉讼时效的重新计算而重新获得保护，除非第三人同意继续为该债务提供担保。

殷某与李某申请执行人执行异议之诉案
——实际施工人能否排除承包人在发包人处到期债权的强制执行

张 炜 单一琦 刘春芳[*]

【内容摘要】

基于建筑企业资质等级管理制度实践产生的诸多问题，结合我国建筑企业资质等级管理制度改革趋势，对实际施工人借用资质与发包方订立建设工程施工合同并组织施工，合同效力即使作否定性评价，但如实际施工人符合法定条件，其仍享有直接向发包人主张工程款的请求权。对承包人被强制执行，实际施工人能否请求排除承包人在发包人处到期债权的强制执行，因缺乏具体明确的规定指引，实践中或支持或否定、裁判结果不一，以至于相同或大体相似案件在不同地域存在着不同的裁判结论。本文在梳理此类纠纷正反两方面实践案例基础上，通过实证分析、规范检视、权源探究，提炼符合法理、事理、情理的一般性裁判规则，希冀为裁判此类案件提供些许裨益。

【裁判要旨】

通说认为，执行到期债权的权利基础系债权人代位权，即债权人直接代债务人向次债务人主张权利。对承包人未履行生效判决确定的义务，

---

[*] 作者单位：黑龙江省高级人民法院。

申请执行人请求执行承包人在发包人处享有的到期债权,其请求权基础为债权请求权。实际施工人作为利害关系人,对该到期债权所提异议,其请求权基础亦为债权请求权。基于《最高人民法院关于适用〈中华人民共和国民事诉讼法〉的解释》第四百九十九条赋予利害关系人有权就此提出执行异议之诉,审查判断实际施工人能否排除强制执行,在原则把握上应以各方当事人对执行标的享有民事权益的实体性质、效力为基础,对各自依托的法律规范之间的层级关系、蕴含价值和立法目的等予以分析,并结合对执行标的具有的权利瑕疵负有过错、执行标的相关权利行使等具体情形,探寻确定各方对执行标的所享有的权利何者优先、何者劣后。

本案基于到期债权系殷某个人投资、组织施工所形成,款项性质系质保金,承包人对该债权形成无任何投入,到期债权依法不属承包人的责任财产,申请执行人对该到期债权不能形成合理信赖等,认定实际施工人殷某对该到期债权依法享有的权利优先,有权据此排除强制执行。

【相关法条】

《中华人民共和国民事诉讼法》

第二百三十四条 执行过程中,案外人对执行标的提出书面异议的,人民法院应当自收到书面异议之日起十五日内审查,理由成立的,裁定中止对该标的的执行;理由不成立的,裁定驳回。案外人、当事人对裁定不服,认为原判决、裁定错误的,依照审判监督程序办理;与原判决、裁定无关的,可以自裁定送达之日起十五日内向人民法院提起诉讼。

《最高人民法院关于适用〈中华人民共和国民事诉讼法〉的解释》

第三百零九条 案外人或者申请执行人提起执行异议之诉的,案外人应当就其对执行标的享有足以排除强制执行的民事权益承担举证证明责任。

第四百九十九条 人民法院执行被执行人对他人的到期债权,可以作出冻结债权的裁定,并通知该他人向申请执行人履行。

该他人对到期债权有异议,申请执行人请求对异议部分强制执行的,人民法院不予支持。利害关系人对到期债权有异议的，人民法院应当按照民事诉讼法第二百二十七条规定处理。

《最高人民法院关于人民法院办理执行异议和复议案件若干问题的规定》

第二十五条 对案外人的异议，人民法院应当按照下列标准判断其是否系权利人：

（一）已登记的不动产，按照不动产登记簿判断；未登记的建筑物、构筑物及其附属设施，按照土地使用权登记簿、建设工程规划许可、施工许可等相关证据判断；

（二）已登记的机动车、船舶、航空器等特定动产，按照相关管理部门的登记判断；未登记的特定动产和其他动产，按照实际占有情况判断；

（三）银行存款和存管在金融机构的有价证券，按照金融机构和登记结算机构登记的账户名称判断；有价证券由具备合法经营资质的托管机构名义持有的，按照该机构登记的实际出资人账户名称判断；

（四）股权按照工商行政管理机关的登记和企业信用信息公示系统公示的信息判断；

（五）其他财产和权利，有登记的，按照登记机构的登记判断；无登记的，按照合同等证明财产权属或者权利人的证据判断。

案外人依据另案生效法律文书提出排除执行异议，该法律文书认定的执行标的权利人与依照前款规定得出的判断不一致的，依照本规定第二十六条规定处理。

【案件索引】

一审：黑龙江省牡丹江市西安区人民法院（2020）黑1005民初80号民事判决（2020年8月17日）

二审：黑龙江省牡丹江市中级人民法院（2020）黑10民终958号民事判决（2020年11月16日）

再审：黑龙江省高级人民法院（2022）黑民再187号（2022年8月1日）

【基本案情】

李某向一审法院起诉请求：撤销牡丹江市西安区人民法院（以下简称西安区法院）（2019）黑1005执异11号执行裁定，恢复对某彩公司在某林土地中心未结算的工程款1191163.99元（以下简称诉争工程款）的执行。事实与理由：某彩公司与殷某恶意串通，虚假陈述殷某为实际施工人，阻碍李某实现债权。根据合同相对性原则，特定的权利义务关系产生于合同当事人之间，只有合同当事人才能基于合同向相对方提出请求，而不能向与其没有合同关系的第三人提出请求，殷某无权请求排除执行，请求法院依法准许继续对诉争工程款的执行。

殷某辩称，2017年某林土地中心就"复兴村土地整治项目"进行公开招标，殷某以独立施工人身份承揽，依据施工合同约定，殷某已履行了合同义务并实际履行完成，某林土地中心未结算诉争工程款系殷某所有。

某彩公司辩称，其公司与殷某签订《工程包清工合同》，工程全部由殷某组织施工，其公司出借资质并收取管理费，未进行管理、施工和投入。

法院经审理查明：2018年1月11日，西安区法院作出民事判决：（1）圆通讲寺偿还李某借款本金并给付相应的利息；（2）某彩公司承担连带保证责任。该判决生效，李某申请强制执行。西安区法院于2019年7月4日裁定保全了某彩公司在某林土地中心的诉争工程款。殷某认为该笔款项属其个人所有，提出执行异议。西安区法院于2019年12月23日裁定中止执行。李某不服，遂提起本案诉讼。

另查明，2017年2月28日，某彩公司与殷某签订《工程包清工合同》，约定殷某挂靠某彩公司负责"复兴村土地整治项目"施工，工程款除交纳某彩公司挂靠费用外，均属殷某所有。殷某在该工程中属于独立的具体施工人，可使用某彩公司账户，建设单位工程款拨付、结算与某彩公司无关，项目盈亏由殷某自行承担。2019年7月12日，某彩公司出具《工程施工确认书》，主要内容为：确认案涉工程系殷某独立承揽并组织施工，独立承担责任。除交纳某彩公司挂靠费用外，工程款均属殷某。该项目约定工程造价为5487277元，审定工程造价为6128357.76元，已拨付4935193.77元，余1193163.99元未付。该项目于2019年6月25日通过验收，诉争工程款应属殷某所有，与某彩公司无关。

截至2018年9月13日，某林土地中心已拨付某彩公司除诉争工程款之外的工程款4935193.77元，该款由某彩公司分5次向殷某指定账户及个人拨付完毕。西安区法院执行裁定保全的某林土地中心未拨付的20%工程款1191163.99元，性质为工程质保金。项目工程于2019年6月25日竣工，按照施工合同约定，质保金应于2019年6月25日终检合格付10%、2020年6月25日合格一年后付10%。

【裁判结果】

西安区法院2020年8月17日作出（2020）黑1005民初80号民事判决：驳回李某的诉讼请求。案件受理费15520元，由李某负担。

李某不服上诉。牡丹江市中级人民法院于2020年11月16日作出（2020）黑10民终958号民事判决：（1）撤销一审判决；（2）准许执行诉争工程款1191163.99元。

殷某不服，向检察机关申诉。依检察机关抗诉，黑龙江省高级人民法院裁定提审本案，于2022年8月1日（2022）黑民再187号再审判决：（1）撤销二审判决；（2）维持一审判决。

【裁判理由】

法院生效判决认为：本案系李某申请执行、法院保全诉争工程款后，殷某提出异议所引发。依照《最高人民法院关于适用〈中华人民共和国民事诉讼法〉的解释》第四百九十九条"人民法院执行被执行人对他人的到期债权，可以作出冻结债权的裁定，并通知该他人向申请执行人履行""利害关系人对到期债权有异议的，人民法院应当按照民事诉讼法第二百三十四条规定处理"的规定，应作为执行异议之诉案件受理并作出裁判。对诉争工程款应否继续执行的裁判，需基于殷某对该款项是否享有实体权益、如享有实体权益能否排除执行而进行。具体分析评判如下。

（1）殷某对诉争工程款是否享有实体权益。依据《土地整治合同》《工程包清工合同》约定及殷某举示的采购建材及雇佣工人等证据，结合诉争工程款支付等事实，依法应当认定诉争工程由殷某实际投入并组织施工完成，某彩公司并未对诉争工程进行管理及投入。案涉工程虽系殷某借用某彩公司名义施工，不为法律所允许，但依法应认定殷某对诉争工程款享有实体权益。

（2）殷某对诉争工程款享有的实体权益能否排除强制执行。如前述，李某系以某彩公司债权人申请强制执行诉争工程款，而殷某系为实际施工人，对诉争工程款享有实体权益。二者衡量，对诉争工程款殷某所享有的权益更具优先性，有权据此排除执行。

其一，从权利形成基础看，建设工程价款是施工人将劳务、材料等投入建设工程中所获得的对价。对于案涉工程，某彩公司只收取管理费、并未参与实际施工，殷某系工程的实际投入方，诉争工程款债权的形成主要源于殷某的实际施工行为。

其二，从款项最终归属看，与某彩公司相较，殷某基于实际施工行为形成的工程款债权更具终局性。某彩公司对诉争工程款处于转收、转交地位，殷某则享有最终权利、依法应被认定为诉争工程款的实际权利人。

其三，从享有合理信赖看，殷某、李某所享有的请求权基础虽均为债权请求权，但因殷某为实际施工人，就诉争工程款的请求权更具直接性、针对性、终局性，尤其是诉争工程款中大部为已物化的建设材料费用和施工劳动报酬，故殷某对诉争工程款所享有的法益优先。

其四，从执行与否效果看，因某彩公司对诉争工程没有任何投入，诉争工程款依法不应认定为某彩公司的责任财产。故确定由实际权利人殷某享有，未损害基于另案申请执行的李某的合法权益。反之，如将诉争工程款予以强制执行，则无因由地增加了某彩公司的责任财产范围，不当损害了实际权利人殷某的合法权益。

【案例注解】

"实际施工人"并非法律层面上的概念，系于《最高人民法院关于审理建设工程施工合同纠纷案件适用法律问题的解释（一）》（法释〔2004〕14号）正式提出，一般包括转包合同的承包人、违法分包合同的承包人，以及不具备相应资质而借用有资质的建筑企业名义与发包人订立施工合同的企业或个人三类。本案审理焦点在于：实际施工人能否排除承包人在发包人处到期债权的强制执行。

一、实证分析：实际施工人能否排除承包人在发包人处到期债权强制执行的裁判差别

通过在中国裁判文书网输入关键词"实际施工人""执行异议之诉"检索，对高级法院、最高人民法院具有代表性的裁判文书分析发现，此类案件缺乏统一、具体的裁判规则。

（一）判定实际施工人不能阻却执行的案例

（1）最高人民法院裁判主要有：《最高人民法院公报》2017年第2期"李某国与孟某生、长春某建筑工程有限公司等案外人执行异议之诉案"、最高人民法院（2020）最高法民申3455号、最高人民法院（2021）最高法民申5471号等案裁判文书。主要理由为：一是内部约定不具有外部对抗效力。即使挂靠人与被挂靠人约定工程款归属挂靠人，实际履行也系款项直接拨付被挂靠人，但因有关约定系内部约定，不具有对抗外部的效力，不能据此排除执行。二是请求权是否具有瑕疵之比较。执行债权请求权的基础无瑕疵，且经生效裁判确认；而反观实际施工人的请求权基础，系借用资质之名行承揽工程获利之实。挂靠及施工合同均属

无效,不具备应被优先保护的顺序。① 三是维系对既有规则的尊重。法律规则是立法机关综合衡量之后确立的价值评判标准,理应成为司法实践具有普适效力的规则,成为司法者在除非法律有特别规定之外要始终坚守的信条、不受某些特殊情况或者既定事实影响的准则。四是发挥法律价值的引导。遵法守法依法行事者,其合法权益必将受到法律保护;反之,不遵法守法甚至违反法律者,因其漠视甚至无视法律规则,就应当承担风险。

(2)高级人民法院裁判主要有:湖北省高级人民法院(2018)鄂民终40号民事判决书、四川省高级人民法院(2019)川民再671号民事判决书、天津市高级人民法院(2019)津民申498号民事判决书、四川省高级人民法院(2020)川民申5859号民事判决书等,以及四川省高级人民法院(2020)川民终1557号"田某申请执行异议之诉案"等。除上述理由之外,未支持的理由还有:一是因借用资质行为违反建筑法第二十六条的禁止性规定而无效,且以承包人名义与发包人签订施工合同,意味着实际施工人遵从合同的相对性,有可能面临承包人被执行的而拿不到工程款风险。② 二是建设工程款即一定数量的货币,按照"占有即所有"的原则,当该一定数量的货币进入债权人账户后,则成为现实的物权,推定为归谁所有。三是案涉款项不属于农民工工资,应作为农民工劳务工资给予特殊保障没有事实和法律依据。③

(二)判定实际施工人可以阻却执行的案例

此类案例的裁判理由可归结为以下三类。

(1)最高人民法院(2019)最高法民申2147号民事判决书、最高人民法院(2021)最高法民申4150号民事判决书的裁判文书观点。首先,

---

① 参见(2020)川民申5859号民事裁定书、(2020)川民终1557号民事判决书、(2019)川民再671号民事判决书。

② 参见湖北省高级人民法院(2018)鄂民终40号民事判决书、四川省高级人民法院(2020)川民申5859号民事判决书、四川省高级人民法院(2019)川民再671号民事判决书。

③ 参见最高人民法院(2021)最高法民申5471号民事判决书。

在发包人明知实际施工人借用资质施工的情况下，案涉工程施工合同虽以承包人名义与发包人签订，但该合同因系当事人以虚假的意思表示实施的民事法律行为而无效，承包人并非案涉债权的实际权利人。其次，借用资质的实际施工人与发包人有直接的建设工程施工合同法律关系，其工程债权具备优先性，能够排除承包人其他债权人申请的强制执行。最后，法律虽然禁止借用资质承揽建设工程，但借用资质一方在其施工的建设工程符合法定条件的情况下仍有权获得建设工程价款。[①]

（2）最高人民法院（2021）最高法民申 5771 号民事判决书观点。《最高人民法院关于审理建设工程施工合同纠纷案件适用法律问题的解释（二）》（法释〔2018〕20 号）第二十四条规定，基于保护处于弱势地位的建筑工人的权益，突破债的相对性原则，规定实际施工人可以发包人为被告主张权利。案涉工程已竣工验收合格，实际施工人提交的证据能够证明其有权向发包人主张的工程款债权数额能覆盖执行工程款债权，对实际施工人的诉讼请求予以支持。

（3）江苏省高级人民法院（2018）苏民终 1178 号、江苏省高级人民法院（2020）苏民终 143 号、四川省高级人民法院（2021）川民再 51 号等案件裁判文书观点。第一，建设工程施工合同无效，但建设工程经竣工验收合格，承包人请求参照合同约定支付工程价款的，在实际施工人、发包人与承包人之间形成了参照合同约定支付工程款的债权债务关系。第二，依照约定，承包人并不享有工程款的最终权利。

二、规范检视：实际施工人请求排除发包人欠付承包人的到期工程款强制执行的异议能否成立，缺乏具体的审查规则

《最高人民法院关于适用〈中华人民共和国民事诉讼法〉的解释》第四百九十九条规定："人民法院执行被执行人对他人的到期债权，可以作出冻结债权的裁定，并通知该他人向申请执行人履行。""利害关系人

[①] 参见最高人民法院（2019）最高法民申 2147 号民事裁定书。

对到期债权有异议的，人民法院应当按照民事诉讼法第二百三十四条规定处理。"实际施工人若认为发包人欠付承包人的工程款系其所有，当属"利害关系人"，有权提出执行异议进而提起执行异议之诉。实际施工人请求排除执行大多基于承包人对到期债权不享有所有权，其为到期债权的实际权利人。

判断实际施工人能否排除强制执行，仍应回至《最高人民法院关于适用〈中华人民共和国民事诉讼法〉的解释》第三百零九条"案外人或者申请执行人提起执行异议之诉的，案外人应当就其对执行标的享有足以排除强制执行的民事权益承担举证证明责任"的基本规则来审查判断。然现行法律、司法解释对案外人执行异议之诉的规定较为原则，尤其是对何为"足以排除强制执行的民事权益"的类型、范围及条件相关规定寥寥，案件审理一般参照适用于执行程序的《最高人民法院关于人民法院民事执行中查封、扣押、冻结财产的规定》《最高人民法院关于人民法院办理执行异议和复议案件若干问题的规定》等司法解释。本文所涉问题，除参照《最高人民法院关于人民法院办理执行异议和复议案件若干问题的规定》第二十五条"对案外人的异议，人民法院应当按照下列标准判断其是否系权利人：……银行存款和存管在金融机构的有价证券，按照金融机构和登记结算机构登记的账户名称判断……其他财产和权利，有登记的，按照登记机构的登记判断；无登记的，按照合同等证明财产权属或者权利人的证据判断"外，并无其他更为直接具体的相关规定指引，以致实践中缺乏统一的裁判原则，相同或相似案件在不同地域裁判结果并不相同。

对于这一问题，部分高级人民法院从统一本省法律适用的角度进行了规范。例如，江苏省高级人民法院根据实际施工人与承包人之间的关系不同分别加以规定，对于挂靠关系的实际施工人主张排除工程款执行的不予支持，①而对其他关系的实际施工人主张排除到期工程款的执行的在符合条件的情况的予以支持②，在该省范围内为这一问题的统一处理提供了较为明确的规范指引。而江西省高级人民法院在《关于执行异议之诉案件的审理指南》第三十六条则规定，"人民法院针对建设工程发包人应给付承包人的工程款到期债权实施强制执行，实际施工人以其与承包人之间存在挂靠关系，其应享有工程款债权为由提起执行异议之诉的，不予支持"，对这一问题则持否定态度。

三、权源探究：符合条件的实际施工人对发包人欠付承包人的工程款享有实体权益

通说认为，执行到期债权的实体权利基础系债权人代位权，即债权人直接代债务人向次债务人主张权利。③实际施工人欲排除承包人在发包人处到期债权的执行，既要对执行债权享有实体权利，也要有提起执行异议之诉应具有的诉之利益，此系此类案件能够成为执行异议之诉审理范畴的前提和基础。

（一）符合条件的转包、违法分包情形下的实际施工人对发包人直接的工程款请求权

《最高人民法院关于审理建设工程施工合同纠纷案件适用法律问题的

---

① 《江苏省高级人民法院执行异议之诉案件审理指南》第十三条规定，人民法院针对建设工程发包人应给付承包人的工程款到期债权实施强制执行，实际施工人以其与承包人之间存在挂靠关系、其应享有工程款债权为由提起执行异议之诉的，应当不予支持。实际施工人可以根据合同相对性原则，向承包人主张债权。

② 《江苏省高级人民法院执行异议及执行异议之诉案件审理指南（三）》第三十条规定，建设工程承包人为被执行人的，执行法院对案涉到期工程款债权采取强制执行措施，案外人以其系实际施工人为由提出执行异议，请求排除执行的，适用民事诉讼法第二百二十七条规定进行审查。因此引发的执行异议之诉案件，同时符合下列情形的，对案外人的主张应予以支持：（1）案外人符合最高人民法院关于审理建设工程施工合同纠纷案件适用法律问题的相关解释中实际施工人身份；（2）案外人提供的证据能够支持其所主张的债权数额，包括但不限于发包人欠付建设工程价款的数额以及承包人欠付其工程款数额等；（3）案外人主张的工程价款数额覆盖案涉债权的，对其超过案涉债权部分的主张不予支持。

③ 参见江必新主编：《强制执行法理论与实务》，中国法制出版社2014年版，第666页。

解释（一）》（法释〔2020〕25号）第四十三条规定："实际施工人以转包人、违法分包人为被告起诉的，人民法院应当依法受理。实际施工人以发包人为被告主张权利的，人民法院应当追加转包人或者违法分包人为本案第三人，在查明发包人欠付转包人或者违法分包人建设工程价款的数额后，判决发包人在欠付建设工程价款范围内对实际施工人承担责任。"可见，转包、违法分包情形下的实际施工人有权向发包人主张支付工程款，发包人欠付工程款，在欠付范围可直接对实际施工人承担责任。此时，若不存在工程款被保全查封等外部因素介入，相应工程款债权应归属于实际施工人。

（二）符合条件的挂靠或借用资质的实际施工人对发包人亦享有直接的工程款请求权

对无资质的企业或个人借用有资质的建筑企业承揽工程施工，应依据发包人订立合同是否秉持善意、是否明知借用资质事实等衡量合同效力。

第一，如发包人在订立协议时不知晓借用资质事实，有理由相信承包人就是实际工程施工人，则双方所签订协议直接约束发包人和承包人，此时借用资质的实际施工人和承包人之间可能形成违法转包关系，依照《最高人民法院关于审理建设工程施工合同纠纷案件适用法律问题的解释（一）》第四十四条主张权利。于此情形，依照《最高人民法院关于审理建设工程施工合同纠纷案件适用法律问题的解释（一）》第四十四条规定，实际施工人也可以通过代位权向发包人主张责任。

第二，如发包人在订立协议时知晓借用资质事实，则借用资质的实际施工人与发包人之间形成事实上的建设工程施工合同关系，建设工程经验收合格的情况下，借用资质的实际施工人有权直接请求发包人参照合同关于支付工程价款的约定折价补偿。

四、裁判思路：实际施工人排除强制执行之异议能否成立的审查路径

一般来说，应围绕以下要素，依次审查评判实际施工人之异议能否成立。

（一）审查执行标的物是否已经属于执行异议之诉案件范围

发包人欠付的工程款已届清偿期，发包人对欠付工程款给付不持异议，以及到期债权已被采取查封保全措施，利害关系人所提异议执行已予处理，为当事人、利害关系人进而提出执行异议之诉的前置条件。同时，因建设工程款为货币，按"占有即所有"原则，如其进入承包人账户，即推定为归承包人所有。依《最高人民法院关于人民法院办理执行异议和复议案件若干问题的规定》第二十五条规定，银行存款应按照金融机构登记的账户名称判断。但也应按照该条确定的"以形式审查为原则，实质审查为例外"的案外人异议审查规则，一般根据登记表征来判断权属，但若该账户存在使用上的专有属性，亦对实际施工人提供相应证明财产权属或者为实际权利人的相关证据进行实质审查，以纠正因"表面权利判断规则"可能带来的执行错误。

（二）审查执行标的物是否属于被执行人的责任财产

需要明确，强制执行应以执行标的物依法属于被执行人的责任财产为原则。执行异议之诉作为排除不当执行的诉讼制度，衡量判断案外人异议是否成立、能否排除执行，其重要方面应围绕着诉争执行标的物是否归属被执行人的责任财产而展开。且在特殊情形下，即使案外人不能证明执行标的物为其所有或者享有合法权益，也不能当然反向推定、认定即为被执行人所有。故而，在案外人对承包人在发包人处到期债权提出异议引发的执行异议之诉案件，判断执行应否继续，既取决于承包人对该到期债权是否享有实体权利，也取决于执行标的物是否属于被执行

人责任财产。

第一，若有生效裁判已经认定诉争款项为被执行人的责任财产，此时因有生效判决已经确认诉争款项归属，实际施工人则不能在执行异议之诉中请求排除强制执行。实际施工人对工程款的权利，最有效的实现方式是在当时承包人起诉发包人给付工程款诉讼中，申请作为第三人参加诉讼来实现。但因此时该诉讼已有结论，实际施工人唯有向承包人另行提起工程款给付之诉寻求救济。

第二，在发包人明知承包人并非施工合同权利享有者和义务承担者情况下，一般应认定实际施工人有权排除执行。一种表现为，工程施工合同虽以承包人名义与发包人签订，但该合同因系当事人以虚假的意思表示实施的民事法律行为而无效，承包人并非建设工程款债权的实际权利人，诉争工程款不应被认定为其责任财产而继续执行。另一种表现为，实际施工合同履行中，发包人明知实际施工人的存在，对其地位予以认可，甚至是存在直接工程款的结算关系，此时真实的施工合同关系存在于发包人和实际施工人之间。若实际施工人提供施工合同、转账凭证、收条等证据证实其对工程的投入情况，作为投入对价的工程款应由其享有，而非承包人的责任财产，亦能排除执行。

（三）不符合前述情形，应通过实质审查对权利优劣予以比较

若不符合前述情形，针对实际施工人作为利害关系人所提的执行异议，亦应当进行实质审查，据此确定应否继续执行。此时，申请执行人系以承包人债权人身份申请强制执行诉争工程款，权利来源基础为债权请求权；而实际施工人对诉争工程款享有实体权益，其权利来源基础亦为债权请求权。判断实际施工人能否排除承包人在发包人处到期债权的强制执行，在原则把握上应以各方当事人对执行标的享有民事权益的实体性质、效力为基础，对各自依托的法律规范之间的层级关系、蕴含价值和立法目的等予以分析，并结合对执行标的具有的权利瑕疵负有过错、执行标的相关权利行使等具体情形，探寻确定各方对执行标的所享有的

权利何者优先、何者劣后。具体到本案，基于以下原因最终支持实际施工人排除强制执行的请求：（1）从权利形成基础看，诉争工程款债权的形成主要源于殷某的实际施工行为。（2）从款项最终归属看，承包人对诉争工程款处于转收、转交地位，而实际施工人则享有最终权利，为诉争工程款的实际权利人。（3）从合理信赖来看，实际施工人就案涉工程享有最终的建设工程价款请求权，该请求权更具直接性、针对性、终局性，尤其是诉争工程款中大部分已物化的建设材料费用和施工劳动报酬，对诉争工程款所享有的法益优先，理应排除强制执行。（4）从执行效果看，因承包人对工程没有任何投入，确定诉争工程款由实际施工人享有，未损害申请执行人的合法权益；反之，如将诉争工程款予以强制执行，则无因由地增加了承包人的责任财产范围，不当损害了实际施工人的合法权益。

【优秀调研报告选登】

关于涉产权保护案件再审纠错工作及民营企业、企业家司法保护问题的调研报告（简版）

最高人民法院审判监督庭课题组

2023年4月，最高人民法院审监庭组织开展"涉产权保护案件再审纠错工作及民营企业、企业家司法保护问题"调研。调研组分赴江苏、浙江、河南等七省开展实地调研，在全国工商联、全国律协及地方法院召开十余场座谈会，走访有关民营企业，听取法院系统、工商联、律协、市场监管部门以及人大代表、企业家代表的意见建议，以"解剖麻雀"的方式调阅了二十余件涉产权保护再审案件的卷宗材料。简报如下。

一、总体情况

根据调研情况，涉产权保护再审案件主要有以下特点：一是涉及案由众多、类型繁多。二是大都重大疑难敏感，妥善处理难。多是历史形成，时间跨度较长、形成原因复杂，法律性、政策性都很强。三是办理难度大、善后工作难。通常涉及不同利益的市场主体、不同区域的地方保护、不同时期的法律政策、不同行业的专业知识。四是与经济发展程度密切相关，地区差异较为明显。在传统老工业基地和经济欠发达地区，主要集中在民营企业与国有企事业单位或者国家机关之间涉及重大财产处置的案件。在民营经济发达的地区，则主要集中民营企业之间的股权、合同、票证等领域案件。五是涉产权案件往往民刑交织牵连，入罪容易脱罪难。部分当事人借助社会关系不当运用刑事手段介入经济纠纷，打击竞争对手，谋夺产权。

二、工作举措及成效

（1）始终坚持服务大局，深入贯彻落实党中央决策部署。最高人民法院先后于2019年、2020年召开民营企业家座谈会、全国法院产权和企业家权益司法保护工作推进会，强调要建立健全工作机制，深入推进涉产权冤错案件甄别纠正工作。

（2）着力加强组织领导，及时成立专门工作小组。最高人民法院于2016年年底成立涉产权冤错案件甄别纠正工作小组。各高级人民法院以及部分中级人民法院分别设立了相应的工作小组或者工作专班。

（3）适时制定政策文件，严格规范涉产权案件再审纠错。2016年以来，最高人民法院先后发布《关于充分发挥审判职能作用切实加强产权司法保护的意见》《关于依法妥善处理历史形成的产权案件工作实施意见》等一系列司法文件，为开展涉产权保护案件再审纠错工作提供了政策指引。地方各级法院立足本地实际，积极研究出台一系列专项文件。

（4）不断完善工作机制，力求实现涉产权案件再审纠错工作常态化机制化。积极向党委请示汇报。推动构建与政府部门、司法机关的协调机制，与工商联的沟通联系机制。建立案件信息定期报送机制和工作台账，动态掌握工作情况。

（5）充分发挥审判监督职能，依法甄别纠正涉产权冤错案件。2017年年底向社会公开发布，决定对张某中诈骗、单位行贿、挪用资金申诉案，顾某军虚报注册资本、违规披露、不披露重要信息、挪用资金申诉案，李某兰与陈某荣、许某华确认股权转让合同无效纠纷案（牧某集团案）等三件在全国有重大影响的涉产权典型案件启动再审。各地法院也相继甄别纠正了一批涉产权案件。

（6）持续发布典型案例，着力营造市场化、法治化营商环境。2016年以来，最高人民法院、高级人民法院和部分中级人民法院分别发布了多批涉产权保护典型案例。

（7）积极推动源头治理，务必将新时代司法理念落到实处。全国各级法院在依法办理再审案件的同时，不仅积极反向审视，倒逼原审质量，还要坚持"诉调对接"，参与多元解纷。

三、存在问题及原因

（1）司法理念有待进一步更新。部分干警对产权保护的中央精神尚未悟深吃透，罪刑法定、疑罪从无、刑法谦抑、善意文明等理念仍未牢固树立，习惯于戴着"原罪"的有色眼镜看待民营企业，重国有轻民营、重打击轻保护、机械司法、简单办案等现象依然存在。

（2）常态化机制有待进一步健全。不注意主动向同级党委请示汇报，与公安、检察机关协同发力的意识也有待加强。虽然与政府、工商联等部门建有沟通协作机制，但运行不畅。下级法院主动纠错担当精神不足，上级法院监督指导不力。

（3）审判能力有待进一步提高。涉产权案件的申诉、申请再审率较高，但再审率、再审改判率不高。存在久拖不决、推诿扯皮现象。再审难、纠正难仍是顽瘴痼疾。

2018年至2022年，全国法院立案审查涉产权刑事申诉案件1989件，但再审率16.9%，略高于同期全部刑事再审案件14.98%的再审率，但再审改判率44.38%，低于同期全部刑事再审案件55.90%的改判率。

2022年4月至今，全国法院受理涉产权民事再审审查案件873件，其中再审率19.36%，再审改判率18.93%，调解率4.73%，均低于近五年民事审监案件17.4%的再审率、28.75%的改判率、6.91%的调解率。

（4）监督指导力度有待进一步加大。纠错工作开展不平衡，"上热下冷""左右失调"。有的法院行动乏力，成效不理想，南方某省和西北某省等至今为零。

（5）案件源头治理有待进一步做实。部分法院对发布典型案例存有顾虑，提出司法建议少，倒逼提升审判质量力度不足。

四、下一步工作建议

（1）进一步转变司法理念。坚决贯彻习近平法治思想，坚定树立"法治是最好的营商环境"理念，进一步引导广大法官统一思想认识，以依法履职展现政治担当，坚持平等保护原则，牢固树立保护产权、保障人权、制约公权的司法理念，把党中央"两个毫不动摇"方针落实到涉产权案件再审纠错工作全过程，持续发力，久久为功，推动民营企业、企业家司法保护工作不断向纵深发展。

（2）进一步健全常态化机制。一是充分发挥党的领导的最大政治优势。牢牢坚持党对政法工作的绝对领导，办理重大疑难敏感复杂的产权案件时，主动向党委政法委请示汇报，请求支持和统筹协调。二是推动构建与司法机关、政府部门的协调机制。主动与公安、检察、政府有关部门等加强沟通协作，减少阻力，形成合力，依法稳妥处理涉产权案件。三是深入落实2020年最高人民法院和中华全国工商业联合会共同发布的《关于建立健全人民法院与工商联沟通联系机制的意见》，完善与工商联的沟通联系机制。四是切实发挥好涉产权冤错案件甄别纠正工作小组的职能。五是进一步强化上下联动，完善四级法院信息定期报送机制，完善再审案件工作台账。

（3）进一步破解再审难、纠正难痼疾。一是切实避免"机械办案"。涉产权案件往往复杂敏感，就案办案、机械司法不能实现公正，依法办案只是底线要求，还要强调三个效果的统一，追求最佳的办案效果，让包括企业家在内的人民群众切实感受到公平正义就在身边。二是切实防止"程序空转"。再审中对于事实证据有疑问的，要立足于实质化解矛盾纠纷，依法查明事实直接裁判，避免不负责任地一发了之。尽量减少非因法定事由而指令再审或者发回重审的情况。三是进一步加大监督指导力度，拟于2023年下半年，在全国部分法院开展涉产权刑事、民事再审案件评查活动，有效提升案件办理质量。

（4）进一步做好典型案例发布。一个案例胜过一沓文件。为充分发挥典型案件的示范引领作用，切实优化民营经济发展环境，审监庭正在筛选一批通过审判监督程序纠正的刑事、民事、行政等涉产权典型案例，拟于9月底前集中发布。目前已经筛选到30个案例，正在深入研判。

（5）进一步做实案件源头治理。不断强化"抓前端、治未病"理念，坚持"办理与治理并重"，做好涉产权案件再审工作的"后半篇文章"。一是坚持问题导向，充分利用审监工作特点，剖析总结错案发生的原因，加强对下指导，提升审判质量，从根源上降低申诉率。二是坚持和发展新时代的"枫桥经验"，主动延伸审判职能，进一步健全多元化纠纷解决机制，促进矛盾纠纷化解在诉前、解决在萌芽状态。

青海省高级人民法院审判监督庭
关于近五年青海法院刑事再审改判案件的调研报告

2018年以来，青海法院秉持实事求是、有错必纠的态度，认真对待人民群众的申诉和各方监督，正视审判工作中出现的问题，在维护人民法院裁判权威的同时，依法纠正了一批确有错误的生效刑事裁判，充分发挥审判监督制度优势，实现了政治效果、社会效果和法律效果的统一，提高了司法公信力。青海省高级人民法院审判监督庭对2018—2022年青海省辖区内通过审判监督程序纠正的刑事冤错案（包括宣告无罪、部分罪名改判无罪和量刑改变）进行了调研分析，报告如下。

一、刑事再审案件基本情况

2018—2022年，青海法院共受理刑事再审案件159件。其中，本院再审115件、本院提审11件、上级法院指令再审13件、仅抗诉7件、仅上诉7件、上诉并抗诉2件、发回重审1件、其他3件。通过再审改判70件、维持24件、发回重审20件、再审裁定撤销原减刑裁定34件、撤销原判决4件、裁定中止审理2件、撤销原裁定并指令受理1件、未结4件。

二、错案改判事由分析

再审改判的70件刑事案件中，因原审法院适用法律错误改判案件44件、占比63%，因量刑失当改判案件8件、占比11.4%，因事实认定错误且适用法律错误改判案件 8 件、占比 11.4%，因适用法律错误且量刑失当改判案件 4 件、占比 5.7%，因认定事实错误改判案件 4 件、占比 5.7%，因认定事实错误且量刑失当改判案件 1 件、占比 1.4%，因证据不足改判案件 1 件、占比 1.4%（见图 1）。

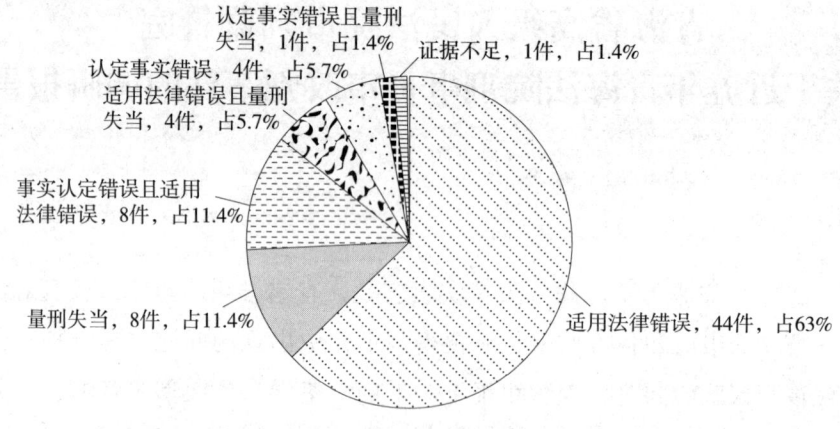

图 1　错案改判事由

（一）部分案件法律适用存在问题

因原审法院适用法律错误改判案件 44 件，其中适用法律错误比较典型的情形包括突破法定刑、适用附加刑不当、认定累犯错误、对涉案赃款未责令退赔、程序违法等。

1. 原审突破法定刑量刑，导致适用法律错误

（1）原审不应当宣告缓刑。在（2020）青 25 刑再 1 号一案中，原判认定被告人犯强奸罪，判处被告人有期徒刑三年，缓刑五年。再审认为，奸淫不满十四周岁的幼女，以强奸论，应从重处罚，不符合适用缓刑的条件，再审改判原审被告人犯强奸罪，判处有期徒刑四年。

（2）原审量刑突破法定刑。在（2021）青 2621 刑再 1 号一案中，原判认定被告人持刀将被害人的头部砍伤，其伤害故意明显，且造成被害人重伤的伤害结果，故被告人的行为符合故意伤害罪的犯罪构成要件。被告人犯罪后能如实供述自己的罪行，自愿认罪，其家属赔偿被害人经

济损失，取得了被害人的谅解，系初犯、偶犯，可酌情从轻处罚。结合司法行政机关出具的被告人适用社区矫正评估意见，应认定其符合适用缓刑的条件，可宣告缓刑，遂认定被告人犯故意伤害罪，判处有期徒刑二年五个月，缓刑三年。再审认为，根据刑法第二百三十四条第二款"故意伤害他人身体的，致人重伤的，处三年以上十年以下有期徒刑"的规定，原审被告人故意伤害他人身体，致人重伤，应处三年以上十年以下有期徒刑。原审被告人自愿认罪，具有从轻情节，其亲属积极赔偿被害人经济损失并取得谅解，被告人系初犯、偶犯，遂撤销原判，改判原审被告人犯故意伤害罪，判处有期徒刑三年。

在（2018）青0102刑再1号一案中，原判认定被告人犯盗窃罪，判处有期徒刑八个月，缓刑十个月。再审认为，依照刑法第七十三条第二款"有期徒刑的缓刑考验期限为原判刑期以上五年以下，但是不能少于一年"的规定，原判对被告人的缓刑考验期界定为十个月，适用法律不当，遂改判原审被告人犯盗窃罪，判处有期徒刑八个月，缓刑一年。

（2021）青2621刑再2号、（2021）青2621刑再3号、（2021）青2224刑再1号等案件也存在原审判决判处的缓刑考验期突破了"不能少于一年"的法律规定，导致适用法律错误，被再审依法改判。

2. 原审将被告人在服刑期间经减刑裁定减去的刑期计入已执行的刑期，导致适用法律错误

在（2018）青0102刑再4号一案中，原审被告人因犯强奸罪在青海省东川监狱服刑期间，于2013年7月5日被青海省西宁市中级人民法院裁定减刑一年四个月，原审判决将该一年四个月计入已执行刑期后，数罪并罚，决定执行有期徒刑六年，剥夺政治权利二年。再审认为，原审判决在适用法律上，违反了《最高人民法院关于罪犯因漏罪、新罪数罪并罚时原减刑裁定应如何处理的意见》（法〔2012〕44号）中"罪犯被裁定减刑后，因被发现漏罪或者又犯新罪而依法进行数罪并罚时，经减刑裁定减去的刑期不计入已经执行的刑期"之规定及《最高人民法院关于办理减刑、假释案件具体应用法律的规定》（法释〔2016〕23号）第

三十三条"罪犯被裁定减刑后，刑罚执行期间因故意犯罪而数罪并罚时，经减刑裁定减去的刑期不计入已经执行的刑期。原判死刑缓期执行减为无期徒刑、有期徒刑，或者无期徒刑减为有期徒刑的裁定继续有效"的规定，原审将被告人在服刑期间经减刑裁定减去的刑期计入已执行的刑期，适用法律确有错误，遂改判犯故意伤害罪，判处有期徒刑八个月；与原判犯强奸罪，尚未执行完毕的刑罚有期徒刑三年零十一天，剥夺政治权利二年，数罪并罚，决定执行有期徒刑三年五个月，剥夺政治权利二年。

（2019）青 0102 刑再 1 号、（2019）青 0102 刑再 2 号、（2019）青 0102 刑再 3 号、（2019）青 0102 刑再 4 号、（2020）青 0102 刑再 1 号、（2021）青 0102 刑再 2 号、（2021）青 2323 刑再 1 号等案件，也存在原审判决将被告人在服刑期间经减刑裁定减去的刑期计入已执行的刑期，导致适用法律错误，被再审依法改判。

3. 因被告人在缓刑考验期隐瞒罪行或犯新罪，导致适用法律错误

在（2018）青 0222 刑再 1 号一案中，原判认定被告人于 2010 年 12 月 28 日犯强奸罪，判处有期徒刑三年，缓刑五年，2015 年 12 月 27 日缓刑考验期期满。再审认定，原审被告人在 2015 年 8 月、9 月容留他人吸毒，属于在缓刑考验期内犯新罪，依照刑法第七十七条的规定，应当撤销缓刑，数罪并罚有期徒刑三年九个月，决定执行有期徒刑三年六个月，并处罚金二千元。

（2018）青 0103 刑再 1 号、（2019）青 0102 刑再 4 号、（2021）青 0122 刑再 1 号等案件中也存在因被告人在缓刑考验期隐瞒罪行或犯新罪，导致适用法律错误，被再审依法改判。

4. 原审对涉案赃款未追缴或责令退赔，导致适用法律错误

在（2018）青 0121 刑再 1 号一案中，原判认定被告人犯诈骗罪，判处有期徒刑五年三个月，并处罚金一万元，与前罪所判刑罚拘役四个月，并处罚金二千元，实行数罪并罚，决定执行有期徒刑五年三个月，并处罚金一万二千元。再审认为，原判对涉案的赃款未责令退赔，根据刑法

第六十四条的规定，原审被告人非法占有处置荐某的财产，应当依法予以追缴或者责令退赔。原判对原审被告人的违法所得未作处理实属不当，适用法律错误，再审改判责令原审被告人退赔被害人人民币242820元。

（2019）青0104刑再2号、（2019）青0105刑再1号、（2020）青0103刑再1号、（2020）青0122刑再3号、（2020）青01刑再2号、（2021）青0103刑再2号、（2021）青2823刑再1号、（2022）青0224刑再1号等案件中，也存在原审对涉案赃款未追缴或责令退赔的问题，导致适用法律错误。

5. 原审认定累犯错误，导致适用法律错误

（1）原审不应当认定累犯而认定为累犯。在（2019）青2524刑再1号一案中，原判认定被告人犯盗窃罪，判处有期徒刑一年，并处罚金二千元。再审认为，原审被告人犯罪时未满十八周岁，系未成年人。根据刑法第六十五条第一款"被判处有期徒刑以上刑罚的犯罪分子，刑罚执行完毕或者赦免以后，在五年以内再犯应当判处有期徒刑以上刑罚之罪的，是累犯，应当从重处罚，但是过失犯罪和不满十八周岁的人犯罪的除外"的规定，以及《最高人民法院关于〈中华人民共和国刑法修正案（八）〉时间效力问题的解释》第三条第三款"曾被判处有期徒刑以上刑罚，或者曾犯危害国家安全犯罪、恐怖活动犯罪、黑社会性质的组织犯罪，在2011年5月1日以后再犯罪的，是否构成累犯，适用修正后刑法第六十五条、第六十六条的规定"的规定，原判认定原审被告人系累犯从重处罚，适用法律错误，再审改判原审被告人犯盗窃罪，判处有期徒刑十个月，并处罚金二千元。

（2019）青刑再1号、（2018）青0221刑再1号等案件也存在原审被告人犯罪时不满十八周岁，不应当认定累犯而认定为累犯的问题，导致适用法律错误，被再审依法改判。

（2）应当认定累犯而未认定。在（2020）青0102刑再2号一案中，原判认定被告人犯贩卖毒品罪，判处有期徒刑十五年（刑期从判决执行之日起计算。判决执行以前羁押一日折抵刑期一日。即自2012年2月8

日起至 2027 年 2 月 7 日止），剥夺政治权利三年，并处没收财产一万元。再审认为，但原审法院未对被告人的该前科情况及累犯情节予以认定，适用法律错误，遂改原审被告人犯贩卖毒品罪，判处有期徒刑十五年（刑期从判决执行之日起计算。判决执行以前羁押一日折抵刑期一日。即自 2012 年 2 月 8 日起至 2027 年 2 月 7 日止），剥夺政治权利三年，并处没收财产一万元（待判决生效后执行）。

在（2022）青 0122 刑再 1 号一案中，湟中县人民法院于 2016 年 2 月 5 日作出（2015）湟刑初字第 00330 号刑事判决认定被告人犯非法猎捕、杀害珍贵、濒危野生动物罪，判处有期徒刑二年，缓刑二年，并处罚金五千元。该判决发生法律效力后，被告人于 2020 年 8 月再犯罪，甘肃省祁连山林区人民检察院审查时发现被告人曾因犯非法杀害珍贵野生动物罪于 2005 年 11 月 1 日被青海省大通回族土族自治县人民法院判处有期徒刑十一年，并处罚金二千元，并于 2013 年 3 月 18 日刑满释放，后湟中县人民法院在审理（2015）湟刑初字第 00330 号案件时，被告人系累犯，对累犯不适用缓刑，但湟中县人民法院于 2016 年 2 月 5 日判处被告人有期徒刑二年，缓刑二年，甘肃省祁连山林区人民检察院向原审法院移送该线索。再审认定，原审被告人在有期徒刑执行完毕以后五年以内再犯应当判处有期徒刑以上刑罚之罪，系累犯，应从重处罚，且不适用缓刑。被告人在判决宣告以前一人犯数罪，应对其数罪并罚。再审改判原审被告人犯非法猎捕、杀害珍贵、濒危野生动物罪，判处有期徒刑二年六个月，并处罚金五千元，与甘肃省祁连山林区法院（2021）甘 7507 刑初 7 号刑事附带民事判决书对被告人犯危害珍贵、濒危野生动物罪判处有期徒刑十一年六个月，并处罚金五千元，数罪并罚，决定执行有期徒刑十三年，并处罚金一万元。

在（2021）青 0223 刑再 1 号一案中，原判认定被告人犯抢劫罪，判处有期徒刑十一年，剥夺政治权利二年，并处罚金五千元。再审认为，原审被告人在原审使用假名和假身份信息，导致原审未认定其有累犯情节，量刑不当，再审予以纠正，改判原审被告人犯抢劫罪，判处有期徒刑十三年，剥夺政治权利二年，并处罚金五千元。

6. 违反法定程序，导致适用法律错误

在（2018）青2321刑再1号一案中，原判认定被告人犯故意伤害罪，判处有期徒刑二年，缓刑三年。再审认为，原审法院对原审被告人犯故意伤害罪适用简易程序独任审理，违反刑事诉讼法（2012年修正）第二百一十条第一款之规定，程序错误。另根据刑法第二百三十四条第二款规定，原判量刑不当，适用法律错误。再审改判原审被告人犯故意伤害罪，判处有期徒刑三年，缓刑四年。

7. 适用附加刑错误，导致适用法律错误

（1）原审判决遗漏了附加刑。在（2021）青0103刑再1号一案中，原判认定被告人犯抢劫罪，判处有期徒刑十年五个月。再审认为，原审法院认定被告人犯抢劫罪，判处有期徒刑十年五个月。但依照刑法第二百六十三条、第五十二条、第六十四条的规定，原审判决漏判罚金，适用法律不当。再审改判原审被告人犯抢劫罪，判处有期徒刑十年五个月，并处罚金五千元。

在（2021）青22刑再1号一案中，原判认定被告人犯故意伤害罪、聚众斗殴罪、贩卖毒品罪、赌博罪、私藏弹药罪，判处死刑，缓期二年执行。2007年12月12日经青海省高级人民法院以（2007）青刑执字第119号刑事裁定减为有期徒刑二十年，剥夺政治权利十年；2008年12月1日经海北州中级人民法院以（2008）北刑执字第479号刑事裁定减刑二年，剥夺政治权利十年不变；2011年6月27日经海北州中级人民法院以（2011）北刑执字第276号刑事裁定减刑一年十一个月，剥夺政治权利十年不变；2012年11月25日经海北州中级人民法院以（2012）北刑执字第531号刑事裁定减刑一年九个月，剥夺政治权利十年不变。海北州中级人民法院（2014）北刑执字第237号刑事裁定中对罪犯准予减去有期徒刑一年六个月（刑期至2019年10月24日）。再审认为，原审法院作出（2014）北刑执字第237号刑事裁定对罪犯准予减去有期徒刑一年六个月，但对剥夺政治权利十年未予表述，适用法律错误，再审改判确认对原审被告人剥夺政治权利十年不变。

（2）原审不应当判处附加刑。在（2019）青2524刑再2号一案中，原判认定被告人犯交通肇事罪，判处有期徒刑十一个月，缓刑一年，并处罚金一千元。再审认为，依照刑法第一百三十三条、第十七条第一款、第三款、第七十二条第一款的规定，交通肇事罪无附加刑，原审法院判决并处罚金一千元有误，适用法律错误。再审改判原审被告人犯交通肇事罪，判处有期徒刑十一个月，缓刑一年。

在（2021）青25刑再1号一案中，原审法院适用刑法修正案（十一）修正以前的第二百七十一条第一款规定，认定原审被告人犯职务侵占罪，判处有期徒刑三年，缓刑四年，并处罚金一万元。再审认为，依照刑事诉讼法第二百五十六条、第十五条、第二百零一条，《最高人民法院关于适用〈中华人民共和国刑事诉讼法〉的解释》第三百八十九条第一款第三项，2017年刑法修正案（十）修正的刑法第二百七十一条第一款、第七十二条、第七十三条、第六十一条，《最高人民法院、最高人民检察院关于办理贪污贿赂刑事案件适用法律若干问题的解释》第十一条第一款的规定，原审判决对原审被告人判处罚金刑不当，适用法律错误。再审改判原审被告人犯职务侵占罪，判处有期徒刑三年，缓刑四年。

（二）部分案件未考虑量刑情节

1. 原审法院在量刑时未充分考虑如实供述罪行、取得被害人谅解、自首坦白等法定和酌定的量刑情节，导致量刑不当

在（2021）青0122刑再2号一案中，原判认定被告人犯强奸罪，判处有期徒刑二年；犯抢劫罪，判处有期徒刑五年五个月，并处罚金一千元，数罪并罚，决定执行有期徒刑七年，并处罚金一千元。再审认为，原审被告人犯罪时系未满十五周岁的未成年人，应当对其减轻处罚；其在着手实施强奸犯罪时，由于意志以外原因而未得逞，系犯罪未遂，可比照既遂犯对其减轻处罚；同时，被告人虽不认罪，但其到案后如实供述犯罪事实，属坦白，可对其从轻处罚。但原审法院量刑未考虑以上情

况，再审改判原审被告人犯强奸罪，判处有期徒刑一年二个月；犯抢劫罪，判处有期徒刑五年五个月，并处罚金一千元，数罪并罚，决定执行有期徒刑六年，并处罚金一千元。

在（2021）青2524刑再2号一案中，原判认定被告人犯盗窃罪，判处有期徒刑一年零四个月，并处罚金二万元。再审认为，原审被告人的家属已赔偿被害人经济损失7500元，赔偿一头牦牛及经济损失300元，原审被告人盗窃行为获得被害人的谅解，根据被告人的犯罪事实、性质、情节及对社会的危害程度，充分体现宽严相济的刑事政策，可以从轻处罚，再审改判原审被告人犯盗窃罪，判处有期徒刑十一个月，并处罚金二千元。

2. 其他情形导致量刑不当

在（2018）青0105刑再1号一案中，原判认定被告人犯故意伤害罪，判处有期徒刑一年，缓刑二年。再审认为，根据被害人高某提交的青司鉴17010080200×××号《鉴定意见书》和已查明的犯罪事实，足以认定原审判决对原审被告人的量刑存在错误，再审改判原审被告人犯故意伤害罪，判处有期徒刑一年零六个月，缓刑二年。

在（2022）青0104刑再1号一案中，原判认定被告人犯危害珍贵、濒危野生动物罪，判处有期徒刑五年，并处罚金三万元。再审认为，原审判决认定珍贵、濒危野生动物制品价值有误，应以重新鉴定价值140250元依法惩处，再审予以纠正，遂改判原审被告人犯危害珍贵、濒危野生动物罪，判处有期徒刑二年十个月，并处罚金人民币三万元。

在（2021）青0104刑再1号一案中，原判认定被告人犯非法吸收公众存款罪，判处有期徒刑一年，缓刑一年，并处罚金五万元。再审认定，原审被告人未经银行业监督管理机构批准，非法吸收公众存款，扰乱金融秩序，其行为构成非法吸收公众存款罪，非法吸收公众存款435.5万元，数额巨大，原判以被告人提交的虚假证据认定被告人构成自首，所吸收资金主要用于正常的经营活动，且已全部及时退清，并判处缓刑的事实及量刑错误，应予纠正。再审改判原审被告人犯非法吸收公众存款罪，判处有期徒刑三年六个月，并处罚金六万元，与后罪犯非法吸收公众存款罪，判处有期徒刑四年六个月，并处罚金十万元，数罪并罚，决定执行有期徒刑五年六个月，并处罚金十六万元。

在（2021）青2521刑再2号一案中，原判认定被告人犯交通肇事罪，免予刑事处罚。再审认定，原审被告人违反道路交通运输管理法规，造成乘车人员一人死亡，三人受伤，两车严重损坏的重大交通事故，其行为构成交通肇事罪，应依法惩处。原审量刑不当，原审被告人犯罪情节较轻、有悔罪表现、没有再犯罪的危险、宣告缓刑对所居住社区没有重大不良影响，符合缓刑适用条件，可以宣告缓刑。再审改判原审被告人犯交通肇事罪，判处有期徒刑六个月，缓刑一年。

（三）部分案件定罪错误

1. 定罪的证据不足

在（2017）青2802刑再1号一案中，原判认定被告人构成挪用公款罪、贪污罪。再审认为，现有证据无法证实原审被告人具有非法占有的主观故意，且不能排除其因"工作"需要，用公款请客送礼的合理怀疑，遂改判原审被告人无罪。

在（2018）青28刑再1号一案中，原判认定被告人犯盗窃罪，判处有期徒刑十二年，并处罚金五十万元；以被告人犯伪造公司印章罪，判处有期徒刑一年零六个月；数罪并罚，决定执行有期徒刑十二年，并处罚金五十万元。再审认为，王某2以鄢陵县恒某公司名义与中铁某局集团有限公司签订《建设工程施工合同》及王某2与原审被告人签订转包工程的《协议书》均证实王某2与原审被告人存在建设工程的合同转包关系，且原审被告人为实际施工人，原审被告人在合同项下处置工程施工使用的沥青属民事法律关系的范畴，不属于刑事法律关系，原审被告人的上述行为不构成盗窃罪，再审宣告原审被告人无罪。

在（2018）青02刑再2号一案中，原审认定被告人犯职务侵占罪判处其有期徒刑四年十个月。再审认为，职务侵占罪在主观方面表现为明知是公司财务而决意采取侵吞、窃取、骗取等手段非法据为己有、化公为私的行为。原审被告人利用执行董事的职务身份指使他人购买虫草，并虚构工程项目用材料款发票报账，将买得的虫草存放在共用办公室的办公桌抽屉内，尚未进行有效处置，其非法占有该财物的主观故意不明，现有证据不能排除其用于公司活动的合理怀疑，遂改判无罪。

2. 应认定为犯罪而未认定

在（2022）青0102刑再1号一案中，原判宣告被告人无罪，驳回附带民事诉讼原告人的附带民事赔偿请求。再审认为，青海省西宁市城北区人民法院（2020）青0105刑初188号刑事附带民事判决，以没有客观证据能够证实被告人犯故意伤害罪的认定正确，但被告人和被害人争抢铁锹、被害人头部右侧遭受钝器伤导致重伤二级、没有证据证实被害人于案发后受到过二次伤害等客观事实确实存在，在排除合理怀疑后，结合全案证据，根据存疑有利于被告人的原则，应当认定被害人与原审被告人争抢铁锹过程中被过失致伤的事实。原审被告人在与被害人争抢铁锹的过程中，应当预见自己的行为可能发生致伤他人的结果，因为疏忽大意的过失而没有预见，造成他人重伤的行为构成过失致人重伤罪，应予惩处，再审改判原审被告人犯过失致人重伤罪，判处有期徒刑十个月。

3. 认定罪名错误

在（2020）青0224刑再1号一案中，原审法院认定被告人犯滥用职权罪，判处有期徒刑三年，缓刑四年。再审认为，原审被告人身为司法人员，为逼取口供，对犯罪嫌疑人实施殴打，造成一人死亡、一人轻伤的严重后果，应当以故意伤害罪从重处罚。原审判决适用法律不当，认定罪名错误，导致量刑畸轻，应当依法撤销，遂改判原审被告人犯故意伤害罪，判处有期徒刑十二年，剥夺政治权利二年。

三、存在的问题

一是审判队伍司法能力有待进一步加强。进入新时代，刑事法律更新速度快，个别法官学习能动性不足，司法能力无法满足达到案件办理专业化水平的要求。本次调研发现,在法律已有明确规定的情况下,依然有部分案件突破法定刑、错误适用累犯、数罪并罚时将裁定减去的刑期计入已执行的刑期等,导致适用法律错误被再审改判,因法律适用错误被改判的案件占比达到63%。

二是裁判尺度统一工作仍需继续推进。就上级法院因事实认定、法律适用错误对下级法院生效裁判提起再审的情形,上下级法院内部在案件审理思路、举证责任分配、证据认定、现行政策把握等方面认识和理解不一致,或对法律适用的理解、要件事实的归入方式认识不统一,致使案件进入再审。裁判尺度是否统一、上级法院的再审意见能否贯穿体现于以后案件的审理工作直接影响了审判监督制度的实际效果,故应继续推进裁判尺度的统一工作,统一法律适用,避免上下级法院审理思路不一致,案件连续发回重审或被改判的情况出现。

三是刑事案件质效有待进一步提高。部分案件未对犯罪情节、动机、社会危害性等进行全面、综合考量,导致同类案件的量刑有较大差距;部分判决遗漏对涉案财物的处理或遗漏对赃款赃物的追缴、退赔,导致再审改判;部分案件的庭前准备不够充分,证据审查不够严谨,证人、鉴定人、侦查人员出庭作证制度落实还不到位,使得部分判决存在事实未查清,遗漏当事人前科情况而导致改判;部分案件裁判文书说理不充分,对证据不加甄别,判决主文简单引用法律条文,行文结构不够清晰、重点不够突出,对裁判文书低级错误的危害性认识不足,对刑事审判工作的质量重视不够,忽视细节,不能满足刑事审判工作的严肃性要求。

四是审判监督管理体系可进一步优化。现行审判监督制度是事后监督、模式较为单一,在发现已生效的判决、裁定确有错误的前提下,才能启动再审程序。这种出错后再纠错的事后监督,一定程度上使监督处于被动状态,监督触角不能有效延伸至错误发生过程中或开始萌芽时,有碍于第一时间发现和纠正错误,可以向着更加科学、更为立体化的方向优化监督管理体系。

四、下一步措施和建议

第一，完善以二审终审制为基础，再审纠错为补充和保障的审判监督机制。再审程序本质上是一种补救程序。这种补救针对的是正常程序无法为或难以为的情形。基于此，应当还原审判监督纠错本质的内涵，确立通过审判监督工作反向提升诉讼前道工序审判质量的思路，完善一套以二审终审制为基础，再审纠错为补充的审判监督机制，发挥审判监督工作对一审、二审案件的反向指引作用，使审判监督工作成为一审、二审的质量标准，将审判监督范围由案件结果扩展到包括司法行为在内的全程提示、预防，特别在送达、开庭、庭审、回避等环节严格规范，增强二审程序内的监督及责任意识，在二审程序内依法纠错、依法裁判，充分发挥二审程序内监督职能。

第二，坚持依法纠错，进一步提高刑事再审案件审判质效。做好刑事案件审判质效的源头控制，完善证据审查、案件审理、审核监督机制；加强与检察机关、监狱、司法行政机关的沟通协调，统一刑罚执行适用标准；提高裁判文书质量，加强刑事裁判文书说理，针对案件争点和人民群众关注点，立足证据、事实和法律讲道理，锻造精品文书，形成优秀裁判；强化再审案件的引领作用，通过对再审案件的归纳提炼，统一类案审判尺度和法律适用，进一步发挥刑事再审审判的教育、评价、指引、规范作用，达到审理一案、教育一片的目的。

第三，建立健全刑事再审办案模式，推进以审判为中心的刑事诉讼制度改革。强化庭前准备程序，落实庭前会议制度，依法排除非法证据，强化证人、鉴定人、侦查人员出庭制度，推进庭审实质化改革；用好合议庭合议制度，庭审后及时、认真评议，确保合议庭成为解决意见分歧和疑难问题的一道重要程序；用好专业法官会议制度，出现分歧意见及时召开专业法官会议，形成解决案件、处理分歧、统一司法见解和裁判尺度的重要机制；用好审判委员会制度，遇到疑难复杂问题提请审判委员会讨论，统一法律适用、保证公正司法。

第四，深化统一裁判尺度工作机制。对于高级法院指令再审的重大疑难复杂案件、辖区内有大量类案且涉及统一裁判尺度的案件、与此前本院生效裁判存在冲突需要调整思路的案件等情况，中级人民法院在处理前应及时向高级人民法院汇报，以高级、中级、基层法院三级会商机制进一步厘清解决案件争议焦点问题，统一辖区法院审理标准和裁判尺度，提升审级监督指导效果。同时建立三级法院法官定点联络机制，做好日常问题收集、整理、研究和反馈工作，确保沟通及时有效。切实利用好法答网的问答和检索功能，解决办案中遇到的疑难问题。

第五，强化队伍建设，进一步提升审判队伍司法能力。深入开展学习贯彻习近平新时代中国特色社会主义思想主题教育，真正把习近平法治思想研深悟透；脚踏实地强业务，通过调查研究，进一步健全高素质专业化刑事审判人才培养机制，通过加强培训交流、业务指导，全面提升刑事法官的法律政策运用能力、防控风险能力、群众工作能力、科技应用能力、舆论引导能力，推进刑事司法能力现代化；一以贯之抓严管，狠抓"三个规定"如实填报，强化刑事审判监督制约，确保公正廉洁司法。

推动假释制度适用程序保障机制研究

重庆市高级人民法院审判监督庭课题组

引　言

假释是我国一项重要的刑罚执行变更制度，对激励罪犯积极改造，促进罪犯顺利回归社会，预防和减少重新犯罪，降低刑罚成本具有重要意义。作为行刑社会化的一项基本制度，假释在世界大多数国家都有较高的适用率。现代假释制度在我国设立已有四十余年历史，但假释的适用现状一直不容乐观，假释适用率长期低位徘徊，假释制度的功能未得到充分发挥，"减刑为主、假释为辅"是我国刑罚执行变更领域的基本现状。2023年3月，最高人民法院、最高人民检察院、公安部、司法部出台了《关于依法推动假释制度适用的指导意见》，对推动假释制度适用，充分发挥假释功能提出了具体要求，如何有效贯彻落实文件精神，改变低假释率的现状，成为当前亟待解决的问题。对低假释率的原因，学界研究的热点一直集中于对假释理论基础的重构和对假释实体要件的解绑，对制约假释适用的程序因素研究较少。假释制度的适用是刑罚执行机关启动权、人民法院审判权、检察机关监督权、社区矫正机构执行权相互协同、制约的复杂过程，当前，假释职权主体之间普遍存在协同不足、制约无力的问题，造成假释适用整体效能低下。本课题以完善假释程序保障机制为视角，针对当前假释适用中的程序阻滞提出对策建议，对丰富完善假释程序规则、推动假释司法适用具有理论和现实意义。

一、假释制度的适用现状

（一）总体情况与特征

1. 假释适用率持续偏低

假释是一项历史悠久的刑罚执行制度，在西方国家已有两百年的历史。作为法律移植的舶来品，自 1910 年清政府颁布《大清新刑律》首次规定假释制度以来，假释制度在我国的存续已有一百多年。中华人民共和国假释制度的渊源最早可以追溯到革命根据地时期，中华人民共和国成立后，政务院于 1954 年 9 月颁布了《劳动改造条例》，以统一立法形式规定了假释制度。1979 年，我国颁布了第一部刑法，用 3 个条款对假释作出规定，这是中华人民共和国成立以来首次以法律形式确立假释制度，标志着我国现代假释制度的确立。[1] 1997 年刑法将假释制度条款增至 6 条，最高人民法院又相继出台相关司法解释对假释司法适用规则予以细化，我国假释制度规则体系已日臻完善。

然而，我国的假释制度适用情况一直不容乐观，假释适用率长期在低位徘徊。据统计，在现代假释制度确立后的四十余年间，全国假释平均适用率维持在 1% 至 2%。[2] 放眼域外，欧美国家的监狱出狱形式基本上以假释为主，美国、英国、法国、意大利的假释人数约占出狱人数的 50% 至 90% 不等，亚太地区在假释实务运作上虽相对审慎和保守，但假释适用也相当普及，日本的假释率近年来一直保持在 50% 以上，[3] 远高于我国。

---

[1] 参见柳忠卫：《假释制度比较研究》，山东大学出版社 2005 年版，第 67 页。
[2] 参见陈治军、陈梦琪：《关于依法逐步提高假释比例的理性思考》，载《中国司法》2018 年第 9 期；董邦俊、赵聪：《假释的实质条件机器评估保障机制研究》，载《政法论丛》2019 年第 5 期。
[3] 参见司法部减刑假释课题组：《国外减刑、假释制度的发展现状及其对我国的启示》，载《犯罪和改造研究》2014 年第 6 期。

2. 减刑、假释适用失衡

减刑和假释是我国刑罚执行变更制度中的"两架马车"，相较于假释，减刑制度因其功能缺陷一直饱受诟病，因为减刑后出狱的罪犯从监狱到社会的无缝切换并不利于罪犯再社会化，再犯罪概率较高。假释作为附条件的提前释放，罪犯的服刑场所从监狱转换至社会，在减少罪犯间交叉感染的同时，也可以有效缓解监狱的监管压力，假释考验期的设置也有利于罪犯顺利回归社会，实现罪犯从监狱到社会的"软着陆"。假释制度所蕴含的行刑社会化理念是现代刑法理论在刑罚执行变更领域的体现。假释制度自19世纪确立以来，已经被多国立法移植，在世界范围内，假释已成为替代监禁刑的最主要刑罚执行制度，"假释为主、减刑为辅"是当前大多数国家刑罚执行变更的常态。与域外假释制度备受推崇的局面相比，假释制度并未因其制度优势在我国受到"热捧"，相反，我国的减刑适用率明显高于假释，减刑、假释适用存在明显的倒挂现象。[①] 据统计，2017年至2021年全国减刑、假释案件比依次为24∶1、23∶1、25∶1、29∶1、42∶1，[②] "减刑为主、假释为辅"是我国当前刑罚执行变更领域的基本现状。

3. 假释适用地区差异明显

我国假释适用率虽在全国层面上整体偏低，但个别地区的假释适用率却远高于全国平均水平，假释适用呈现出明显的地区差异。比如，2005年至2007年，全国假释适用率分别为1.18%、1.29%、1.06%，同时期山东省假释适用率为7.63%、9.62%、8.5%，而安徽省假释适用率平均仅为0.6%。司法部统计数据显示，2023年前三季度全国假释适用率为0.32%，其中浙江省的假释适用率为4.62%，假释人数约占全国假释人数的七成。假释适用率低的原因长期被归咎于立法的缺陷，然而，通过以上数据可以发现，在同一套法律规则体系下，不同地区的假释适用

---

① 参见林毓敏、赵国玲：《中国假释制度的规范梳理与实践适用分析》，载《中国监狱学刊》2021年第2期。

② 参见四川省监狱管理局课题组：《优化假释适用的现代化法治路径初探》，载《中国法治》2023年第2期。

情况呈现截然不同的面相,说明造成假释适用率低的原因并非仅在立法方面,这提示我们应更多地从执法、司法层面探寻假释率低的真正原因。

(二)重庆假释适用情况分析

1. 总体情况:假释适用率低于全国平均水平

重庆地区共有 16 所监狱,2018 年至 2022 年年均在押罪犯人数约为 3.1 万人,在押罪犯人数相对均衡。五年内共计假释罪犯 60 人,其中,2018 年假释 43 人、假释适用率为 0.142%,2019 年假释 7 人、假释适用率为 0.023%,2020 年假释 5 人、假释适用率为 0.017%,2021 年假释 4 人、假释适用率为 0.013%,2022 年假释 1 人、假释适用率为 0.003%。总体上看,近五年重庆假释适用率逐年下降且均低于全国平均水平(见图 1)。

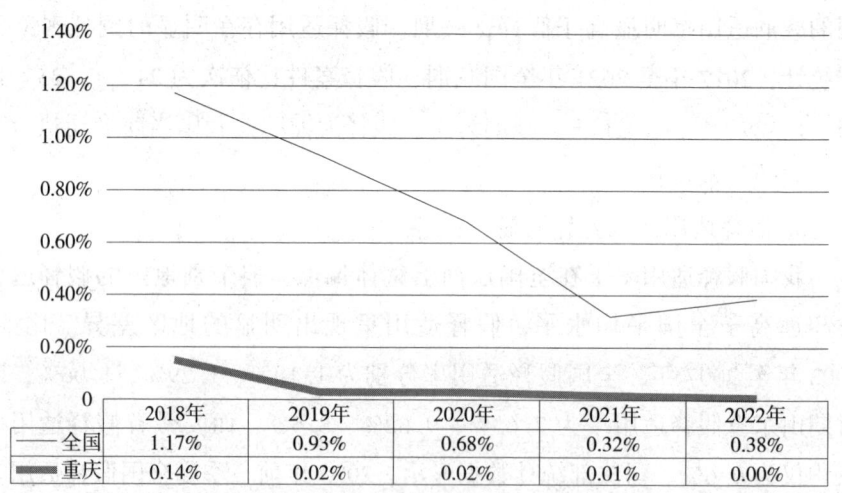

图 1 2018 年至 2022 年重庆与全国假释适用率趋势对比

2. 报请假释罪犯的特征

2018 年至 2022 年,重庆法院共受理了刑罚执行机关报请的假释案件 77 件 77 人,被报请假释的罪犯呈现以下特征。

一是以短刑犯为主。原判刑期在五年以下的罪犯占比 93.5%,五年至十年的占比6.5%，无原判刑罚十年以上的罪犯，短刑犯与长刑犯相比更容易获得假释。

二是罪犯剩余刑期普遍较短。余刑在1年以下的罪犯占比70%，一年以上两年以下的占比30%，无余刑超过两年的罪犯。此类罪犯如果被报请减刑，大多数可以在减去剩余刑期后直接出狱或尽快出狱。

三是财产性判项大都履行完毕。97%左右的多数罪犯财产性判项已经全部履行完毕，仅有两名附带民事赔偿未全部赔偿完毕的罪犯，但最终被法院裁定不予假释。

根据我国刑法规定，除了累犯和八类法定不得假释的罪犯外，有期徒刑罪犯执行原判刑期二分之一以上，无期徒刑罪犯实际执行十三年以上，认真遵守监规定，接受教育改造，确有悔改表现，没有再犯罪危险的，可以适用假释。假释制度的适用对象虽然相对减刑对象更窄，条件也更为严格，但仍有较大的适用空间。但是，从刑罚执行机关报请假释的罪犯类型来看，假释罪犯的剩余刑期、罪名、财产性判项履行等方面都被严格限制，换言之，假释在程序启动环节即遭到"严控"，该现象值得反思。

3. 裁定不予假释的原因

2018年至2022年，重庆法院共裁定准予假释案件60件60人，不予假释17人，准予假释率为77.92%。通过对不予假释的17件案件进行逐一梳理，不予假释的理由可归为三类。

一是认定罪犯有再犯罪危险。共有4件案件，占比23.5%，其中1件是社区调查评估中当地派出所不建议假释，有2件是法官认为罪犯性格急躁、爱好喝酒，容易冲动再犯罪，有1件是法官认为罪犯出狱后生活没有着落容易再犯罪。

二是财产性判项未履行完毕。共有2件案件，占比11.7%，至于罪犯是否属于确有履行能力而不履行，法院并未作出认定。

三是未说明具体理由。共有11件案件，占比64.8%，此类案件裁定书的本院认为部分大都以假释后"社会影响较大""罪犯不符合假释条件"一言以蔽之，对不予假释的理由未作具体分析。

通过前述归类可以看出，法院除了从法律层面判断罪犯是否符合假释条件外，对部分案件会采取回避性说理不予假释，裁判标准不够统一。

二、假释适用的程序困境

从宏观层面上看，造成我国低假释率的现状既有观念层面的原因，也有立法和司法层面的原因。当前，学界对制约假释适用的原因分析侧重于假释实体层面，尤其是对"无再犯罪危险"的评估判断，已有大量研究成果，但从执法、司法层面分析掣肘假释适用的程序因素的研究相对较少。按照我国假释适用的程序规定，假释由刑罚执行机关提起、人民法院审理、社区矫正执行、检察机关监督，假释制度的适用是启动权、审判权、执行权、监督权相互配合、协作、制约、监督的过程，评估、提请、审查、执行、监督任一环节的运行阻滞，都有可能影响假释制度的最终适用。为此，有必要全流程分析假释各环节存在的阻碍，以揭示假释适用率低的程序原因。

（一）提请环节：假释对象人为紧缩，报请数量偏少

刑罚执行机关掌握假释的程序启动权，是假释适用中最重要的职权部门之一。执行机关是否报请假释以及报请数量的多少，在很大程度上决定了该地区的假释适用率，如果执行机关报请假释消极被动，假释的后续程序将无法开启，假释适用率必然偏低。从全国层面来看，刑罚执行机关报请假释的数量并不十分乐观，即使某些年份报请数量有所攀升，也是在政策驱动之下的数据异动，假释报请尚未形成良性循环。例如，2018年时任司法部部长张军提出对罪犯的治本理念，要求扭转假释适用率低的局面，当年度，全国多地假释报请数增多，重庆地区报请人数达到56人，为近十年来之最。2019年后，假释报请数量断崖式下降，重新回归报请数量低迷的常态。

前文中，我们对刑罚执行机关报请假释的罪犯特征进行了分析，发

现刑罚执行机关只对罪名较轻、余刑较短且财产性判项已履行完毕的罪犯提请假释,假释适用条件在启动环节被人为紧缩,导致报请数量偏少。减刑和假释是我国两项重要的刑罚执行变更制度,从功能上看,假释直接变更刑罚执行的场所,可以有效缓解执行机关监管压力,但为何刑罚执行机关报请假释数量偏少,通过对一线管教干警的访谈,归纳总结如下原因。

第一,对适用减刑存在依赖心理。减刑、假释是刑罚执行机关管理罪犯的两种重要手段,相较于假释,减刑相对容易把控。因为证明罪犯遵守监规、接受教育改造、确有悔改表现的证据基本上由执行机关自行掌握,减刑案件通常采取批量报请、批量裁定,整体上"短、平、快",对罪犯的激励效果明显。罪犯是否符合假释条件,刑罚执行机关凭自身掌握的证据是无法作出判断的,其还需委托社区出具调查评估报告、委托专业机构对再犯罪心理进行评估、向法院发函核实财产性判项履行能力,对外依赖度高、裁判结果难以预估。尤其是当前执行机关发函调取罪犯财产性判项履行能力的回函率不高且周期偏长,同批次报减刑罪犯可能已被裁定减刑但报假释程序尚未启动,报假释罪犯有抵触情绪,影响监管秩序。从投入产出的效益上看,报请减刑更加简单、快捷、成功率高,"监狱对适用减刑有依赖心理,认为减刑能持续激励罪犯,有助于管理罪犯,多办理减刑'划得来'"①。

第二,程序选择权缺乏制约。《最高人民法院关于办理减刑、假释案件具体应用法律的规定》第二十六条第二款规定,"罪犯既符合法定减刑条件,又符合法定假释条件的,可以优先适用假释"。因司法解释的表述是"可以"而非"应当",对符合假释条件的罪犯,刑罚执行机关选择启动减刑并不违反法律规定。众所周知,对罪犯刑罚的执行是相对封闭的过程,除了执行机关,其他单位难以掌握罪犯改造的真实情况,罪犯究竟更适合适用减刑还是假释,执行机关掌握了绝对话语权和选择权。

---

① 陈治军、陈梦琪:《关于依法逐步提高假释比例的理性思考》,载《中国司法》2018年第9期。

正因为现有的程序设计缺乏对执行机关程序选择权的有效制约，除非政策倒逼，在减刑和假释面前，减刑往往被优先选择适用。

第三，责任倒查下的不当从严。2014年，中央政法委出台规定，明确办理减刑、假释、暂予监外执行案件实行"谁承办谁负责，谁主管谁负责，谁签字谁负责"办案责任制。在责任倒查的高压下，执行机关更倾向于"少做少错、不做不错"，要么以报减刑代替假释，要么对报假释罪犯"精挑细选"，只对老病残犯、短刑犯、余刑在两年以下的罪犯报请假释，因为该类罪犯要么已彻底丧失再犯罪能力，要么减余刑后足以释放，能够确保罪犯在短暂的考验期内基本上没有再犯罪风险。

（二）决定环节：案件审理形式化，裁定标准不统一

人民法院对假释案件的审理是假释适用程序中最关键的环节，法院裁定假释案件的标准越统一，刑罚执行机关的裁判预期越明确，假释的报请才能进入良性循环。前文已对法院不予假释的案件进行逐一梳理，从裁判理由来看，法院裁定假释的标准并不统一，回避式说理、替代式说理被广泛运用。追根究源，作出此种选择实为无奈之举，因为人民法院对罪犯是否符合假释条件的审查依赖于执行机关提供的书面证据，案件形式化的审理模式无法完全支撑法官得出罪犯是否符合假释条件的结论。

假释作为刑事诉讼程序在刑罚执行机关的延伸，案件的审理基本上沿用了刑事诉讼模式，普通刑事案件庭审是"控、辩、审"的诉讼构造，假释庭审虽在形式上呈现为法院、检察机关、刑罚执行机关三方，但假释庭审与普通刑事庭审存在显著差异：一是审理模式差异性，假释庭审采取的是一种评议式的庭审模式，鲜有意见相左的双方，庭审缺乏两造对抗。二是庭审目的差异性，普通刑事案件的庭审目的是某种利益遭受不法侵害后通过法院审理予以排除或救济，而假释庭审是罪犯的改造表现足以达到给予其假释奖励的基本条件后，通过庭审完成对罪犯是否符合条件的司法审查。假释庭审相较于普通刑事庭审是一种比较特殊的存

在，当前理论界和实务界对假释庭审程序的研究甚少，司法实务中对假释庭审的探索也是摸着石头过河。通过观看中国庭审公开网上公布的假释庭审后发现，① 假释庭审与普通的刑事案件庭审相比，庭审显得平铺直叙，缺乏明显的对抗性，刑罚执行机关和检察机关在庭审中基本没有冲突的焦点。庭审环节包括刑罚执行机关围绕罪犯符合假释条件举示证据，合议庭对证人和罪犯进行询问，检察机关对罪犯提问和发表检察意见，罪犯作出最后陈述几部分，庭审持续时间一般在15分钟至20分钟，庭审时长相对较短，庭审形式意义大于实质意义。有学者总结假释庭审过程"难以见到示证、质证，以及双方展开对抗辩论的场景，庭审实际有'诉'无'讼'"②。

(三) 监督环节：检察监督效能发挥不充分

检察机关的监督贯穿假释适用的全过程，对推动假释制度的适用至关重要。根据《人民检察院办理减刑、假释案件规定》，检察机关对减刑、假释的监督职能包括对案件的合法性监督和司法活动的合法性监督，前者包括对刑罚执行机关移送案件的审查、对六类特殊案件的调查核实、对不当减刑、假释裁定提出书面纠正意见等，后者是指通过列席执行机关评审委员会、出庭发表检察意见等方式对整个执法、司法活动是否合法进行监督。实践中，检察机关对假释适用的监督效能尚未充分发挥，一是对执行机关程序选择权监督制约不足，检察机关通常只对执行机关移送的材料进行被动审查，对符合假释条件但被报请减刑的罪犯，未及时向执行机关提出优先适用假释的检察建议；二是庭审履职缺乏对抗，检察机关在假释庭审中通常只对庭审程序的合法性发表检察意见，"对执行机关报请理由和证据基本没有反向性的意见提出和力量制约，使不少案件审理流于形式"③。当然，这与减刑、假释庭审的特殊的诉讼构造有

---

① 在中国庭审公开网上以"假释"为关键词进行检索，共检索到假释庭审7场。
② 刘天响：《减刑、假释开庭审理形式化之检讨》，载《中国刑事法杂志》2011年第11期。
③ 刘天响：《减刑、假释开庭审理形式化之检讨》，载《中国刑事法杂志》2011年第11期。

一定关系,囿于相关理论研究不够深入,明确的主流意识尚未形成,检察机关如何在庭审中发挥职能有待进一步探讨。①

(四) 执行环节:社区矫正承载力不足

假释适用程序中,社区矫正机构承担了假释启动前的调查评估和假释后的矫正执行两项内容,是假释适用程序中的起点和终点。社区调查评估结论在很大程度上决定了罪犯是否符合假释条件,社区矫正的质量决定了罪犯再社会化的程度,在"监狱—社会"的两个关键节点,社区矫正机构都扮演了重要角色。我国的社区矫正工作起步较晚,发展尚不成熟,社区矫正的机构设置、人员配置与其功能定位的重要性并不匹配。以重庆为例,社区矫正法施行三年以来,独立的社区矫正机构尚未实现县域全覆盖,基层司法所加挂社区矫正名牌的做法较为普遍,基层司法所"一人所"的力量配置难以满足社会调查和矫正的实际需求。假释罪犯从封闭的监狱走向开放的社会,"罪犯"的身份保留,家庭关系的疏离,就业的艰难,都是罪犯状态不稳定的风险因子。受制于承载力的限制,社区矫正组织对罪犯提供的更生保护措施大都限于基本的监管、考察,在提供家庭关系修复、心理回归帮扶、生活技能培训、就业指导安置等方面有所欠缺。②

(五) 社会环节:社会公众对假释的接纳度较低

现代假释制度在我国发展已有四十余年历史,但社会公众对假释罪犯的接纳度并不高。公众对刑罚的认知仍执着于"刑罚的本质在于对罪犯的报应"的思维定式,恪守"善有善报、恶有恶报"的朴素正义观,对假释的适用十分敏感,认为假释是放纵罪犯,甚至偶尔一件假释个案的失败,就引起社会公众的强烈关注、批评。社会对假释罪犯较低的接

---

① 参见熊秋红:《推进减刑、假释案件实质化审理,必须让审理回归司法程序》,载《人民法院报》2021年12月11日第2版。

② 参见熊焱主编:《减刑、假释制度改革实证研究》,法律出版社2020年版,第218页。

纳程度，一方面，会加大职能机关对适用假释制度的顾忌，"黑天鹅"事件的概率让执法、司法人员选择不适用假释以趋利避害；另一方面，假释罪犯复归后难以被社会接受，极有可能滋生再犯罪心理走上再犯罪道路，而假释罪犯的再犯罪又将加深公众对假释制度的偏见，让假释陷入不适用或使用后效果较差的恶性循环中。

三、推动假释适用的合理性展开

（一）推动假释适用有利于达到刑罚执行目的

报应和预防是刑罚执行的目的。报应对应公正，是对罪犯已然之罪所损害的社会制度、人身关系和财产关系的修复，报应是刑罚执行的基础；预防对应功利，是对未然之罪的前瞻，强调刑罚执行完毕后罪犯复归社会危险性的消除和社会公众出于对刑罚执行的忌惮而不敢犯罪，即刑罚对罪犯的特殊预防目的和社会公众的一般预防目的。"减刑和假释都是目的论的产物，都是在报应的基础上对功利的追求，体现了报应和功利的结合，社会正义观念和社会功利观念的统一。"① 但是，相较于减刑制度，假释在实现刑罚报应与预防两个层面的终极目的方面，具有得天独厚的优势，这是假释被世界上大多数国家立法移植的根本原因。

第一，假释具有预后功能。假释为罪犯与社会之间建立起一座桥梁，通过设置考验期，可以帮助罪犯实现从监狱到社会的过渡，有利于罪犯重塑社会人格，减少重新犯罪。司法部预防犯罪研究所课题组对罪犯假释后再犯罪情况进行调查得出结论，假释后罪犯"重新犯罪的数量极少，远低于刑满释放人员的重新犯罪率，甚至还要低于正常人群的犯罪率"②。四川省2014年至2016年假释的1200余名罪犯中，在考验期内犯罪的仅有4名，重新犯罪率仅为0.33%。相较于假释，减刑缺乏预后功能，罪犯刑满释放后缺少从监狱到社会的缓冲和过渡，环境和规则的转变极有

---

① 杨勇：《我国假释制度的博弈分析》，清华大学出版社2018年版，第38页。
② 司法部预防犯罪研究所课题组：《假释问题研究》，载《犯罪与改造研究》2000年第6期。

可能激活罪犯长期被压抑的欲望,容易诱发重新犯罪。

第二,假释具有可撤销性。减刑和假释作为刑罚执行变更措施,都可以激励罪犯改造,但假释对罪犯的激励作用更大,更能促进罪犯真心悔改。罪犯在监狱的改造行为并不一定能表征出其出狱后在社会上可能作出同样的适格行为,但假释具有可撤销性,至少可以让罪犯在考验期内有所忌惮,确保其监狱改造表现与社会表现的一致性。减刑具有不可撤销性,① 在监狱计分考核机制下,罪犯极有可能作出伪装改造、投机改造的行为以获取计分。事实证明,部分余刑不足以减刑的罪犯,一旦获得减刑便放松改造甚至对抗管教,此类罪犯复归社会后极有可能重新犯罪,刑罚执行的预防目的难以达到。

(二) 推动假释适用有利于降低刑罚执行成本

"一个被判处三年有期徒刑的罪犯,国家在其身上至少要投入15万元资金。"② 充分发挥假释功能,有利于降低刑罚执行成本。

第一,假释有利于缓解监狱监管压力。减刑和假释都是调节监禁刑成本的"减压阀",但假释是对罪犯附条件的提前释放,减刑是对罪犯刑期的减免,减刑对监狱内罪犯的更新速度远低于假释,在假释制度未得到有效适用的情况下,狱内滞留罪犯的数量增多,刑罚执行的成本随之增大。假释是对刑罚执行场所的直接变更,罪犯的直接减少可以有效缓解监狱的监管压力,节约刑罚执行成本。

第二,假释可以提升刑罚执行的费效比。刑事裁判所确定的刑期只是在理想状态下对罪犯改造期间的预判,刑罚执行对罪犯的改造存在明显的差异性,"当刑罚实现了其对罪犯的惩戒功能,满足了社会的正义要求,罪犯也已不再具有人身危险性,而原判刑期并未届满,继续监禁就成为既不公正又无效益且没有必要"③,理想状态是使此类罪犯以假释形

---

① 此处指的是狭义的撤销,不包含漏罪等原因的撤销。
② 谢望原:《刑罚价值论》,中国检察出版社1999年版,第66页。
③ 柳忠卫:《假释制度比较研究》,山东大学出版社2005年版,第78页。

式复归社会,以减少对必要监禁罪犯资源的"挤压",提升监禁刑的费效比。减刑受幅度和间隔期的限制,对此类人员的调控作用极其有限,假释可以在合适的时期变更对"无再犯罪危险"的罪犯的刑罚执行场所,实现刑罚执行的最大效益。

四、假释适用程序的完善路径

(一)路径选择:对假释职权配置的变革或对现有职权配置模式的优化

假释适用中的程序运行阻滞是造成我国假释适用率长期偏低,假释功能未能充分发挥的重要原因。有学者认为,造成假释程序困境的根源在于假释权力配置的错位,假释程序中的司法权与行政权之间、监督权与被监督权之间的制约失衡造成假释运行的整体低效能,[①] 为此,应当变革我国当前的假释职权配置,参照域外执行机关决定模式或设置假释委员会,将假释的决定权交由执行机关行使或由单独的假释委员会行使,或者赋予罪犯假释申请权,将执行机关启动假释权利交由罪犯申请启动。笔者认为,重构我国的假释权力配置存在不合理之处。

第一,假释的决定权应当由人民法院行使。假释作为一种刑罚执行变更制度,是刑事诉讼在刑罚执行领域的延伸,假释适用本质上是一项司法活动,而非行政审批,对罪犯进行刑罚的宣告由法院作出,对刑罚的执行进行变更当然也应由法院作出裁定,这样的制度设计更好地说明制度的理性和权威。由人民法院行使假释决定权可以减少腐败风险,如果罪犯从入监到出监的全过程均由执行机关职权覆盖,行刑一方权利集中容易滋生腐败,由法院行使决定权,检察机关行使监督权,可以有效确保假释的正确适用。

第二,假释的程序启动权应由刑罚执行机关行使。关于假释程序是

---

① 参见孙琳:《减刑假释实施程序研究》,西南政法大学 2010 年博士学位论文。

否可以由罪犯来启动的问题，实质上涉及对假释本质的定性问题。关于假释的本质，理论界和实务界一直存在权利说和奖励说之争，假释奖励说认为假释是国家给予遵守监规、勤勉改造罪犯的奖励，旨在激励罪犯保持良善、积极改造。假释权利说认为"假释是基于自由刑的弹性，受刑人在自己徒刑执行中因努力表现而得到的成果，因而获得假释的基础是受刑人的权利而不是国家的恩典"[①]。自假释制度设立之初，我国立法即将假释的本质定位为国家给予罪犯的奖励，1954年9月政务院颁布《劳动改造条例》时，时任政务院政治法律委员会副主任罗瑞卿在对草案说明的报告中指出假释是一种奖励制度，此后的司法解释和行政规章都承袭了奖励说的观点。2016年，最高人民法院出台《关于办理减刑、假释案件具体应用法律的规定》，开宗明义即规定"减刑、假释是激励罪犯改造的刑罚制度"，重申了假释的奖励本质。将假释启动权交由罪犯行使，事实上是变相认可假释的"权利"本质，是对我国假释理论体系的彻底颠覆。如果罪犯可以肆意启动假释程序，必将造成假释案件数量的井喷，浪费大量司法资源对无效假释案件进行审查。

我国由刑罚执行机关行使程序启动权、人民法院行使决定权、检察机关行使监督权、社区矫正机构行使执行权的假释职权配置模式，与我国对假释"奖励"的本质定位以及职权主体的基本职能相匹配，契合我国当前的司法实际。打破现有的程序模式，参照域外的运行程序极有可能会出现"水土不服"。为此，保留我国现有的假释司法模式，在现行框架下对假释程序予以修补完善，强化各职权主体的协同、配合、监督是我国假释程序改革的必然路径。

（二）完善假释适用程序的对策建议

1. 优化假释提请程序

（1）建立财产性判项履行情况"共享+抄送"机制。财产性判项调

---

① 丁道源：《中外假释制度之比较研究》，我国台湾地区中央文物供应社1987年版，第36页。

取效率低下是制约刑罚执行机关报请假释的重要原因,提升财产性判项履行情况调取效率,减少假释报请程序障碍,是提升刑罚执行机关报请积极性的路径之一。可从以下两个方面提升财产性判项履行情况调取效率:第一,对区域内财产性判项履行情况调取,可以借助政法大数据协同平台,由人民法院执行机关在财产性判项执行完毕后,将执行结果同步推送至协同平台,刑罚执行机关通过平台直接获取罪犯财产性判项执行情况,无须再采取书面发函方式。第二,对跨省财产性判项履行情况调取,可以建立财产性判项执行情况抄送机制,人民法院执行机关在财产性判项执行完毕后,直接将执行结果抄送罪犯执行地监狱管理部门,由刑罚执行机关直接向当地监狱管理部门调取。

(2)加强监督权对提请权的制约,确保假释优先报请。刑罚执行机关掌握了假释的程序启动权,是假释适用的第一道关口。在假释职权主体中,人民法院处于中立裁判地位,社区矫正机构处于假释执行的末端,均无法对执行机关的程序启动权形成制约。在执行机关启动假释自身动力不足的情况下,加强检察监督权对提请权的制约,打通程序启动的第一道关口,是解决当前假释适用率低的根本路径。需要指出的是,有的地区为提升假释适用率,采取人为设定假释比例的方式倒逼执行机关启动假释程序,这种"运动式"的提升举措并不能从根本上解决假释适用率低的问题,只有加强假释职权主体间的协作配合制约,将假释制度运行置于良性循环中,才能确保假释制度适用行稳致远。如何强化检察监督权对提请权的制约,最高人民检察院发布第71号"罪犯康某假释监督案"、第194号"罪犯向某假释监督案"、第195号"罪犯杨某假释监督案"三个假释检察监督指导性案例,可以提供思路。

第一,加强对特殊类型罪犯的监督。在刑罚执行机关就提请减刑案件征求检察机关意见环节,检察机关要对属于可以依法从宽适用假释的罪犯类型进行重点监督,发现可以适用假释的罪犯被提请减刑的,应当建议执行机关依法提请减刑。例如,在罪犯康某假释监督案中,刑罚执行机关对未成年犯罪康某提请减刑,根据《最高人民法院关于办理减刑、假释案件具体应用法律的规定》第二十六条规定，犯罪时未满十八周岁的罪犯属于可以依法从宽适用假释的对象，检察机关发现线索后调查核实，认为罪犯符合假释适用条件，依法建议执行机关适用假释，罪犯最终被人民法院裁定假释。

第二，充分运用大数据监督手段。执行机关提请减刑的罪犯数量较多，在驻监检察室案多人少的情况下，可以通过大数据提升检察监督的精准性。例如，在罪犯向某假释监督案中，检察机关通过大数据模型比对，发现拟提请减刑的罪犯可能符合假释条件。在大数据的提示下，检察机关开展精准监督，通过调查核实发现罪犯属于优先适用假释的对象，故建议执行机关变更对罪犯启动假释程序。

第三，在日常监督履职中发现监督线索。检察机关对假释案件的监督不应限于对假释程序合法性、条件正当性的监督，还应当在日常履职中，通过与罪犯谈话、查阅会议记录等方式发现监督线索，对符合假释条件但未被启动假释程序的罪犯，建议刑罚执行机关提请假释。例如，在罪犯杨某假释监督案中，检察机关通过日常检察履职，发现杨某虽被判处故意杀人罪，但其并非犯意提起者，也从直接实施侵害行为，被判处有期徒刑的年限低于十年，财产性判项已经全部履行完毕，家中有需要照顾的未成年子女，属于可以依法从宽适用假释的对象，检察机关认为杨某刑罚执行期间已过半，符合假释适用条件，为此建议执行机关提请假释。刑罚执行机关采纳建议后依法启动假释，法院最终裁定准予假释。

2. 强化假释案件实质化审理

假释作为刑事诉讼在刑罚执行领域的延伸，本质上是一项诉讼活动，诉讼应坚持以审理为中心，审理坚持为庭审为中心，要实现假释案件的实质化审理，必须以庭审实质化为重点向前推进。

（1）假释案件一律开庭审理。根据《最高人民法院关于减刑、假释案件审理程序的规定》，假释案件以书面审理为主、开庭审理为辅。笔者认为，要实现对假释案件的实质化审理，应当摒弃书面审理模式，坚持假释案件全部开庭审理。第一，罪犯在监狱改造情况相对封闭，如果仅仅依赖执行机关提供的书面材料，很难实现对案件的实质化审理，开庭审理是法官与罪犯直接对话的机会，可以让法官全面了解罪犯的个人情况、改造情况，最终形成是否准予罪犯假释的心证。第二，阳光是最好的防腐剂，坚持对假释案件公开审理，提升程序透明度，可以有效避免暗箱操作、滋生腐败风险，一个案例胜过一沓文件，公开开庭审理还可以消除公众对假释适用的质疑，引导社会公众树立正确的刑罚执行观，增加社会公众对假释罪犯的接纳度。

（2）社区矫正机构可派员参加庭审。社区调查评估报告是人民法院判断罪犯是否符合假释条件的重要证据，在对罪犯假释后生活条件的认定上，人民法院可以根据案件情况要求社区矫正机构派员出庭，社区矫正机构工作人员以专家辅助人的身份出庭，就调查评估报告中的内容进行说明。对社区调查评估不建议假释，但刑罚执行机关仍然向人民法院报请假释的罪犯，人民法院开庭审理时应当要求社区矫正机构派员出庭说明。社区调查评估的结论是同意罪犯假释，但社区调查的个别对象不同意罪犯假释的，例如，当地派出所民警不建议假释的，人民法院可以分别要求调查对象以及社区矫正机构出庭说明情况，综合判断罪犯是否符合假释条件。

（3）以刑事诉讼思维指引假释庭审。对假释案件坚持开庭审理只是基本要求，要实现假释实质化审理目的，关键在于破除庭审形式化。假释案件本质上归属于刑事诉讼，为此，对假释案件的审理，也应当坚持以刑事诉讼思维为指引。第一，检察机关应充分发挥办案职能，在应然层面，检察机关的职能包括办案和监督两方面，假释庭审与普通刑事诉讼庭审一样，检察机关除了对庭审程序的合法性监督外，还应当充分发挥办案职能，通过调查核实或代表被害人意见，与执行机关形成对抗。第二，人民法院应坚持全面、依法、严格、精细审查原则，对证明罪犯的悔改表现、财产性判项履行能力、再犯罪危险的相关证据进行审查，尤其是对罪犯再犯罪危险的审查，要对罪犯服刑前期、中期、后期的状况进行精细化评估,综合判断罪犯是否有再犯罪危险。

(4)平衡刑罚执行的报应与预防目的。报应和预防是刑罚执行的两大目的,假释作为刑罚执行变更制度,人民法院在作出是否准予假释的裁定时,要平衡好刑罚执行的两大功能,兼顾已然之罪的惩罚和对未然之罪的预防,避免顾此失彼,对假释裁判尺度掌握过严或过宽。第一,报应是刑罚执行的基础,是社会公义的基本要求,对罪犯适用假释时,须确保对罪犯犯罪行为的惩罚已经达到报应的程度,对罪犯所犯罪名、已执行刑期条件必须严格把握。第二,要兼顾刑罚的预防功能(此处强调的是特殊预防功能),对认真遵守监规、接受教育改造、确有悔改表现且无再犯罪危险的罪犯,给予其附条件提前释放的奖励,激励罪犯积极改造,改造犯罪人格,降低罪犯复归社会后的再犯罪风险。

3. 增强社区矫正工作合力

在行刑社会化的大趋势下,置于社会中执行刑罚的罪犯类型和数量日趋增多,建立健全社区矫正机构已成为当前各地社区矫正工作发展的重点。在机构健全的基础上,有必要进一步增强社区矫正的工作合力,提升社区矫正工作质量。一方面,要强化各职权部门在社区矫正工作中的协调配合,假释职权主体要坚持系统观,不仅要做好假释矫正对象的教育、移送、查找、法律监督等具体工作,更要协调解决实施过程中全局性、综合性的问题;另一方面,要广泛吸纳社会力量参与矫正工作,通过引入社会矫正服务机构,壮大矫正参与队伍,在对罪犯基本监管的基础上,有计划、分步骤、有针对性地提供矫正服务,加强对罪犯的心理疏导、就业帮扶,帮助罪犯顺利回归社会,改造犯罪人格,降低再犯罪危险。

4. 细化责任倒查标准

假释作为附条件的提前释放,是将罪犯放置于社会中执行剩余刑罚。鉴于当前社会对假释罪犯的偏见,一旦假释罪犯在考验期内犯罪,办案人员是否存在暗箱操作的疑问将会被无限放大。在责任倒查的高压下,办案人员一直以"不办理就不出错"的消极心态对抗假释制度的适用,导致假释制度的情况不容乐观。2023年3月，最高人民法院、最高人民检察院、公安部、司法部出台《关于依法推进假释制度适用的指导意见》，规定"执法、司法人员办理假释案件不存在故意或重大过失，不存在以权谋私、徇私舞弊等情形的，不能仅依据罪犯在假释考验期内或者考验期满后重新犯罪追究责任"，该规定虽在一定程度上消除了办案人员的顾虑，但仍不够细化，难以指导具体适用。笔者认为，假释适用涉及多个职权主体，如何界定责任追究的对象和原因，应当以假释适用的法律要件为根本遵循。

刑法规定，假释适用的要件包括形式要件（刑期）、实体要件（认真遵守监规、接受教育改造、确有悔改表现、无再犯罪危险）、禁止性要件（累犯及八类罪犯）。假释的形式要件和禁止性要件属于人民法院可以直接审查的范畴，如存在故意或重大过失的情形，相应责任应归于办案法官。人民法院对假释实体要件的审查主要依赖刑罚执行机关提供的书面材料，如果执行机关伪造相关证据材料让罪犯获得假释，应由执行机关承担相应责任，办案法官与执行机关相互串通，一并依法追责。需要强调的是，对假释罪犯"没有再犯罪危险"的判断具有盖然性，只要办案人员是依据法律规定作出的综合判断，一定程度的判断误差应当是被准予的，如果假释罪犯再犯罪，据此追究办案人员的责任务必谨慎。

5. 引导树立正确的刑罚执行理念

社会既是假释罪犯执行剩余刑罚的场所，也是罪犯最终回归的终点，社会公众对假释制度的认知程度，在很大程度上决定了假释的施行力度。假释职权主体要切实担负起引导社会合理预期的主体责任，在假释适用各环节，加强对假释工作的正面宣传，引导公众树立"假释附条件的提前释放""假释只是变更刑罚执行场所"的刑罚执行理念，增强社会公众对假释制度的正确认识。对普通公众而言，假释庭审是直观了解假释制度的"生动教材"，人民法院开庭审理假释案件时，必要时可以邀请代表、委员旁听，或到执行社区公开审理，让执行地群众全面了解罪犯的改造情况，提高社区对假释罪犯的接纳度。

结　语

"假释决定过程是刑事司法过程中最不严谨且最少受到法律约束的程序之一"①，完善假释适用程序任重而道远。本课题在现有假释职权配置的模式之下，对修补、完善假释各环节适用程序提出了对策建议，旨在指导推动假释制度的司法适用，充分发挥假释功能。受选题视角的限制，本课题未能对制约假释适用的实体问题，尤其是财产性判项履行能力认定，假释如何优先、从宽、从严适用，再犯罪危险如何量化评估等问题展开研究。下一步，课题组将持续开展对假释相关问题的研究，进一步完善假释实体和程序方面的相关问题，为推动假释制度适用提供规则指引和程序保障。

---

① ［美］大卫·E. 杜菲：《美国矫正政策与实践》，吴宗宪译，中国人民公安大学出版社1992年版，第576页。

《审判监督指导》约稿通知

《审判监督指导》丛书是由最高人民法院审判监督庭编，指导全国法院审判监督工作的专门连续出版物，已经成为全国审监系统重要的工作交流学习平台，在其他法律实务界也形成了一定的知名度和影响力。丛书现由最高人民法院邓修明常务副院长任编辑委员会主任，最高人民法院审判监督庭领导及资深法官任编辑委员会成员。

为进一步提升《审判监督指导》丛书质量，权威呈现全国法院审判监督工作经验和业务成果，《审判监督指导》丛书设置品牌栏目，包括"政策精神""专题研讨""法规速递""裁判文书选登""法官会会议纪要注释""案例分析""学理探讨""调研报告选登"等栏目，特在此向理论界和实务界广泛征集各类与审判监督业务相关的稿件。

来稿请寄：最高人民法院审判监督庭《审判监督指导》编辑部（邮编100745），并将电子版发至：zgfyspjdt@163.com，并注明作者的姓名、单位、职务、电话和通信地址。

最高人民法院审判监督庭
《审判监督指导》编辑部